U0938732

珍藏本
纪念版

汉译世界学术名著丛书

古代法

〔英〕梅因 著

沈景一 译

商务印书馆
SINCE1897
The Commercial Press
2017年·北京

Henry Sumner Maine
ANCIENT LAW
ITS CONNECTION WITH THE EARLY HISTORY OF SOCIETY AND ITS RELATION TO MODERN IDEAS
Geoffrey Cumberlege
Oxford University Press
London,New York,Toronto
1954

亨利·梅因(1822—1888)是英国古代法制史学家,《古代法》是他的一部主要著作。本馆曾于1933年翻译出版,此次据原文另行迻译,供法学工作者研究、参考之用。

汉译世界学术名著丛书
（120年纪念版·珍藏本）
出版说明

2017年2月11日，商务印书馆迎来120岁的生日。120年前，商务印书馆前贤怀揣文化救国的理想，抱持"昌明教育，开启民智"的使命，立足本土，放眼寰宇，以出版为津梁，沟通中西，为中国、为世界提供最富智慧的思想文化成果。无论世事白云苍狗，潮流左右激荡，甚至战火硝烟弥漫，始终践行学术报国之志，无改初心。

迻译世界各国学术名著，即其一端。早在20世纪初年便出版《原富》《天演论》等影响至今的代表性著作，1950年代后更致力于外国哲学和社会科学经典的译介，及至1980年代，辑为"汉译世界学术名著丛书"，汇涓为流，蔚为大观。丛书自1981年开始出版，历时三十余年，迄今已推出七百种，是我国现代出版史上规模最大、最为重要的学术翻译工程。

丛书所选之书，立场观点不囿于一派，学科领域不限于一门，皆为文明开启以来，各时代、各国家、各民族的思想与文化精粹，代表着人类已经到达过的精神境界。丛书系统译介世界学术经典，引领时代思想，为本土原创学术的发展提供丰富的文化滋养，为推动中国现代学术和现代化进程做出了突出的贡献。

为纪念商务印书馆成立120周年，我们整体推出“汉译世界学术名著丛书”120年纪念版的珍藏本，寄望既利于文化积累，又便于研读查考，同时向长期支持丛书出版的译者、编者和读者致以敬意。

两甲子后的今天，商务印书馆又站在了一个新的历史时间节点上。我们不仅要铭记先辈的身影和足迹，更须让我们的步伐充满新的时代精神。这是商务人代代相传的事业，更是与国家和民族的命运始终紧密相连的事业。我们责无旁贷，必须做好我们这代人的传承与创造，让我们的努力和成果不仅凝聚成民族文化的记忆，还能成为后来人可以接续的事业。唯此，才能不负前贤、无愧来者。

商务印书馆编辑部

2017年10月

目　　录

序

本书的主要目的，在扼要地说明反映于“古代法”中的人类最早的某些观念，并指出这些观念同现代思想的关系。如果没有像罗马法那样的一套法律，本文中企图进行的研究，多数将不能有丝毫希望达到有用的结果。因为在罗马法的最古部分中，有着最久远的古代事物的痕迹，而在其后期规定中，又提供了甚至到现在还支配着现代社会的民事制度资料。由于必须把罗马法当作一个典型的制度，这使著者不得不从其中采取了数目似不相称的例证；但他的本意并非在写一篇关于罗马法律学的论文，他并且尽可能竭力避免足以使其作品具有这样的外貌的一切论述。第三和第四章以一定篇幅用来说明罗马法学专家的某些哲学理论，这样做，有两个理由。第一，著者认为这些理论对世界的思想和行为，比一般所设想的有较为广泛、永久的影响。其次，这些理论被深信为是有关本书所讨论的各个问题直到最近还流行着的大多数见解的根源。对于这些纯理论的渊源、意义与价值，著者如不说明其意见，则其所承担的工作，将不能做得深入透彻。

亨利·梅因

导　言

有关法律的书籍，不论是古代法或现代法，并不常常能吸引很多的读者；但 18 世纪和 19 世纪分别产生了一本著名的法律书籍，对当代的和以后的思想发展方向，有着深远的影响。孟德斯鸠(Montesquieu)的"论法的精神"(L'Esprit des Lois)是法国 18 世纪最杰出的作品之一，它标志着历史法律学上的一个重要阶段，虽然具有梅因在"古代法"(第五章)中所评论的某些偏颇之处。"古代法"在 19 世纪执行了甚至更为重大的职能；真的，就英国而论，如果说现代历史法律学是随着这本书的出现而出生的，也不能谓言之过甚。

虽然在梅因的卓越的文体中所表达的，有一些也不能认为是普通的东西，但"古代法"中有相当部分，在过去 70 年中，几乎是学习法律制度的学生所不可或缺的。为了要能体现它在当时是怎样一个独具见解的作品，我们有必要来回顾一下当时流行着的一些智力状态。

1758 年时作为第一个佛尼林派教授(Vinerian Professor)的布拉克斯顿(Blackstone)进行了未有先例的试验，他在牛津大学讲授英国法律。当时，他不得不用法律研究是一个有教养绅士的一种适宜的职业，来说服他的听众；虽然甚至他自己或许也不会相信这是像猎狐一样一种非常绅士般的职业。70年以后，约翰·奥斯丁(John Austin)在伦敦大学以法律学的吸引力与实利向其听众吹嘘(结果收效很少)，同时却坦白地承认有许多心地宽厚的人们不愿研习法律，主要是由于它所来自的渊源，其性质"令人可厌"。有一次，他这样写道，"我胆敢断言，在一个文明社会中，没有一套法律会像我们的那样缺乏一致性和均称性"。除了海尔(Hale)和布拉克斯顿外，没有人曾把它作过有系统的阐明。过去，法律是根据有试验必有错误的原则学习的；现在还活着的一些老法学家可以记得那样一个时期，用一个著名的美国老法官——荷姆斯法官先生(Mr. Justice Holmes)——的话来描写，法律只是一麻袋的琐细东西；真的，在某些开业律师中，赞成用这种纯粹实验的、听天由命的方法来精通法律的偏见，甚至到今天还没有完全消除。

至于英国的法律史，不仅被忽视了，简直是被蔑视了。例如，边沁(Bentham)竟然建议——除了作为批判之外——完全不顾所有的先例而把英国法律全部重新写过：对于他，甚至其最卓越的学生约翰·斯图亚特·密尔(John Stuart Mill)也不得不说，"他宁愿完全不顾过去的全部成就，而重新从头写起"。如果对于英国法律史的态度是这样，那就可以想象到，对于外国制度或对于今昔法律现象的比较研究，又将会有怎样轻蔑的感情了。

这种褊狭的心情，在对待罗马法上，特别显而易见。1816年尼布尔(Niebubr)在维罗纳(Verona)发掘到该雅士(Gaius)"法学教典"(Institutes)的手稿——这当然是学术史上最著名的发现之一：因为这篇论文不仅是我们对于古代罗马法律甚至是我们对于雅利安(Aryan)法律一些最有启发性的方面的唯一知识来源,并且在它写成四百年后的一部不朽杰作查斯丁尼安(Justinian)的"法学阶梯"(Institutes)曾根据其中极大部分作为编纂的范本。英国对这样的重大事件漠不关心。在本书第九章中,可以看到梅因痛切地——最终是有效地——抗议"对罗马法的无知,这是英国人欣然承认,且有时不以为耻地引以自夸的"。

但是,对于过去法律制度和政治制度中可以确定的事实,不愿加以探究的情况,不独英国如此。全欧洲有许多关于政治社会、自然法以及"自然状态"的起源的假设,这些假设,从现代观点看来,似乎是很可笑,并且一点也不像历史上的事实,以致在今日,我们竟难于理解他们怎样会这样强有力地深入当时人们的想象的。我们必须耐心地、宽容地,并且也许谦逊地(否则将来我们自己的信念也将同样地成为毫无根据)牢记着梅因所说的"推理的错误的非常活力"。这使我们记起赫伯特·斯宾塞(Herbert Spencer)的意见,即"一种思想体系在自杀以后,有可能精神焕发地到处流行"。18世纪中流行着的关于政治起源的各种观念,在卢梭(Rousseau)的奇怪的假定中达到了极点,并且直到19世纪中叶即使已濒于死亡,却仍活着、呼吸着,但如果说这些观念在过去二千年的长时期中实在一无进步,那是不能说是言之过甚的。关于社会人的性质,同这些虚说讽喻同时流行的,另外有一种广泛传布的信念,认为政治历史是一些退化的而不是发展的故事,认为人类及其大部分的制度已从一个神秘地遥远的时代的较为幸福的状况中趋向衰颓。因此,既然恢复原始的天真状态已不可能,则我们为民族所能做的最好的工作就是珍惜地保存事物的现存秩序,至少要阻止它进一

步堕落。

由于对历史的藐视，幸而它是同比较体面的动机相结合着的——一种动机是对于这种卓越的自然法的正当反应，另一种动机是要对法律概念的实质进行有系统分析的一种非常及时的愿望——，就在英国产生了另一种法律理论，这主要同霍布斯(Hobbes)和奥斯丁有关，但和边沁也不无关系。这种理论，我们为了便利称它为法律与主权的命令说。它认为法律最突出的是一个在法律上有无限权力的主权者或"政治领袖"对一个臣民或"政治下属"所颁发的不可抗拒的命令，后者既被假定为具有服从的习惯，就有绝对服从的义务。对于自然法或理想法中模糊的赏罚观念发生着怀疑，并且是正当地怀疑，它就集中其全部注意力于现实法的强制性质，至于它在历史上或伦理上的各种要素，则坚决不加考虑。这种理论虽然在其他地方很少受到注意，但在英国直到现在仍旧常常被讨论到；不过至少有一种意见是大家一致同意的，即它既然从法律学的领域中排斥了历史的考虑，就使它陷入了一种根本的谬误，即把一切法律制度都认为是以西欧的君主国家作为典型的。

对于这些倾向，不是没有阻力的，这些阻力就存在于梅因的作品中。德国有一个丰·萨维尼(Von Savigny)，他是历来最著名的法学家之一，他在19世纪初期曾对18世纪非历史的思想习惯加以激烈的攻击。虽然他对于国家法律与习惯并没有真正找到一种科学的历史的研究方法，但他提供了向这个方向努力的主要推动力量；他从事于法律学研究的精神，辉煌地表达在他自己的研究中，此种精神在以后就从来没有被人们舍弃过，虽然其中有些夸张之处，随着时间的变迁已有所变更。他在英国很少直接影响，就是曾在德国求学的奥斯丁，也常常反对他所提出的结论，并且我认为虽然没有很多证据，足以证明梅因非常熟悉丰·萨维尼及其门徒的著作，但他是深知他们的观点的一般要旨的，并且无疑地在实质上是同意这种观点的。梅因可能从洛多尔夫·丰·伊叶林(Rodolf von lhering)在1858年出版的巨著“罗马法精神”(Geist des römischon Rechts)受到更加直接的影响。伊叶林在几个重要问题方面，与萨维尼的观点不同，但他肯定地主张把历史方法用于法律学中。他也对罗马法的研究带来了一种新的和活泼的精神，与长期在德国压制着罗马法的无生气的经院哲学派不同；有许多证据足以表明这对于梅因是一种真正的刺激，正像吉朋(Gibbon)对伊叶林同样是一种刺激一样。

“古代法”出现的时期，也是人类思想史上有最深远影响的事件之一，即达尔文(Darwin)自然选择原则形成的时期。“物种起源”(The Origin of Species)发表于“古代法”出版前两年。在梅因的主要著作中，据我所知，只有一处直接提到了达尔文；在“古代法律与习惯”(Early Law and Custom)第七章中，他认为达尔文从自然科学上提供了有利于父权制理论的证据。究竟梅因是否接受进化论的理论包括其全部含义在内，这是本文作者所不了解的，但梅因在历史法律学方面的著作自然地同19世纪中叶广为传布的新的研究精神平列在一起，则是没有疑问的。

关于这种“新学问”，就其对法律的影响而论，梅因的全部著作可以被认为是一种有生气的表现。他对那些不科学的、缺乏批判的、被野蛮地但简略地称为“先天主义”的那种很盛行的思想习惯，从不放松加以反对。他在“古代法制史”(The Early History of Institutes)(第十二讲)中写道,“为英国法学家一般接受的各种历史理论,不但对于法律的研究有很大的损害,即使对历史的研究也是如此,因此,当前英国学术上最追切需要增益的,也许是新材料的审查,旧材料的再度审查,并在这基础上把我们法律制度的来源及其发展,加以阐明。”对英国法律应该这样,对其他一般法律也同样应该这样。在“古代法”中,梅因对当时流行的政治纯理论中最为旁若无人的、根深蒂固的某种“先天主义”给以第一次的攻击(这在他以后的著作中,常被重复地进行着)。例如,在第四章中的“‘自然平等’的教条”,第五章中的“幻想的‘自然状态’”,第八章中的“认为财产起源于单独的个人对物质财富的‘占有’这毫无根据的观点”,第九章中的“社会契约的梦呓”,没有一个人曾像他那样恶毒地辱骂这些一度声势极盛的说教的严重错误。他说:这些有关“世界最古年代人类情况的描写受到这两种假设的影响,首先是假定人类并不具有今天围绕着他们的大部分环境,其次,是假定在这样想象的条件下他们会保存现在刺激他们进行活动的同样的情绪和偏见”。至少对于英国,梅因可以说是已经改变了“自然”的面貌。

这种智力状态使梅因完全不可能接受霍布斯与奥斯丁的主权命令说,把它视为是一切法律的起源和性质的特征。这是在“古代法”最初的篇幅中就加以说明的;并且他在十四年后出版的“古代法制史”最后两讲中更深入地加以发挥。奇怪的是,梅因虽然是奥斯丁最严格的批评者之一,但他把奥斯丁在法律分析上所作努力的真正成绩推荐给英国法学家,则有甚于任何人。奥斯丁在1828

年所作的演讲，除了培养人才补足审判席缺额以外，似乎很少成就；他的演讲集在1832年出版时，依旧毫无影响；只是通过了梅因的各种著作和他在1852年对法学院所作的演讲才把这一热诚的、太过热诚的真理追求者所作耐性的但落空的努力，从湮没中援救出来。但是，虽然他对奥斯丁的分析天才比以后许多争论者给予更多的赞誉，但他对于把法律视作为命令，并且只是命令这一个论点，却无疑地论证了它的缺点。

我在前面已经提到梅因对于英国人对罗马法的“极端无知”，提出了非难。1847年，他接受了剑桥大学民法学钦定讲座的教授职位，因为这个任命，使他得以专心研究古代法而获益不少。在关于罗马遗嘱（第六章）、法律诉讼（第十章）、家父权（第五章）以及罗马契约分类（第八章）等这些辉煌的纲要中，包含着许多新奇的东西，这些东西现在虽已毫不新奇，但在1861年它们都是很新奇的；我们必须指出其中也有许多到现在已成为有疑问的了，但是，对于并不熟悉专门的罗马法的读者，还不能在英文中找到一本书，能对那伟大法制中某些独特的制度，像“古代法”这样提供生气勃勃的说明，并且就罗马法对于欧洲人生活上和思想上几乎每一个部门所发生的巨大影响，现在当然还找不到比第九章中所作的更好的、更有说服力的描写。还不很熟悉这一切的读者，可以从吉朋所著“罗马帝国衰亡史”这一无比精辟的书的第四十四章中找到很适宜的补充材料。

梅因与进化论学派的密切关系，可以从他对于法律制度史中某种进步因素所具有的确实而绝不空洞的信念，明白表现出来。他完全意识到进步一字的含义含糊：在其无数警句之一中，他告诉

我们："对于人们，不论是个人或是集体，没有东西比把他们的道德进步认作一个实体的现实性，更可厌恶的了"；他认为绝大部分人类往往对于任何有意识地努力改进民主制度表示漠不关心，对于这种现象，他表示大为惊奇（见第二章）。他从不怀疑，社会是明显地向着一种稳健的坚实的方向前进的；这样，在契约的发展史中，他发现了善意这个道德观念的逐步出现，并且虽然从没有停止和自然法非历史性的谬论作斗争，但他依然在其中看到了一个可以促使改进的有力因素，以反对法律的保守主义的禀性，即认为法律是只能通过相当难以运用的如拟制、衡平和立法等权宜手段来改进本身的。他同样清楚地认识到社会是天然地分为"进步的"和"不进步的"的——这种两分法，相当于西方与东方的两分法。他不愿为"进步"的标准下一个定义；但在"古代法制史"中，他提出了至少两种可能的区别标准——一种是有意识地采用对最大多数人给以最大幸福的原则作为立法政策，另一种是对待妇女地位的流行态度。有许多其他标准可以提出来讨论；没有一个可以不变地加以应用；但谁会怀疑，在进步的社会和不进步的社会之间确有不同，或是谁会认为，梅因在这样相信了以后已作出了过分满足的假设呢？

在进一步介绍"古代法"中某几个时常引起争论的部分以前，必须首先注意到本书的一个独特之点。大多数人在对某一门科学作专门研究时，在发表（如果他们的确发表了）他们的一般结论前，必先就其各个细节，加以详细研究，并可能要先加以说明。而梅因的做法，恰恰与此相反。在其第一本书中，他叙述了最粗糙的一般原理，而在他所有的后期作品中，除了两本比较不重要的之外，只是用了更详细的和更明确具体的例证，以深入阐明他在开始其专业时所提出的各项原理。这种方法是大胆的，并不是毫无危险的：除了对于事物的要点具有非常的直觉的理解力的人，采用这种做法，很难获得成功。学者们为了使其结论能达到精确无误，一般对于概括是非常谨慎的，有时简直是不健康地谨慎；但是对于"古代法"，如果真有任何成语与它联用得最最经常，那就是"辉煌的概括"这一个成语。在"古代法"中，很少有一页没有几句著名的警句，突出于字里、行间；可怪的是，梅因在经过长期的辛勤的进一步研究后，竟发现很少有必要就其最早的意见，进行修正。这本书充满了渊博的知识，却没有表示博学的一般附属物；究竟是由于政策，或是由于厌恶，还是由于无能，无论如何，梅因坚决拒绝采用似乎常常需要的旁注和详细证据，以为其明白直率的主文的累赘。虽然其结果有时使经过专门训练的读者感到不便，但免除学术上的累赘，无疑地大大增加了"古代法"和梅因的其他一切著作的声望。我们享受着文字的乳汁，而不被迫目击挤乳的这种繁重的、有时候很辛苦的劳动，虽然在"东西方村落共产体"（Village Communities in the East and West，1871 年）、"古代法制史"（1875 年）及"古代法律与习惯"（1883 年）中都用了比"古代法"更正确的、更有批评眼光的考查以观察古代法律中的各个问题，但梅因在"古代法"之后写的一些作品，都不及这个初生儿，甚至一半也及不到。

因此，"古代法"应该被认为好像是梅因毕生工作中的一个宣言书，这是雅利安民族各个不同支系，尤其是罗马人、英国人、爱尔兰人、斯拉夫人以及印度人的古代法律制度的一个比较研究。由于它本身是一个令人满意的统一体，它不能被视为仅仅是一篇绪论；不过，对于他粗糙地谈到的许多问题，如果要获得更丰富的知识，读者还必须借助于梅因的后期作品。例如第八章提到的村落共产体是一篇用同名的完整的（虽然是简短的）论文的主题，由于当时那士（Nasse）和 G. L. 丰·毛勒（G. L. von Maurer）的新近研究而引起的；关于父权家族的说明，当然应该以"古代法律与习惯"为补充材料，这是梅因的最后一部重要著作，在其中，他用了同样的说服力和机智，乘便对主张母权制理论的几个主要代表人予以答复。在这里，由于篇幅的限制，难以就"古代法"中讨论的各个题目，一一指出究竟在他后期作品中哪些地方曾详加说明；但就主要的题目中，可以提出的有主权、集体财产的早期形式（其重要的一方面，即联合家族，在"古代法"中没有提到，但在"村落共产体"和"古代法制史"中，都有详尽的讨论），封建制度化的过程，各种古代法典（例如在"古代法律与习惯"的第一章中，详细叙述了"摩奴法典"），法学家〔特别是罗马法学专家（Jurisprudentes）和爱尔兰"古代法官"〕在制成法律上所起的影响，原始的亲属关系，动产所有权〔关于第八章中所讨论的要式交易物（resmancipi）更详细的说明，可参考"古代法律与习惯"第十章〕，土地所有权，长子继承权，拟制（例如，关于收养这个拟制的补充说明，可见"古代法制史"第八讲和"古代法律与习惯"第四章〕，原始诉讼程序〔著名"戏剧化"的誓金（Sacramentum）可在"古代法制史"第九讲中再度发现〕，强制执行的各种早期形式，祖先崇拜和家族圣物，以及衡平的发展等。

"古代法"中有许多部分，在后来成为批评或者有时是别人所不同意的主题，对于这些，只可浏览一过。在一般人的心目中，梅因的名字也许最容易同父权制的理论联系在一起。大家都知道，有一个以巴觉芬(Bachofen)〔他的“母权制论”(Das Mutterrechet)由于巧合,恰在“古代法”出版的同一年中出版〕、马克林南(Mclennan)、摩尔根(Morgan)、约瑟夫·库勒(Josef Kohler)和法拉善(Frazer)为其主要代表人物的反对学派,主张人类社会以一个人群开始,其中男女两性处于一种没有节制的杂交状态中互相匹配,主张首先出现的家族集团是以母氏为中心的,并且主张以认定的生父的体力和独占禁忌占优势的家族集团,在发展的过程中,应属于一个较后的阶段。而在“古代法”和“古代法律与习惯”的简要研究中,显然梅因所描写的社会,既不是一个以“自然状态中的人”也不是以母系子嗣,而是一个以父权的、宗亲的家作为单位的社会。

但是,梅因所重新假设的这种共产体,从来没有要被认为是人类社会渊源的代表之意。他的研究明白地限于雅利安民族,尤其是其中比较进步的几个支系(但有显著的例外,如印度村落共产体);虽然在其他方面可能有些争执,但雅利安家族制度主要是父权的,这是没有争议的。在“古代法律与习惯”中,梅因不但不主张人类种族的各个支系应该有一个单一的、一成不变的发展图式,他并且毫无隐瞒地对这种想法表示着怀疑。现代学说所主张的,正和这个意见相同:现在认为,把父权制理论和母权制理论作为相互之间不能调和的对立物是完全人为的。男性和女性在家族中和社会上的相对重要性决定于许多变化着的情况,譬如各家族集团是孤立的还是互相邻接的,男女两性的相对人数,战争的影响,可用以赡养妻子的财富、灭婴的习俗,以及许多其他类似的因素,绝不可能在一切时代和一切地点,完全相同。即使在大量证据中仅仅熟悉其中一部分的人(或仅仅熟悉其中可靠部分的人,并且不包括梅因讽刺地称之为“道听途说”的人），现在也不再怀疑母系的安排曾流行于世界的许多地方。梅因曾被责难为在承认马克林南和摩尔根所提出母权制的证据时过分勉强，并且过分严格地坚持着男性的体力和性的忌妒这些支配的因素。实际上，梅因完全承认父权制并不能适用于一切形式的社会；他所主张的，只是父权制是雅利安人所特有的，同时母权制的证据并不足以支持有一种原始群杂交的通说而已。对于这两种说法，现代的意见都支持着他；任何普遍的原始杂交的假设，现在为一般人所不信，虽然作为偶然的热情奔放的那种所谓性的共产主义，证据还是不少；在雅利安人中间确有母权制的遗迹，但他们认为这很可能不是人类家族中这一支系的一种较古时期的原有情况，而是它同非雅利安种族习惯相接触的结果。

梅因的行文流畅，偶尔（但只是偶尔）也有自相矛盾之处，这是不能毫无保留地加以接受的。这类矛盾在“古代法”最初的篇幅中就可以看到，在第一章中，关于半司法的、半宗教的 θέμιστες 竟得出了在原始社会中“判决先于习惯”的结论。在“村落共产体”中，梅因回到了“主权者有权创造习惯”。在这个问题上，有两种不同信念的学派，一派主张在最古时期高级官吏的宣告只是宣布业已存在的习惯，另一派则认为这些宣告却真正是创设和塑造通俗惯例的决定因素。真相似乎是在这两种相反的观点的中间。毫无疑问，早期的判决，不论是国王的或是祭司的，不论是纯粹世俗的或是幻想为神灵所启示的，在确定习惯的形式、范围以及方向上，确有很大的影响。同时，一切证据似乎都说明，最古时期的司法职能被认为是以发现现存的法律为其主要目的。在西方世界，到处都有关于这种“发现法律”以及以发现法律为专职的公认专家的各种记录。甚至在解释过程中采用了(这也常是必然的)新的成分,在这种情况下,实际上已从单纯的宣布进入了创设的时期,甚至在这种时候,这种改革仍旧被装扮成只是发现:正像英国法官在实质上是把新的成分转入到法律中去,却仍旧尽可能地把它们说成是根据于现存的先例一样。梅因对于这种看法,曾经详细考虑而加以同意,因为在“古代法律与习惯”(第六章)中,当他写到 θέμιστες 时,认为它“无疑地来自早已存在的习惯或惯例”;虽然他也许是为了表示公正起见,接着说,“这观念是,它们是由国王自发地或经过神的提示而想出来的”。

“古代法”中没有一部分像万民法(ius gentium)的叙述那样需要更多的详细说明。“古代法”的最大缺点,在于它跳过了从罗马人到格罗秋(Grotius)之间的几个世纪,忽略了中古世纪的时期,在这个时期内,“自然法”转变成为有无限活力和影响的一种神学概念。对于像梅因这样有非常的均衡感和透视力的人,这真是一个奇怪的遗漏,而每一个读者希望对这一漫长时期的法律理论有比较正确的印象的,应该至少参考一下布赖斯爵士(Lord Bryce)和菲莱特烈克·濮洛克爵士(Sir Frederick Pollock)关于“自然法律史”的几篇论文,以及 A. J. 喀莱尔博士(Dr. A. J. Carlyle)的“西方中世纪政治理论”(Medieval Political Theory in the West)。

梅因对于罗马契约法发展的说明,是他论文中最雄辩的部分之一。但这部分有些浪漫的倾向,则是无法掩盖的事实。在有些方面,他似乎显然是错误的;例如约定(stipulaio),根据现代意见,不能被真正地认为是来源于耐克逊(nexum):它也许在宗教的神圣性中有完全不同的历史，不同的来源。在其他方面，如关于耐克逊的确切性质，他所表示的见解，有些也只能认为是似乎可信的猜测；但这样说，并不能被认为是对他责难，因为从梅因的时代起，对于这一个问题曾发生过无休无止的争论，而争论的结果也还只是一些可能和推测而已，实际上，以证据而论，也只能得到这样的结果。梅因对于罗马契约的历史分类存在着真正的弱点，这与罗马法学家自己对于合意的分类存在着弱点，完全相同——弱点是在于它图表式的但靠不住的单纯。梅因所提出的各个阶段是：把债务同真正的以身体自由为质物（耐克逊借贷）看做一回事，带有严格的神圣仪式；其次是以庄严的口头问答和以诚意担保的债务；其次是有书面文字的无可辩驳的证据；其次是真正契约的“巨大道德进步”，这些契约代表着公正的基本原理，即根据一致同意的条件，受领和享有他人有价物件的人，有归还它或其价值的义务；其次是在任何经济发达的社会中，在四种最普通和重要的交易中一致的效力；以及最后，通过裁判官（prætor）的自由学说，在任何严肃的和合法的场合中所取得纯粹一致的拘束力。我们不能说这种根据于道德进步路线的历史顺序，是明显地错误的，但为慎重起见，我们必须承认要证实其一切细节，现有的证据显然并不充分。事实正如我们常常指出来的那样，罗马人在有关合意的法律方面是独特地凭经验的，他们从来没有发展一个令人满意的和不矛盾的真正作为契约的契约理论，他们的市民法要因（causa civilis）学说，被假定为是一切有拘束力的合意所依据的，是完全没有可靠的法律基础的。梅因留给我们的印象是，裁判官凭着体现“能达到正当后果的‘诺成契约’原则”的“裁判官告令”，把合意的可诉性扩大到几乎毫无限制。这是一种严重的夸大。实际上,裁判官告令,在数量上是很少的,在性质上是很专门的,在范围上是很狭小的。毫无疑义,到了古典时期,契约的领域在理论上和在实际上,都已变得很广泛,足以满足一切普通目的了;但是它还不能公正地被认为具有梅因这样热诚地归功于它的那种科学的均称性或道德的一致性。

在第五章的结尾,可以看到梅因对他所想象的"各国民事法律"的发展,进行了干练的总结,同时读者在开始阅读本书之前,最好先熟读这一段文字,即以"到现在为止,我们已经研究过有关古代'人法'的各个部分"开始的几页,并且先要把本书开头的主要的五章所依据的要旨牢记在心中。这几页中最后一句话是全部英国法律文献中最著名的"进步社会的运动,到此处为止,是一个从身份到契约的运动"。这些文句在它写成的当时,是适当的、可以接受的——那个时候,19世纪个人主义的全部力量正在逐渐增加其动力。关于梅因所应用的"身份"这个字,是否适当,这里不拟作专门的详尽讨论,但作为一个法律"术语",就他所接受的含义来讲,是有讨论的余地的;但他的结论实足以表现一条为当今历史法学家没有任何争执的原则——即个人自决的原则,把个人从家庭和集团束缚的罗网中分离开来;或者,用最简单的话来说,即从集体走向个人的运动。这是梅因的论文的主要观点,是他对所有那些先天的空想进行攻击的矛头,这些空想创造了抽象的人,作为年轻世界的天命的君主,这样就颠倒了全部的历史进程。可以看到,梅因在说这个运动到此处为止是进步社会的特征时,是很慎重的。现在有许多人在问,有的带着怀疑,有的可以看出是有礼貌的,究

竟有没有从契约到身份的相反运动发生过。我们可以完全肯定，这个由19世纪放任主义(laissez-faire)安放在“契约自由”这神圣语句的神龛内的个人绝对自决，到了今日已经有了很多的改变；现在，个人在社会中的地位，远较著作“古代法”的时候更广泛地受到特别团体，尤其是职业团体的支配，而他的进入这些团体并非都出于他自己的自由选择。很可能，过去一度由家庭这个发源地担任的任务，在将来要由工团这个发源地来担任了；也可能梅因的这个著名原则，将会有一天被简单地认为只是社会史中的一个插曲。如果竟然是这样发生了，这究竟是标志着社会的进步还是退化，是一个非常适合于每一个有思想的人仔细研究的问题，但在这里，是不宜于作任何讨论的。

本书中有些不重要的疏漏之处，对于一般读者，是可以不必特别提出的。但有一点必须加以指出。在第四章中梅因竟以为布拉克顿(Bracton)曾“把全部形式和三分之一内容直接剽窃自‘民法大全’”的一篇论文，作为纯粹英国法的一个纲要，向其同胞推销。这与现在由麦特兰(Maitland)研究结果确定的事实严重地不相符合，这些事实，在1861年时是不可避免地被误解了。布拉克顿的亨利或布拉顿(Bratton)是除了法学家和历史学家外，一般人很少知道的一个作家，因此请原谅我为他作一介绍，他是亨利三世皇朝后半期中一个王室法庭的法官，并且是研究中世纪时期“英国法律和习惯”方面一个最重要的“寺院派”作家。像他当时所有的教士一样，他用拉丁文纂述文章，他应用罗马法的传统分类与排列；虽然绝不至于有“三分之一内容”，但他的著名论文中确有相当部分借助于罗马法——但不是“民法大全”的本身，而是12世纪“波罗诺学派"(Bolognese)注释者所"修正"的罗马法律学。但他的著作,不论在意图上或是在效果上,绝不是欺人之谈:他的主题是真实的、本土风光的、英国的封建法律,虽然曾受到当时所公认的研究法律学的方法——一个必然是罗马式的方法——的影响,而它受到这种影响,实在也是无可避免的。

最后必须加以说明,在本书中提到的一二桩有关英国法的事,最近已经有了变化。一般都知道,在梅因著作中占有非常显著地位的并且是他所一贯不赞成的长子继承权(primogeniture),在现在,除了荣誉称号以外,在一切主要方面都已从英国继承法中消失了。第八章中有关英国动产法"威胁着要并吞和毁灭不动产法"的预言,现在大部已经实现了。至于英国已婚妇女的无能力(第五章),这种现象在1861年时是任何文明社会的一种耻辱,在21年以后已被彻底消灭,这原是众所周知而毋庸加以说明的事。

喀莱顿·坚卜·亚伦(Carleton Kemp Allen)

1931年

第一章　古代法典

世界上最著名的一个法律学制度从一部"法典"(Code)开始，也随着它而结束。从罗马法历史的开始到结束，它的释义者一贯地在其用语中暗示着，他们制度的实体是建筑于"十二铜表法"(Twelve Decemviral Tables)，因此也就是建筑于成文法的基础上的。在罗马，对于"十二铜表法"以前的一切制度，除了一特殊之点外，都不予承认。罗马法律学在理论上是来自一部法典，而英国法律在理论上则被认为是来自古代的不成文惯例，这是他们制度的发展和我们制度的发展所以不同的主要原因。这两种理论与事实不完全相符，但却都产生了极端重要的后果。

"十二铜表法"的公布并不能作为我们开始研究法律史的最早起点，这是毋庸多说的。古代罗马法典，是属于这样一类的法典，几乎世界上每一个文明国家都可以提出一个范例，并且以罗马和希腊而论，它们是在彼此之间相距并不过分遥远的时代中在它们各自的领域中广泛地传布着。它们是在非常类似的情况下出现的，并且据我们所知，也是由类似的原因产生的。毫无疑问，在这些法典的后面，存在许多法律现象，这些法律现象在时间上是发生在法典之前的。现在有很多文件记录，明白地提供我们关于这种早期法律现象的知识；但在语言学家能对"梵文"(Sanskrit)文学做出完全的分析以前，我们知识的最好来源无疑地只有希腊的荷马诗篇(Homeric poems)，当然我们不能把它认作一种确实事件的历史，而只能把它作为作者所知道的不是完全出于想象的一种社会状态的描写。纵使诗人的想象力对于这种英雄时代的某些特征，如战士的勇猛以及神的威武，可能有些夸张之处，但我们没有理由相信，他的想象力曾受到道德或形而上学的概念的影响，因为，这些概念当时还没有作为有意识观察的对象。就这一点而论，荷马文学实远比后期的文件更为真实可靠，因为，这些文件虽然也是为了要说明同样的较早时期的情况，但是它们的编纂是在哲学的或神学的影响之下进行的。如果我们能通过任何方法，断定法律概念的早期形式，这将对我们有无限的价值。这些基本观念对于法学家，真像原始地壳对于地质学家一样的可贵。这些观念中，可能含有法律在后来表现其自己的一切形式。我们的法律科学所以处于这样不能令人满意的状态，主要由于对于这些观念除了最最肤浅的研究之外，采取了一概加以拒绝的草率态度或偏见。在采用观察的方法以代替假设法之前，法学家进行调查研究的方法真和物理学与生物学中所用的调查研究方法十分近似。凡是似乎可信的和内容丰富的，但却绝对未经证实的各种理论，像“自然法”(Law of Nature)或“社会契约”(Social Compact)之类，往往为一般人所爱好，很少有踏实地探究社会和法律的原始历史的；这些理论不但使注意力离开了可以发现真理的唯一出处，并且当它们一度被接受和相信了以后，就有可能使法律学以后各个阶段都受到其最真实和最大的影响，因而也就模糊了真理。

在荷马诗篇中曾经提到“地美士”(Themis)和“地美士第”

(Themistes)的字眼,这是一些最早期的概念,它们和现在已经充分发达的法律观念和生活规律有着密切的关系。如所周知,“地美士”在后期希腊万神庙中是“司法女神”(Goddess of Justice),但这是一个现代的并且已经很发达的观念,同“伊利亚特”(Iliad)中把“地美士”描写为宙斯(Zeus)的陪审官的原意,完全不同。所有对于人类原始状态的忠实观察者现在都能清楚地看到,在人类的初生时代,人们对于持续不变的或定期循环发生的一些活动只能假用一个有人格的代理人来加以说明。这样,吹着的风是一个人,并且当然是一个神圣的人;上升、上升、到达极顶然后下落的太阳是一个人,并且是一个神圣的人;生长庄稼的土地是一个人,也是神圣的人。在物理世界中如此,在道德世界中也是如此。当国王用判决解决纠纷时,他的判决假设是直接灵感的结果。把司法审判权交给国王或上帝的神圣代理人,万王之中最伟大的国王,就是地美士。这个概念的特点,表现在这个字的复数用法。地美士第,即地美西斯,是“地美士”的复数,意指审判的本身,是由神授予法官的。在谈到国王时,好像他们的手中就有着丰富的“地美士第”,随时可以应用似的。但是我们必须明白了解“地美士第”并不就是法律而是判决。格罗脱(Grote)先生在其“希腊史”(History of Greece)中说,“宙斯或是地球上的人王,不是一个立法者而是一个法官”。他有充足的“地美士第”,但是,虽然始终相信“地美士第”来自天上,我们却并不能就假设在各个“地美士第”之间,有着任何一条原则贯串着;它们是个别的、单独的判决。

甚至在荷马诗篇中,我们也还可以看出,这些观念只是暂时的。在古代社会的简单机构中,情况类似的情形可能比现在还要

普遍，而在一系列的类似案件中，就有可能采用彼此近似的审判。我们由此就有了一种“习惯”的胚种或者雏形，这是在“地美士第”或判决的概念之后的一种概念。由于我们的现代联想，我们就先天地倾向于以为一个“习惯”观念必然是先于一个司法判决的概念，以为一个判决必然是肯定一个“习惯”，或是对于违犯“习惯”的人加以处罚，纵使我们的思想倾向是这样，但是，非常明确，各种观念的历史顺序却真正是像我在前面所排列的那样排列的。荷马对于一个在胚胎中的习惯，有时用单数的“地美士”——更多的时候则用“达克”（Dike），它的意义明显地介于一个“判决”和一个“习惯”或“惯例”之间。至于 Nòμσs 是指一条“法律”，这是后期希腊社会政治语汇中一个非常伟大而著名的名词，但在荷马诗篇中却没有见到过。

所谓神圣的代理人这种观念，暗示着“地美士第”，而其本身又人格化在“地美士”中。这种观念一个肤浅的研究者可能会把它和其他原始信念混淆起来，我们必须把它们区分开来。有一种概念认为整部的法典是由“神”（Deity）口授的，例如印度的“摩奴”法典（Hindoo laws of Manu），这种概念似乎属于比较后期和比较发达的思想。“地美士”和“地美士第”是同长久以来顽固地为人们拘泥着的一种信念密切地联系着的，这种信念认为在生活的每一个关系中，在每一个社会制度中，都有一种神的影响作为它的基础，并支持着它。在每一古代法律中，在每一政治思想的雏形中，到处都可以遇到这种信念的征象。那时候所有的根本制度如“国家”、“种族”和“家族”都是假定为贡献给一个超自然的主宰，并由这个主宰把它们结合在一起的。在这些制度所包含的各种不同关系中集合起来的人们，必然地要定期举行公共的祭礼，供奉公共的祭品，他们时时为了祈求赦免因无意或疏忽的侮慢而招惹的刑罚举行着斋戒和赎罪，在这中间这种同样的义务甚至被更有意义地承认着。凡是熟悉普通古典文学的人，都会记得家祭(sacra gentilicia)这个名词，这对于古代罗马的收养法和遗嘱法都有着极重要的影响。到现在为止，还保存着原始社会某些最古怪特点的印度习惯法(Hindoo Customary Law)，对于人们所有的一切权利和继承的一切规定，几乎都要在死人安葬时，也就是说在家族延续发生中断时，按照举行规定仪式时的严肃程度而决定。

在我们离开这一法律学阶段以前，凡是英国学生都必须注意到这样的一点。在边沁的"政府论丛"(Fragment on Government)以及奥斯丁的"法律学范围论"(Province of Jurisprudence Determined)中，他们把每一项法律分解为立法者的一个命令，因此是一种强加于公民身上的义务，并且是在发生反抗时的一种制裁；他们并且进一步断定这个作为法律第一个要素的命令，必须不仅是针对一个单一的行为，而且是对着一系列的或者许多属于同一类型和性质的行为。这样把法律的各种要素加以分析的结果，同已经成熟的法律学的事实完全相符；并且只要在用语上稍微引申一下，它们就能在形式上适用于各种各样的、各个时代的一切法律。但是，这并不就是说，在这个概括中所含有的法律观念，即使到现在，还完全同这个解剖相符合；可奇怪的是，我们对于古代思想史如果研究得越深入，我们发现我们自己同边沁所主张的所谓法律是几个要素的混合物的这种概念，距离越远。可以断言，在人类初生时代，不可能想象会有任何种类的立法机关，甚至一个明确的立

法者。法律还没有达到习惯的程度，它只是一种惯行。用一句法国成语，它还只是一种“气氛”。对于是或非唯一有权威性的说明是根据事实做出的司法判决，并不是由于违犯了预先假定的一条法律，而是在审判时由一个较高的权力第一次灌输入法官脑中的。我们要想理解这些在时间上和在联想上同我们距离这样遥远的种种见解，当然是极端困难的，但是，我们如果能比较详细地研究一下古代社会的构成，了解到在古代社会中，每个人的生命有极大部分都生活在族长的专制之下，他的一切行为实际上不是由法律的而是由反复无常的一种统治所控制着，这就比较可信了。我可以说，一个英国人应该比外国人更能够理解这样的一个历史事实，即“地美士第”的发生先于任何法律概念，这是因为，在流行着的有关英国法律学性质的许多相互矛盾的理论中，其最得人心的，或者无论如何是最能影响实践的，当然是假定成案和先例先于规则、原则及差别而存在的理论。应该指出，根据边沁和奥斯丁的见解，“地美士第”还有把单一的或唯一的命令从法律中区分开来的特性。真正的法律使所有公民毫无差别地一致遵守着种类相似的许多条例；这正是法律的最为一般人所深切感觉到的特征，使“法律”这个名词只能适用于一致、连续和类似。至于命令只规定一个单独的行为，因此同“地美士第”比较近似的是命令而不是法律。命令只是对孤立的事实状态的宣告，并不必然地按照一定的顺序一个和另一个相连。

英雄时代的文学告诉我们的法律萌芽，一种是“地美士第”，还有一种是在稍微发展的“达克”的概念中。我们在法律学史上达到的下一个阶段是非常著名的，并且也是饶有兴趣的。格罗脱先生在其“希腊史”第二篇第二章中，曾把已逐渐不同于荷马所摹绘的社会生活方式详细加以描写。英雄时代的王权，部分地依靠着神所赋予的特权，部分地依靠着拥有出类拔萃的体力、勇敢和智慧。逐渐地，君主神圣不可侵犯的印象开始淡薄，当一系列的世袭国王中产生了柔弱无能的人，王家的权力就开始削弱，并且终于让位于贵族统治。如果我们可以正确地应用革命的术语，则我们可以说，王位是被荷马一再提到的和加以描写的领袖议会所篡夺了。无论如何，在欧洲各地，这时已经从国王统治时代转变到一个寡头政治时代；即使在名义上君主职能还没有绝对消失，然而王权已缩小到只剩下一个暗影。他成为只是一个世袭将军，像在拉栖第梦(Lacedæmon)，只是一个官吏，像雅典的执政王(King Archon at Athens)，或仅仅是一个形式上的祭司，像罗马的献身王(Rex Sacrificulus)。在希腊、意大利和小亚细亚，统治阶级似乎一般都包括着由一种假定的血缘关系结合在一起的许多家族，他们虽然在开始时似乎都主张有一种近似神圣的性质，但他们的力量在实际上却并不在于他们所标榜的神圣性。除非他们过早地被平民团体所推翻，他们都会走向我们现在所理解的一种贵族政治。在更远一些的亚洲国家，社会所遭遇的变革，在时间上，当然要比意大利和希腊所发生的这些革命早得多；但这些革命在文化上的相对地位，则似乎是完全一样的，并且在一般性质上，它们也似乎是极端相似的。有些证据证明，后来结合在波斯王朝统治下的各个民族以及散居在印度半岛上的各个民族，都有其英雄时代和贵族政治时代；但是在它们那里，分别产生了军事的寡头政治和宗教的寡头政治，而国王的权威则一般并没有被取而代之。同西方事物的发展过程

相反，在东方，宗教因素有胜过军事因素和政治因素的倾向。在国王和僧侣阶级之间，军事和民事的贵族政治消失了，灭绝了，或考微不足道；我们所看到的最后结果，是一个君主享有大权，但是受到了祭司阶级的特权的拘束。在东方，贵族政治成为宗教的，而在西方，贵族政治成为民事的或政治的，虽然有着这些区别，但是，在一个英雄国王历史时代的后面跟着来了一个贵族政治的历史时代，这样一个命题是可以被认为正确的，纵使并不对于全人类都是如此，但无论如何，对于印度—欧罗巴（Indo-European）系各国是一概可以适用的。

有一点对于法学家很重要，就是这些贵族都是法律的受托人和执行人。他们似乎已经继承了国王的特权，唯一的重要区别，在于他们并不对每一个判决都装做出于直接的神示。主张全部法律或是部分法律来自神授的思想联系，仍旧到处表现出来，这使族长所作的判决被诿诸于超人类的口授，但是思想的进步已不复允许把个别争议的解决，用假定一种超人的仲裁来解释。法律寡头政治现在所主张的是要垄断法律知识，要对决定争论所依据的各项原则有独占的权利。我们在事实上已到了“习惯法”的时代。“习惯”或“惯例”现在已成为一个有实质的集合体而存在，并被假定为贵族阶层或阶级所精确知道的。我们所依据的权威使我们深信，这种寄托于寡头政治的信任有时不免要被滥用，但这当然不应该仅仅视为一种僭取或暴政的手段。在文字发明以前，以及当这门技术还处于初创时代，一个赋予司法特权的贵族政治成了唯一的权宜手段，依靠这种手段可以把民族或部族的习惯相当正确地保存着。正是由于它们被托付于社会中少数人的记忆力，习惯的真实性才能尽可能地得到保证。

“习惯法”以及它为一个特权阶级所秘藏的时代，是一个很值得注意的时代。这个时代的法律学处于怎样一个状态，其残留痕迹到现在仍旧可以在法律的和民间的用语中发现。这种专门为有特权的少数人所知道的法律，不论这少数人是一个等级，一个贵族团体，一个祭司团体，或者一个僧侣学院，是一种真正的不成文法。除此以外，世界上就没有所谓不成文法这样的东西了。英国的判例法有时被称为不成文法，有些英国理论家正告我们说，如果真要编订一部英国法律学的法典，我们必须把不成文法变为成文法——他们坚持说，这一转变，如果不是在政策上有可疑之处，无论如何，是非常重大的。实际上，在有一个时期中，英国普通法的确可以合理地称为不成文法。前一辈的英国法官们确实标榜着具有为法院和人民群众所不完全知道的规则、原则及差别的知识。他们要垄断的法律，究竟是不是完全不成文的，是非常可疑的；但是，无论如何，纵使可以假定过去确实曾经一度有着许多专门为法官们所知道的民事和刑事规则，但它在不久以后即已不再成为不成文法了。在“威斯敏斯特法院”(Courts at Westminster Hall)开始根据档案，不论是根据年鉴或是其他资料做出判决时，他们所执行的法律已是成文法。到这个时候英国法律中任何一条规则，必须首先从印成的许多判决先例所记录的事实中清理出来，然后再由特定法官根据其不同的风格、精确度以及知识而表现于不同的文字形式中，最后再把它运用于审判的案件。在这过程中，没有一个阶段显示出有任何特点，使它和成文法有什么不同之处。英国法律是成文的判例法，它和法典法的唯一不同之处，只在于它是用

不同的方法写成的。

离开“习惯法”时代，我们再来谈谈法律学史上另一明确划分的时代，也就是“法典”时代，在那些古代法典中，罗马的“十二铜表法”是最著名的范例。在希腊、在意大利、在西亚的希腊化海岸上，这些法典几乎到处都在同一个时期出现，这所谓同一个时期，我的意思当然并不是指在时间上的同一个时期，而是说在每一个社会相对地进步到类似的情况下出现的。在我所提到的几个国家中，到处都把法律铭刻在石碑上，向人民公布，以代替一个单凭有特权的寡头统治阶级的记忆的惯例。在我所说的这种变化中，我们绝不能设想当时已有了现代编纂法典时所必须有的各种精密考虑。毫无疑问，古代法典之所以会创造成功是由于文字的发现和传布。诚然，贵族们似乎曾经滥用其对于法律知识的独占；并且无论如何，他们对于法律的独占有力地阻碍了当时在西方世界开始逐渐普遍的那些平民运动获得成功。不过虽然民主情绪可能使这些法典更加深得人心，但是法典的产生当然主要还是由于文字发明的直接结果。铭刻的石碑被证明真是一种比较好的法律保存者，并且是一种使其正确保存的更好保证，这比仅仅依靠着少数人的记忆要好得多，虽然这种记忆由于惯常运用的结果也是在不断地加强着的。

罗马法典就是属于上面所说的那一类法典，这类法典的价值不在于其分类比较匀称或用词比较简洁明了，而在于它们为众所周知，以及它们能使每个人知道应该做些什么和不应该做些什么的知识。罗马“十二铜表法”中确实显示出有排列匀称的某种迹象；但根据传说，这可能是由于当时这个法律的编纂者曾求助于希

腊人，这些希腊人具有后期希腊在编纂法律工作上的经验。从“梭伦的阿提喀法典”（Attic Code of Solon）所遗留下来的片段，可以看到它很少有秩序，而在“德里科”的法律（laws of Draco）中也许更少。这些东方的和西方的法典的遗迹，也都明显地证明不管它们的主要性质是如何的不同，它们中间都混杂着宗教的、民事的以及仅仅是道德的各种命令；而这是和我们从其他来源所知道的古代思想完全一致的，至于把法律从道德中分离出来，把宗教从法律中分离出来，则非常明显是属于智力发展的较后阶段的事。

但是，不论从现代的眼光来看这些“法典”的特点是什么，它们对于古代社会的重要性，是无法用言辞来形容的。问题——而这个问题影响着每一个社会的全部将来——并不在于究竟该不该有一个法典，因为大多数古代社会似乎迟早都会有法典的，并且如果不是由于封建制度造成了法律学史上重要的中断，则所有的现代法律很可能都将明显地追溯到这些渊源中的一个或一个以上上去。但是民族历史的转折点，是要看在哪一个时期，在社会进步的哪一个阶段，他们应该把法律书写成为文字。在西方世界中每一个国家的平民成分都成功地击溃了寡头政治的垄断，几乎普遍地在“共和政治”史的初期就获得了一个法典。但是在东方，像我已在前面说过的，统治的贵族们逐渐倾向于变为宗教的而不是军事的或政治的，并因此不但不失去反而获得了权力；同时，在有些事例中，亚细亚国家的地理构造促使各个社会比西方社会的面积更大，人口更多；根据公认的社会规律，一套特定制度传布的空间越广，它的韧性和活力也越大。不论由于何种原因，东方各国社会编制法典，相对地讲，要比西方国家迟得多，并且有很不相同的性质。

亚细亚的宗教寡头，或者是为了他们自己参考，或者是为了帮助记忆，或者是为了教育生徒，都终于把他们的法律知识具体地编订成为法典；但也许促使他们这样做的最难于拒绝的诱惑力，还在于这是一个可以增加和巩固他们影响的机会。他们完全垄断法律知识，这一点使它们能用汇编来欺骗世人，而汇编中所包括的确实已被遵守的规则，还不及祭司阶级认为应当被遵守的规则多。称为“摩奴”法律的印度法典，当然是婆罗门（Brahmin）所编辑的，无疑地包含了印度民族的许多真正的惯例，但根据现代最好的东方学者的见解，整个讲起来，它并不代表确实曾经在印度斯坦执行过的一套规则。在它里面有一大部分只是在婆罗门的眼光中应该作为法律的一幅理想图画。这是和人类的性质相适应的，也是和作者的特殊动机相一致的：即像“摩奴法典”这样的一些法典，应该假托为最古的，并且应认为完全是从“神”得来的。按照印度的神话学，“摩奴”是至尊“上帝”的一种分出物；但是这个冠以他的名称的汇编，虽然其确切日期已不易查考，从印度法律学的相对进步来看，实在是一种近代的产品。

“十二铜表法”以及类似的法典赋予有关社会的好处，主要是保护这些社会使它们不受有特权的寡头政治的欺诈，使国家制度不致自发地腐化和败坏。“罗马法典”只是把罗马人的现存习惯表述于文字中。从罗马人在文化进步中的相对地位来看，它是一非常早的法典，而它公布的时间，正当罗马社会还没有从这样一种智力状态中脱身出来，也就是正当他们的智力状态还处在政治和宗教义务不可避免地混淆在一起的时候。一个野蛮社会实行的一套习惯，往往对其文化进步绝对有害或有某种特殊的危险。一个特定社会从其初生时代和在其原始状态就已经采用的一些惯例，一般是一些在大体上最能适合于促进其物质和道德福利的惯例；如果它们能保持其完整性，以至新的社会需要培养出新的惯行，则这个社会几乎可以肯定是向上发展的。但不幸的是，发展的规律始终威胁着要影响这些不成文的惯例。习惯是为群众所遵守的，但他们当然未必能理解它们所以存在的真正原因，因此，也就不可避免地要创造出迷信的理由以说明它们的永恒存在。于是就开始着这样一种过程，简单地讲，就是从合理的惯例产生出不合理的惯例。类比，这是法律学成熟时期中最有价值的工具，但在法律学的初生时代却是最危险的陷阱。禁令和命令在开始时由于正当理由原来只限于某一种性质的行为，后来就被适用于属于同一类别的一切行为，因为一个人做了一桩要受到上帝谴责的行为，他在做任何稍有些类似的行为时，就必然地要感到一种自然的恐惧。当一种食物由于卫生的理由被禁止，禁令就要适用于一切类似的食物，虽然类比在有的时候完全是建筑在想象的基础上的。同样地，为了保证一般清洁而做出的明智的规定，终于竟变成了教仪上净身的冗繁的手续。又如等级的划分是在社会史上特定紧急关头为保持民族生存所必需的，但逐渐退化而成为所有人类一切制度中最不幸的和最有损害的制度——“族籍制度”(Caste)。印度法的命运，在事实上，是衡量罗马法典价值的尺度。人种学告诉我们，罗马人与印度人来自同一个原始祖先，而在他们的原来习惯中，也确实有显著的类似之处，即使在现在，印度法律学还存留着考虑周到和判断正确的实体，只是不合理的模仿已使它在实体上面附加着残酷妄诞的巨大附着物。罗马人由于得到了法典的保护，没有受

到这一类腐蚀。在它编纂的时期，惯例还是很健康的，如果推迟到一百年以后，或许就太迟了。印度法的大部分是具体规定于文字中的，但是，在“梵文”中到现在仍旧保存着的撮要虽然在一种意义上是很古的，但在它们中间有充分证据，证明它们的编制是在错误造成之后。当然，我们不能就因此而有权利说，如果“十二铜表法”没有公布，罗马人的文明将像印度文明那样地无力和恶化，但至少这是可以断定的，他们有了法典，才避免了那样不幸的遭遇。

第二章　法律拟制

当原始法律一经制成"法典"，所谓法律自发的发展，便告中止。自此以后，对它起着影响的，如果确有影响的话，便都是有意的和来自外界的。我们不能设想，任何民族或部族的习惯，从一个族长把它们宣告以后一直到把它们用文字公布为止在这一个长久的——在有些情况下，非常悠久的——期间内，会一无变更。如果认为在这个期间以内的任何变更都不是有意地进行的，也是不妥当的。但就我们对于这个时期内法律进步所掌握的一些知识来说，我们确有理由假定，在造成变化中，故意只占着极小的部分。远古惯例中曾经发生过一些改革，但促使这些改革发生的情感作用和思想方式，却不是我们在现在智慧状态下所能理解的。但是，有了"法典"就开始了一个新纪元。在这时期以后，当我们追溯一下法律变更的经过时，我们就能发现这些变更都是出于一种要求改进的、有意识的愿望，或者无论如何，是出于一种具有一定目的的有意识的愿望，这同原始时代所企求的完全不同。

初看起来，我们从法典产生以后的法律制度史中，似乎很难引申出来足以深信不疑的各种一般命题。涉及的领域是太广泛了。我们很难肯定，在我们的观察中是否已包括了足够数量的现象，或者我们对于所观察的现象，是否已有了正确的理解。但如果我们注意到,在法典时代开始后,静止的社会和进步的社会之间的区分已开始暴露出来的事实,我们的工作就比较容易进行。我们所关心的只是进步的社会,而这类社会显然是极端少数的。虽然有着充分的证据,但是对于一个西欧的公民,还是非常难于使他完全领会这样一个真理,即环绕在他周围的文明,在整个世界史中,实在是一个罕有的例外。如果把各个进步民族同人类生活总体的关系鲜明地放在我们的前面,则我们中间共有的思想感情,我们所有的一切希望、恐惧和理想必将受到重大的影响。这是无可争辩的,几乎绝大部分的人类,在其民事制度因被纳入某种永久记录中而第一次使其具有外表上的完善性时,就绝少有表示要再加以改进的愿望。一套惯例有时被另外一套惯例强暴地推翻和代替了;到处标榜着来自超自然渊源的一个原始法典,往往由于僧侣注释者的牵强附会而被大大地扩大了,并被歪曲成为最可惊人的形式;但是,除了世界上极小部分外,从没有发生过一个法律制度的逐渐改良。世界有物质文明,但不是文明发展法律,而是法律限制着文明。研究现在处在原始状态下的各民族,使我们得到了某些社会所以停止发展的线索。我们可以看到,婆罗门教的印度还没有超过所有人类各民族历史都发生过的阶段,就是法律的统治尚未从宗教的统治中区分出来的那个阶段。在这类社会中的成员,认为违犯了一条宗教命令应该用普通刑罚来处罚,而违背了一个民事义务则要使过失者受到神的惩戒。在中国,这一点是过去了,但进步又似乎就到此为止了,因为在它的民事法律中,同时又包括了这个民族所可能想象到的一切观念。静止的和进步的社会之间的差别,是还须继续加以探究的大秘密之一。在对于它的局部的解释中，我敢把上章之末所提出的意见，提供考虑。我也许必须进一步说明，如果不明白地理解到，在人类民族中，静止状态是常规，而进步恰恰是例外，这样研究就很少可能有结果。成功的另一个不可或缺的条件，是对于罗马法的所有各主要阶段，都要有精确的知识。罗马法律学中，有着任何一套人类制度中最长久著名的历史。它所经历的一切变化的性质，已经在大体上得到很好的肯定。从它的开始到它的结束，它是逐步地改变得更好，或向着修改者所认为更好的方向发展，而且改进是在各个时期中不断地进行着的，在这些时期中，所有其余的人类的思想和行动，在实质上都已经放慢了脚步，并且不止一次地陷于完全停滞不前的状态。

我将把我的叙述局限于进步社会中所发生的情况。关于这些社会，可以这样说，社会的需要和社会的意见常常是或多或少走在"法律"的前面的。我们可能非常接近地达到它们之间缺口的接合处，但永远存在的趋向是要把这缺口重新打开来。因为法律是稳定的；而我们所谈到的社会是进步的，人民幸福的或大或小，完全决定于缺口缩小的快慢程度。

关于使"法律"和社会相协调的媒介，有一个有些价值的一般命题可以提出。据我看来，这些手段有三，即"法律拟制"、"衡平"和"立法"。它们的历史顺序就像我在上面所排列的，有时，其中两个在同时进行，也有些法律制度没有受到它们中的这一个或另一个的影响。但我从没有看到过一个例子，它们出现的顺序会是不同的或颠倒过来的。"衡平"的早期历史，一般讲起来，都是比较模糊的，因此，有人以为某些改进民法的单独条例，就早于任何衡平的审判权。我的意见是，不论任何地方，补救的"衡平"必早于补救的立法；但是，倘使事实上并不严格地是这样，那就只需把关于它们先后顺序的命题局限于那些时期，即，它们在改变原始法律中发生持续和实质影响的时期内。

我在应用"拟制"这个字时，其含义比英国法学家习用的意义要广泛一些，比罗马的"拟制"（fictiones）则要广泛得多。"拟制"（fictio）在旧罗马法中，恰当地讲，是一个辩诉的名词，表示原告一方的虚伪证言是不准被告反驳的；例如原告实际上是一个外国人而提出他是一个罗马公民的证言是。这种"拟制"的目的，当然是为了给予审判权，因此，他们与英国后座法院和理财法院命令状中的主张非常类似，这些法院就是通过这些主张来剥夺普通诉讼的审判权的；——主张被告已为国王执行官所拘留，或是主张原告为国王的债务人，并以被告的拖欠为理由而不能清偿债务。但我现在应用"法律拟制"这一个用语，是要用以表示掩盖，或目的在掩盖一条法律规定已经发生变化这事实的任何假定，其时法律的文字并没有被改变，但其运用则已经发生了变化。因此，这个用语包括了上面我从英国法和罗马法中所引证的拟制的实例，但是它们所包括的范围还要广泛得多，因为我认为英国的"判例法"和罗马的"法律解答"（Responsa Prudentium）都是以拟制为其基础的。这两方面的例子立刻就要加以研究。事实是，在这两种情况下，法律都已经完全被变更了；而拟制是它仍旧和改变以前一样。为什么各种不同形式的拟制特别适合于社会的新生时代，这是不难理解的。它们能满足并不十分缺乏的改进的愿望，而同时又可以不触犯当时始终存在的、对于变更的迷信般的嫌恶。在社会进步到了一定阶段时，它们是克服法律严格性最有价值的权宜办法。真的，

如果没有其中之一，即“收养的拟制”，准许人为地产生血缘关系，就很难理解社会怎样能脱出其襁褓而开始其向文明前进的第一步。因此，我们不应该受着边沁的影响，他一遇到法律拟制就要加以嘲笑谩骂。他认为拟制只是诈欺，这适足以说明对于它们在法律发展史中所担任的特殊任务，愚昧无知。但同时有些理论家看到了拟制的用处，即据而认为它们应该在我们制度中固定下来，如果我们同意他们的见解，也同样地是愚蠢的。它们有它们的时代，但是它们的时代早已过去了。我们现在已不值得要去用像法律拟制这样一种粗糙的方式以求达到一个公认为有益的目的。我不能承认任何变例都是合法的，如果它只有使法律更难解，或者是更难按照和谐的顺序排列起来，因为，法律拟制是匀称分类的最大障碍。法律制度仍旧保持原样，原封不动，但它已只成为一个躯壳。它已经早被破坏了，而藏在其外衣里面的则是新的规定。于是，困难就立刻发生了，我们将很难断定，实际上可以适用的规定究竟应该归类于其真正的还是归类于其表面的地位，同时，秉性不同的人在不同的部门中进行选择时，也将得到不同的结果。如果英国法真要得到有秩序的分门别类，那就必须剪除这些法律拟制，虽然最近在立法上有所改进，但在英国法律中，拟制仍旧是很多的。

法律用以适应社会需要的其次一个手段，我称之为“衡平”(Equity)。这个名词的含义，是指同原有民法同时存在的某一些规定，它们建筑在各别原则的基础上，并且由于这些原则所固有的一种无上神圣性，它们竟然可以代替民法。不论是罗马的“裁判官”或是英国的大法官的“衡平”，同出现比较早的“拟制”都有不同，其不同之点在于它能公开地、明白地干涉法律。另一方面，它又和“立法”不同，这是发生在它之后的另外一种法律改进的媒介，其不同之点在于它的权力基础并不建筑在任何外界的人或团体的特权上面，甚至也不建筑在宣布它的官吏的特权上面，而是建筑在它原则的特殊性上面，这些原则，据说是一切法律应该加以遵循的。这种认为有一套原则比普通法律具有更高的神圣性并且可以不经任何外界团体的同意而主张单独适用的概念，要比法律拟制最初出现时属于进步得多的一个思想阶段。

最后一个改进的手段是“立法”(Legislation)，就是由一个立法机关制定的法规。这种立法机关，不论它的形式是一个专制君主或是一个议会，总之是一个为社会所公认的机关。它和“法律拟制”不同，正像“衡平”和“法律拟制”不同一样。它和“衡平”也有不同，因为它的权威来自一个外界团体或人。它所以有强制力，与其原则无关。不论社会舆论对立法机关加以任何现实的约束，在理论上，它有权把它所认为适宜的义务加在社会的成员身上。没有谁能够限制它任意制定法律。如果衡平的名词可以用作是或非的标准，而立法机关所制定的法规恰巧是根据了这些标准而调整的，则立法可以说是根据了衡平而制定的；但即使是这样，这些法规所以能有拘束力，仍旧是由于立法机关本身的权力，并不是由于立法机关制定法律所根据的原则的权力。因此，它们在专门术语的意义上与“衡平法”不同，后者标榜着有一种高度的神圣性，这使它们即使没有经过君主或议会同意，也应该为法院立即承认。这些差别特别重要，因为一个边沁的学生很容易把“拟制”、“衡平”和“制定法”混淆起来，把它们统统归属于立法的一个项目下。他会说，它们都包括制定法律；它们之所以不同，只是在新法律产生的机

构。这个说法是完全正确的，我们永远不应该忘记；但这并不使我们有理由不去利用这样一个便利的名词，表达出立法的特殊意义。“立法”与“衡平”在一般人的心目中和在大多数法律家的心目中，是分开的；我们绝不能忽略它们之间的区分，纵使是习惯上的区分，因为这个区分有着重要的实际后果。

法律拟制的例子，几乎可以很容易地在任何正常发展的法律规定中找到，因为它们的真正性质立刻可以为现代观察者所发觉。在我即将进而研究的两个例子中，其所用权宜的性质不是很容易立刻就发现的。这些拟制的第一批作者，其目的也许并不在改革，当然更不希望被人怀疑是在改革。此外，有一些人，并且是始终有着这样一些人，拒绝看到在发展过程中的任何拟制，而习惯言语证实了他们的拒绝。因此，没有其他的例子能够被更好地用来说明法律拟制的分布广泛，以及它们在完成其双重任务，即一方面改变一个法律制度，而另一方面又掩盖这种改变时所有的效率。

我们在英国惯常看到有一种机构，在扩大、变更和改进法律。但在理论上这种机构原是不能改变现存法律一丝一毫的。这种用以完成实际立法工作的过程，并非是不可感知的，只是不被承认而已。关于包括在判例中和记录在法律报告中的我们大部分的法律制度，我们习惯于用一种双重言语，并往往持有一种双重的互不一致的两套观念。当有一些事实被提出于英国法院请求审判时，在法官与辩护人之间进行讨论的全部进程中，绝不会，也绝不可能提出要在旧的原则之外应用其他任何原则，或者除早已允许的差别外应用任何差别的问题。被绝对地认为当然的，是在某些地方，必然会有这样一条法律能够包括现在诉诸法律以求解决的事实，如果不能发现这样一条法律，那只是由于缺乏必要的耐性、知识或智力把它发现而已。但是一当判决被宣告并列入记录以后，我们就不自觉地、不公开地潜入到一种新的言语和一串新的思想中。到这时，我们不得不承认新的判决已经改变了法律。如果我们用有时被应用的一个非常不正确的说法，那就是可以适用的规定已经成为比较有弹性的了。事实上，它们已经发生变化。在已有的先例中，现在已显然地多了一条，比较各个先例而得出的法律准则，必将和仅仅从一个例子所能得到的法律准则完全不同。旧的规定已经被废除，而一个新的规定已被用来代替它，但这个事实往往不容易觉察，因为我们不习惯于把我们从先例中引申出来的法律公式用正确的文字表现出来，因此，它们性质的改变，除非是剧烈而明显的以外，就不很容易被发觉了。我现在不打算停下来详细讨论使英国法学家同意这些古怪变例的原因。情况可能是这样的，即原来可能有一条公认的学说，认为在某些地方，在太虚幻境中(in nubibus)或者在官吏的胸怀中(in gremio magistratuum)，有着一套完全的、有条理的、匀称的英国法律，其内容广泛，足以提供各种原则以适用于任何可以想象到的一组情况。这个理论在当初比在现在更为人们深信不疑，并且这也许真正有很好的根据。13世纪的法官们也许的确掌握着一些为律师和一般人民所不知道的法律宝藏，因为我们有理由怀疑他们秘密地从罗马法和“寺院法”的流行纲要中任意地但不一定是始终聪明地套用着一些东西。但是当韦斯敏斯德法院所判决的问题逐渐增加，足以组成一个独立存在的法律制度基础时，这个仓库就被封闭；而现在，几世纪以来，英国法律学者竟然提出了这样一个自相矛盾的命题，认为除“衡平法”和“制定法”以外，在英国法的基础上，从它第一次形成的时候起，就没有什么东西加上去过。我们不承认我们的法庭从事于立法工作；我们暗示着，它们从来没有做过立法工作；然而我们又主张，英国普通法的规定，在衡平法院和国会的帮助下，是可以同现代社会的复杂利益相适应的。

在罗马有一种法律，具有非常类似我们判例法中我所说的那些特点的，称为“法律解答”，即“法学家的回答”。这些“解答”的形式，在罗马法律学的各个时期中有极大的不同，但自始至终它们都是由对权威文件的注解组成的，而在最初，它们只是解释“十二铜表法”的各种意见的专门性的汇编。同我们一样，在这些解答中所有的法律用语都从这样一个假设出发，即古代“法典”的原文应被保存不变。这就是明白的规定。它废止了一切注解和评注，并且不论解释者是如何的优秀，对于法典的任何解释，在参照古老的原文时，没有人敢公开承认，他所作的解释不会发生修正。但在事实上，冠以重要法学专家(jurisconsults)名字的“法律解答汇编”(Books of Responses)，至少具有与我们报告案件同样的权威，并且不断地变更、扩大、限制或在实际上废弃“十二铜表法”的规定。在新法律学逐步形成的过程中，它的作者们自认为非常专心地尊重着“法典”的原来文字。他们只是在解释它，阐明它，引申其全部含义；但其结果，通过把原文凑合在一起，通过把法律加以调整使适应于确实发生的事实状态以及通过推测其可能适用于或许要发生的其他事实状态，通过介绍他们从其他文件注释中看到的解释原则，他们引申出来大量的多种多样的法律准则，为“十二铜表法”的编纂者所梦想不到的，并且在实际上是很难或者不能在其中找

到的。法学专家的全部论文都受到尊重，因为它们是被假定为完全符合“法典”的，但它们的相当高的权威是植基在把它们公诸于世的各个法学专家的声望上的。凡是举世公认为伟大的任何名字，必使一本“法律解答汇编”具有一种不小于立法机关制定法规所有的拘束力；而这样一本汇编的本身又成为更进一步的法律学所根据的新基础。但是，早期法学家的“解答”并不由原著者像现在那样印行的。它们由其学生加以记录和编辑，因此，多半都不是按照任何分类方法排列的。学生们在这些出版物中所处的地位，应加特别注意，因为他们对老师服务，一般都因老师对学生孜孜不倦的教育而得到补偿。被称为“法学教典”或“评释”(Commentaries)的教育论文为当时承认的义务的一种后来果实，是罗马制度中最显著的特色之一。至于法学专家们公诸于世的他们的分类法以及他们对于变更和改进专门术语的建议，显然不是在他们用以训练法学家的解答中，而是在这些涉及原理的作品中。

在把罗马的“法律解答”同英国法律中最相近的相应部分进行比较时，我们必须牢记着，说明罗马这一部分法律学的权威者不是**法院**而是**律师**。罗马法庭的判决虽然在特定案件中是终局的判决，但除了当时承审官吏在职位上极有威信者外，并无使它可以适用于其他案件的权力。更确当地讲，在共和时期内罗马并没有和英国法院、日耳曼帝国审判院或法兰西君主国高等审判厅相类似的机构。罗马有许多高级官吏在其各该部门中都握有重要的司法职能，但他们的官职任期只有一年，因此它们不能与一个永久的裁判所相比，只能作为在律师领袖中间迅速地流转着的一个循环职位。对这种奇特状态的来源，可能有很多的说明，在我们看来是一种可惊的变例，但是事实上，它比我们自己的制度更能适合于古代社会精神，因为这种社会常常不断地分裂为许多各别的阶级，在它们之间虽然互不往来，但却都不愿在他们上面有一个职业的教阶组织存在。

值得注意的是，这种制度并没有产生某种很可能会产生的结果。例如，它并没有使罗马法通俗化——它没有像有些希腊共和国那样削弱知识分子精通这门科学所需要的努力，虽然并没有人为的障碍阻碍其普及和作权威的解释。相反地，如果不是由于其他许多原因在发生作用，那就非常可能，这种罗马法律学就会成为琐细、专门和难以解释的东西，像从那时候起流行着的任何制度一样。其次，另外有一种可能更加自然地预期会发生的后果，却没有在任何时期中表现出来。直到罗马的共和政权被颠覆时，法学专家还只是一个界限不十分明显并在数量上有很大消长的阶级；虽然，他们之中任何特定的个人，对于在他们面前提出的任何案件能发表终局的意见，则似乎从来就没有发生过疑问。在拉丁文学中，有大量的关于著名法学专家日常活动的生动描写——从全国各地蜂拥而来的当事人在清晨到达他的接待室，他的学生环立在周围，手里都拿着笔记本，记录着这伟大法学家的回答——，但这样描写的著名人物在任何既定时期内，很少或从来没有超过一个或两个人的。同时正由于当事人和辩护人的直接接触，罗马人民也就似乎经常注意着职业威信的升降。现在有充分的证据，特别是在西塞罗(Cicero)的著名演讲“为墨罗那辩”(Pro Muræna)中，证明群众对于胜诉的重视往往不是不够而是过度的。

我们毫不怀疑，我们在罗马法最早依靠了它而得以发展的这

种手段中所发现的各种特点，就是使罗马法独特卓越的渊源，也是使它很早就能有丰富原则的渊源。原则的成长和茂盛，部分地是法律注释者之间的竞争所造成的，而这种竞争，在有法院的地方，即有国王或政府授以司法特权的受托人的地方，是不被人们所完全知道的。但是主要的媒介，无疑地还在于提请法律判决的各种案件的无限制地大量增加。有些事实状态虽会使一个乡村当事人真诚地感到不知所措，但这些事实状态对于形成法学专家“解答”或法律判决基础的价值，还不如一个有才智的学生所提出的各种假设情况。成千成百的事实，不论是真的或是出于想象的，都被一律看待。对于一个法学专家，如果他的意见为审判其当事人案件的官吏暂时废弃，他会毫不介意，除非这个官吏的法律知识或在专业上受到的尊敬都恰恰高过于他。当然，我的意思并不是说他会完全不考虑其当事人的利益，因为，这些当事人在较早时期就是大律师的选举人，到后来才成为他的付款人的，但是，一个法学专家走向成功之路要依靠他的公会的好评；显然，在我所描写的这样一个制度下，要达到这样一个结果，就必须把每一个案件作为一条重大原则的一个例证或是一条广泛规定的一个示范来考虑，而不能斤斤于个别案件的得失。另外一种更有力的影响，发生在对各种可能的问题任意提出或创造，不加任何明确的限制。资料既然可以任意增加，则发展成为一条总则的方便便也无限地增多。法律是在我们自己中间执行的，法官不能逾越展示于他或他的先辈之前的各种事实的范围。因此，受到审判的每一种情况，借用一个法国成语，就被奉之为神圣。它具有与每一个其他真正的或假设的案件不同的某种特点。但是在罗马，像我已经在前面企图说明的，没有像“法院”或“审判院”这一类的机构；因此，也没有一组事实会比其他事实具有更多的特殊价值。当有一种困难提交法学专家征求意见时，绝没有东西会阻止一个赋有很好类比力的人立即进而援引和考虑同它有些联系的全部假设问题。不论给予当事人的实际劝告是怎样，其由倾听着的学生在笔记本上慎重保存起来的解答，无疑地会考虑到由一重大原则所能适用的，或为一条包罗无遗的规定所能包括的一切情况。在我们中间，这种情况是不可能的，并且应该承认，在对英国法提出的许多批评中，它提出时所用的方式似乎已经不存在了。我们的法院所以不愿直截了当地宣布原则，很可能不是由于我们法官的秉性，而是由于我们的先例比较少，虽然我们的先例，在不知其他制度的人看来已是卷帙浩繁的了。就法律原则的财富而论，我们显然比有些现代欧洲国家贫乏得多。但必须记住，它们是以罗马法律学为其民事制度的基础的。它们把罗马法的碎石残屑建筑在它们墙垣之中；但就其材料和工作技巧来看，则并没有使它好过英国司法机关所造的建筑物。

罗马共和时期是使罗马法律学具有特别性质的一个时期；在其最初的一部分时间中，法律的发展主要依靠着法学专家的“解答”。但当它临到共和国衰败的时候，在“解答”的形式上显示出它们已不可能再作进一步扩展的预兆。它们已经开始系统化，并且被提炼成为纲要。据说曾有一个名为缪子·沙沃拉（Q. Mucius Scævola）的“教长”（Pontifex）公布过一本包括全部“市民法”的手册，在西塞罗的著作中，也显示出对于旧方法日益不满的迹象，所谓旧方法是指与法律改革这个更活泼的手段比较而言的。到了这个时候，其他各种媒介也在事实上对法律开始发生影响。所谓“告令”(Edict)或“裁判官”的年度布告已被日益重视，并用作法律改革的主要手段，而哥尼流·西拉(L. Cornelius Sylla)把称为“哥尼流律”(Leges Corneliæ)的大量条例经过立法而制定为法律，就显示出用直接立法的方法能达到如何迅速的改进。至于对“解答”的致命打击则来自奥古斯多(Augustus)，他限制少数主要的法学专家对案件发表有拘束力的意见的权利，这个变化虽使我们能更接近于现代世界的观念，但显然根本地改变了法律职业的特点以及它对罗马法影响的性质。在一个较后的时期中，另外一个学派的法学专家又产生了，这些都是各时代中法律学的巨大人物。但是阿尔比安(Ulpian)和保罗斯(Paulus)、该雅士和巴平尼安(Papinian)都不是“解答”的作者。他们的作品都是论述法律特定部门尤其是“裁判官告令”的正式论文。

罗马人的“衡平法”以及使衡平法成为其制度一部分的“裁判官告令”，将在下面的一章中加以研究。至于对“制定法”，需要说明的只是它在共和时期是很少的，但到了帝国时期则有大量增加。在一个国家还是青年和幼年的时代，绝少要求借助于立法机关的活动以求对私法作一般的改进的。人民所要求的不是变更法律，这些法律通常被估计得高过它们的真正价值，人民的要求只在能很纯洁地、完善地和容易地执行法律；一般是在要除去某种大积弊，或是要处理阶级与阶级之间和朝代与朝代之间某种无可调和的争执时，才求助于立法机关。依罗马人看来，在社会发生了一次重大民变后，必须制定一大批的条例，才得以安定社会秩序。西拉用“哥尼流律”来宣布他的改造共和国；尤利乌斯·恺撒(Julius Cæsar)在“制定法”中作了大量增加；奥古斯多促使通过了最重要的“尤利乌斯律”(Leges Juliæ);在以后的一些皇帝中,最积极于颁布宪令的是像君士坦丁(Constantine)那些要想统治世界事务的君主。真正的罗马制定法时期要直到帝国建立以后方才开始。皇帝们的各种立法起初还伪装经过群众同意,但在后来就毫不掩饰地利用皇权,从奥古斯多政权巩固后到“查斯丁尼安法典”(Code of Justinian)公布,这种法规有大量的增加。可以看到,甚至在第二个皇帝的统治时期内,法律的条件和其执行的方式就已逐渐地接近于我们都熟悉的了。一个制定法和一个有限制的释义局已产生了;一个永久的上诉法院和一个特许的评释集将在不久之后产生了;这样,我们就被带到更接近于我们今日的观念了。

第三章　自然法与衡平

有些法律原则由于固有的优越性而有代替旧有法律的权利，这种理论很早就在罗马国家和英国广泛流行。这一类原则存在于任何制度中，在以前各章中曾被称为“衡平”，像我们立刻就要谈到的，这个名词是罗马法学专家用以称呼法律变化中这种媒介的名称之一（虽然是唯一的一个）。在英国，冠以“衡平”名称的衡平法院，其有关的法律学只能在另一论文中充分讨论。它的组成是极端复杂的，它的资料来自几个不同的渊源。早期的教会大法官曾从“寺院法”中采取了许多原则，这些原则已深深地根植在其结构中。罗马法中可以适用于世俗纠纷的规定远多于“寺院法”，因此罗马法便常为下一代的衡平法官所借重，在他们的审判意见录中，我们常常发现列入了从“民法大全”（Corpus Juris Civilis）中采摘的整段原文，其中的名词不加更动，虽然它们的来源是从来没有注明的。在近代，尤其是在18世纪中叶和其后半期中，尼德兰（Low Countries）的公法学家所创造的法律与道德的混合制度似乎曾经为英国法学家详细研究过，从泰尔波爵士（Lord Talbot）大法官到厄尔顿爵士（Lord Eldon）就任大法官职位时为止，这些作品对衡平法院的裁定实有相当的影响。构成这个制度的各种要素虽然来自许多不同方面，但由于它必须与普通法近似，它的发展受到了很大的抑制，不过它始终能符合一个比较新的法律原则的要求，能因其固有的伦理优越性而有权废弃国内旧有的法律。

罗马的“衡平法”在结构上比较简单，它从开始出现时起的全部发展过程是很容易查考的。它的性质和它的历史都有详加研究的必要。它是对人类思想有着深远影响的、通过人类思想严重地影响了人类命运的那几种概念的根源。

罗马人认为他们的法律制度是由两个要素组成的。经查斯丁尼安皇帝钦定出版的“法学阶梯”(Institutional Treatises)中说，“受法律和习惯统治的一切国家，部分是受其固有的特定法律支配，部分是受全人类共有的法律支配。一个民族所制定的法律，称为该民族的‘民事法律’，但是，由自然理性指定给全人类的法律，则称为‘国际法’，因为所有的国家都采用它。”所谓“由自然理性指定给全人类的”这一部分法律，就是被假定为由“裁判官告令”带入罗马法律学中的元素。在有些地方，它被简单地称为“自然法”(Jus Naturale)；它的规定据说是受命于自然衡平(naturalis æquitas)和自然理性。我将设法发掘这些著名成语如“国际法”、“自然法”、“衡平法”的渊源，并进而决定它们所表示的概念在相互之间存在着什么关系。

有一些学者对于罗马历史只有极肤浅的知识，当他看到许多外国人用各种名义在共和国境内出现，以及共和国的命运竟会受到非常程度的影响，一定有很深刻的印象。在较后时期，这种侨民入境的原因是很容易被理解的，因为我们很容易体会为什么各族人民都要成群结队地到这世界霸主的国家来；在罗马国家最早的记录中，我们就发现有这种大量外国人和归化者移入的现象。毫无疑义，古代意大利大半是由强盗部落所组成的，社会的不安定使得人们聚居在有力量来保护自己并可以不受外界攻击的任何社会领土内，纵使这种保护要以付重税、以政治上权利的被剥夺、以忍受社会耻辱作为代价，也在所不惜。这个解释也许是不完全的，要作一比较完全的解释，还必须考虑到当时活跃的商业关系，这种关系虽然很少在共和国的军事传统中反映出来，但罗马在史前时期是必然地和迦太基(Carthage)以及和意大利内地存在着这种关系。不论情况究竟是怎样，共和国中的外国人实决定着其历史的全部过程，在这个历史的各个阶段中，几乎完全是在说明一个顽强的民族与一个外来的人民之间的冲突。在现代世界中从来没有发生过这种情况，一方面，因为现代欧洲社会很少或从来没有受到过足以使土著公民感觉得到的大量的外国移民侵入；另一方面，因为现代国家的团结一起是依靠着对于一个国王或政治上强有力者的忠诚，因此这些国家可以用古代世界所没有见到过的速度吸收着相当数量的入境移民，但在古代世界中，一个社会的本地公民常常自以为是由于血统而结合在一起的；他们反对外来人民主张平等权利，认为这是对于他们生来固有权利的一种篡夺。早期罗马共和国在“宪令”中规定有绝对排斥外国人的原则，在“市民法”中也有同样规定。外国人或归化者在“国家”利益休戚相关的任何机构中，是不能参与的。他不能享受“公民法”(Quiritarian law)的利益。他不能成为耐克逊的当事人，这种契约在有一个时期是原始罗马人的让与证据同时也是契约。他不能用“提供誓金之诉”(Sacramental Action)起诉，这种涉讼的方式其渊源可以追溯到文明的萌芽时代。但是，不论是为了罗马的利益或是为了罗马的安全，都不允许把外国人完全剥夺法律的保护。所有古代社会往往为了轻微的骚动就有被颠覆的危险，所以单单出于自卫的本能，就足以迫使罗马人要想出某种方法来安排外国人的权利和义务，否则他们也许会——而这是古代世界中一种真正重要的危险——用武力斗争来解决争执。况且，在罗马史中从来没有一个时期完全忽略对外贸易。因此，对于当事人双方都是外国人或者一方是本国人一方是外国人的争议，在最初所以有审判权，也许一半是作为一种警察手段，一半是为了要促进商业。由于这类审判权的存在，就有必要立即发见某种原则，以便据以解决提交审判的问题，而罗马法律家为了达到这目的而采用的原则是卓越地反映着当时的特点的。像我在前面已经说过的，他们拒绝用纯粹的罗马"市民法"来判决新的案件。他们拒绝采用外国诉讼人"本国"的特定法律，显然这是因为，如果这样做了，也许要造成法律的退化。他们最后采用的方法，是选择罗马同外来移民所出生的意大利各个不同社会中共有的法律规定。换言之，他们开始形成一种符合于"万民法"(Jus Gentium)的原始的和字面的意义的制度。所谓"万民法"，即"所有国家共有的法律"。事实上，"万民法"是古意大利各部落各种习惯共同要素的总和，因为这些部落是罗马人有办法可以观察到的，并且是不断把移民一群群送到罗马土地上来的所有国家。当有一种特别惯例被看到为大量的各别民族共同应用时，它即被记录下来作为"所有国家共有的法律"或是"万民法"的一部分。像这样，在罗马四周各个不同的国家中，对于财产的让与虽然都必然地伴随着很不同的形式，但是准备要让与的物品的实际移转、交付或是送达乃是它们之中共有仪式的一部分。例如，这就是

"曼企帕地荷"(Mancipation)或是罗马所特有的让与方式中的一部分,虽然是一个次要的部分。因此,交付既然很可能是被法学专家有机会观察到的各种让与方式中的唯一共同要素,它就被订作"万民法"中的一种制度,或是"所有国家共有法律"的一项规定。大量的其他惯例在经过仔细研究后,也得到同样的结果。它们都有一个共同目的,具有某些共同特点,这些特点就被归类在"万民法"中。因此,"万民法"是规则和原则的一个集合物,这些规则和原则经过观察后被决定是各个意大利部落间当时通行的各种制度所共有的。

上面所说的"万民法"的起源情况,也许足以消除这样一种误解,即认为罗马法学家似乎对"万民法"特别重视。"万民法"的产生,一部分是由于他们轻视所有的外国法律,一部分是由于他们不愿以其本土的"市民法"(Jus Civile)的利益给予外国人。诚然,现在如果我们执行着罗马法学专家当时所进行的工作,我们对于"万民法"可能会采取一种完全不同的看法。我们对于这样辨别出来的作为大量不同惯例的基础而普遍存在的要素,必然会附着某种模糊的优越或占先之感。我们对于这样普遍地适用的规则和原则,必然会有几分尊重。也许我们会认为,这种共同的要素是进行交易所必须的本质,而剩下来的在各个社会中不相同的仪式,则只能被认为是偶然的和非必要的。我们也可能会做出这样的推论,认为我们正在进行比较的各个民族,在过去可能曾经一度遵守过一种共同的伟大制度,而"万民法"就是这个制度的一个复制品,认为各个国家中错综复杂的惯例,只是过去曾经一度管理过他们的原始状态的比较简单的法规的讹误和残余。但现代思想引导观察

者达到的这些结论，与原始罗马人本能地感到的结论几乎恰恰相反。我们所尊重或赞美的，正是他所不喜欢的或疑惧的。他所爱好的那部分法律学，正是现代理论家认为不必加以考虑的和暂时的；例如“曼企帕地荷”中的庄严手势；口头契约中巧妙地安排的问和答；辩护与诉讼中不胜枚举的手续程序。“万民法”只是由于政治需要而强使他注意的一种制度。他不爱“万民法”正像他不爱外国人一样，因为“万民法”是从这些外国人的制度中来的，并且是为了外国人的利益而制定的。在“万民法”能得到他的重视以前，必须在他思想中有一次彻底的革命，但当这个革命确实发生时，它真进行得非常的彻底，我们现在对于“万民法”的估计所以与刚才所说的完全不同，其真正理由就在于现代法律学和现代哲学所持的观点都是继承着后期法学专家就这问题所持的成熟见解的。过去确实有过这样一个时期，把这仅仅是“市民法”的一个卑贱附属物的“万民法”认作为一切法律所应该尽可能依从的一个伟大的、虽然还没有完全发展的模范。这个剧变的发生是正当希腊的“自然法”理论被适用于罗马的“所有国家共有法律”的实践中的时期。

所谓“自然法”(Jus Naturale)只是从一个特别理论的角度来看的“万民法”或“国际法”。法学专家阿尔比安曾经以一个法学家所特有的辨别的癖好，企图把它们加以区别，但结果没有成功。根据有更高权威的该雅士的言论，以及前面从“法学教典”中所摘引的部分，使我们毫不怀疑，这些用语在实际上是可以通用的。它们之间的差别完全是历史的，在本质上，它们之间不可能有什么区别。“万民法”或“所有国家共有法律”与“国际法”之间的混淆不清，完全是现代的，这几乎是不必加以说明的。国际法的古典用语是“使节法”(Jus Feciale)或谈判与外交的法律。但是毫无疑问，“万民法”的含义不明对于独立国家之间的关系应由自然法来管理这一个现代理论的产生曾起过很大的作用。

我们有必要研究一下希腊的自然和自然法律的两个概念。φύσις这个字在拉丁文中是natura，在英文中是nature，它的含义毫无疑问原来是指物质宇宙，但这个物质宇宙是从完全另外一个角度来领会的，由于我们的智力与当时的智力有着距离，这一个角度，在现代语言中，就不很容易加以说明。自然指的是物质世界，是某种原始元素或规律的结果。最古的希腊哲学家习惯把宇宙结构解释为某种单一原则的表现，这种原则，他们有不同的看法，认为是运动、是强力、是火、是湿气、是生殖。“自然”的最简单和最古远的意义，正就是从作为一条原则表现的角度来看的物质宇宙。此后，后期希腊各学派回到了希腊最伟大知识分子当时迷失的道路上，他们在“自然”的概念中，在**物质**世界上加上了一个**道德**世界。他们把这个名词的范围加以扩展，使它不仅包括了有形的宇宙，并且包括了人类的思想、惯例和希望。这里，像以前一样，他们所理解的**自然**不仅仅是人类的社会的道德现象，而且是那些被认为可以分解为某种一般的和简单的规律的现象。

犹如最古的希腊理论家所假定的机会的嘲弄使物质宇宙从其简单的原始形式变成为现今的庞杂状态，他们的聪明的后裔幻想着，倘若不是凑巧的意外人类很可能会使其自己生活于较简单的行动规律和一种比较平静的生活中。按照**自然**而生活，曾被认为是人类生存的目的，并且是最优秀的人必须要达到的目的。按照自然而生活，是解脱粗俗人民的混乱习惯和粗野放纵而达到较高级的行为规律，这些规律只有有志者通过克己和自制才能加以遵守。尽人皆知，这个命题——按照自然而生活——是著名的斯多葛派(Stoic)哲学哲理的总和。在希腊被征服后，这种哲学在罗马社会中立刻有了长足的发展。它对于有权势的阶级有着自然的魔力，这个阶级的人们至少在理论上还墨守着古代意大利民族的简单习惯，不愿意使自己屈从于新的外来的风俗习惯。他们于是立即开始爱好斯多葛派关于按照自然而生活的训诫。当时由于对世界的掠夺，由于各地最奢侈民族的榜样，罗马城中充满了荡佚荒淫，这种爱好，相比之下，益加可喜，我并且要说，益加可以尊贵。纵使我们不能从历史上来加以证实，但我们仍可以断定，出现于这新希腊学派门徒的前列的，一定是罗马法学家。我们有大量证据，证明在罗马共和国中，实质上只有两种职业，军人一般地就是行动的一派，而法学家则普遍地站在反抗派的前列。

法学家同斯多葛派哲学家的联盟，延续到数世纪之久。在一系列的著名法学专家中，其最早的几个名人都同斯多葛学派有联系，之后，一般公认罗马法律学的黄金时代是在安托宁·恺撒(Antonine Cæsars)的时代，而他们就是从这派哲学中取得一种生活规则的最著名的门徒。这些学理在一些从事特殊职业的人中间长期广泛传播，必然要影响他们所执行的和掌握的艺术。在罗马法学专家的遗著中，有些论点简直不能理解，除非我们掌握了斯多葛派的哲理把它用作一把钥匙；但同时，如果我们只计算那些肯定归属于斯多葛派教条的法律条文的数目来衡量斯多葛学派对于罗马法所发生的影响，这将是一个严重的、虽然是很普通的错误。一般人以为，斯多葛学派的力量并不在其规定的行为准则中，因为这些准则常是可厌和可笑的，而是在于伟大的（虽然是模糊的）教人抑制情欲的一些原则中。同样地，最明显地表现于斯多葛哲学上的希腊理论对法律学上的影响，并不在于它们提供给罗马法的特殊论点的数量，而在于它们给予它的单一的基本假设。自从自然一语已成为罗马人口头上一个家喻户晓的名词以后，这样一种信念便逐渐在罗马法学家中间流行着，即旧的“万民法”实际是已经失去的“自然”法典，至于“裁判官”根据“万民法”原则而创制的“告令”法律学，则正在逐渐恢复法律因为背离了它而退化的一种范式。从这信念出发，我们立即得到了这样一个推断，即“裁判官”有责任尽量以“告令”来代替“市民法”，尽可能把“自然”用以管理处于原始状态中的人们的各种制度恢复过来。当然，用这个媒介来改良法律，还存在着许多障碍。甚至在法律界本身，可能还要克服各种偏见，而罗马人的习惯也是非常固执，不肯很快屈服于单纯的哲学理论。“告令”用以反抗某种专门的变例的间接方法，显示出作者的不得不非常谨慎注意，而且直到查斯丁尼安时代，还有部分的旧法固执地拒绝它的影响。但是，从整体来讲，罗马人在法律改进方面，当受到“自然法”的理论的刺激时，就发生了惊人迅速的进步。单纯化和概括化的观念，是常常和“自然”这个概念联系着的；因此单纯匀称和通晓易懂就被认为是一个好的法律制度的特点，过去对于复杂言语、繁缛仪式和不必要困难的好尚，便完全消除。罗马法所以能具有现存形式，是依靠着查斯丁尼安的坚强意志以及不寻常的机会，但是制度的基本图形，则在皇帝的改革实行以前很早就计划定当了。

旧“万民法”与“自然法”之间，其确切的接触之点是什么？我以为它们是通过原来意义的“衡平”(Æquitas)而接触和混合的;这里,我们似乎在法律学上第一次遇到“衡平”这个著名的名词。在研究一个来源如此古远、历史如此悠久的用语上,如果可能,最妥当的办法是深追最初隐藏这概念的简单隐喻或比喻。一般认为Æquitas就是希腊文ἰσότης,即平均或按比例分配的原则。数或量的平均分配无疑地是和我们对公正的理解密切地交织在一起的;很少联想能像这样顽固地坚持在人们的心中,即使是最深刻的思想家也很难把它从脑海中加以清除。但在探求这种联想的来历时,我们当然还不能证明它是一种早期的思想,它只是比较后来的一种哲学的产物,同时也必须注意,希腊民主政治用以夸耀的法律“平等”——这种平等,在卡利斯屈拉得斯(Gallistratus)的美丽的酒歌中,据说是哈马笛斯(Harmodius)和阿利斯托杰顿(Aristogiton)给予雅典人的——与罗马人的“衡平”很少共同之处。前者表示在公民中间平等施行民事法律,纵使公民这一个阶级的人数是非常有限的;后者的含义是把民事法律以外的一种法律适用于不一定要由公民组成的一个阶级。前者不包括暴君;后者包括着外国人,在某种情况下,并且包括奴隶。总的讲来,我倾向于从另外一个角度来探求罗马“衡平”的胚种。拉丁文“æquus”比希腊文“ἴσος”更明确地带有**平准**的意思。平准的倾向正是“万民法”的特点,这种倾向是一个原始罗马人最注意的。纯粹的“公民法”承认在各阶级人类和各种类财产之间有大量的武断的区分;至于把许多不同习惯加以比较概括起来的“万民法”则不承认“公民法”的这些区分。例如,古罗马法规定在“宗亲”(Agnatic)与“血亲”(Cognatic)关系之间具有一种根本的区别,前者是指基于共同服从于

同一家父权的“家族”，后者是指（按照现代的观点）单单由于源自共同祖先的事实而结合起来的“家族”。这个区分在“各国共有法律”中不复存在，在财产的古代形式之间，即所谓“要式交易”物（Things“Mancipi”）与“非要式交易”物（Things “nec Mancipi”）之间的区别，也是如此。因此，据我看来，这种界限不清，就是以“衡平”表示的“万民法”的特色。当裁判官制度适用于涉及外国诉讼人的案件时，常常发生有要求平准或排除不规则的必要，我猜想这个字在最初就是用来描述这种情况的。起始，在这个用语中可能没有任何伦理的色彩；也没有任何理由可以相信它所指的诉讼程序就不是原始罗马人心目中所极端嫌恶的诉讼程序，而是另一种诉讼程序。

在另一方面，罗马人通过“衡平”这个名词所理解的“万民法”的特点，正就是对假想中的自然状态的第一次和最鲜明地感觉到的特点。“自然”含有匀称秩序的意思，先是在物质世界中，而后是在道德世界中，而对秩序的最早的看法，无疑地含有直线、平面和长短之意。人们不论是在想象假定中的自然状态的轮廓，也不论是在想象“各国共有法律”的确实行使情况时，都会不自觉地想到这种同样种类的图画或数字，并且我们所知道的关于原始思想的知识，会使我们达到这样一个结论，即这种想象上的相似性很可能会促使我们相信这两种概念在实际上是一回事。可是，虽然“万民法”在罗马在事前很少有或者没有什么声望，但是当“自然法”的理论被介绍到罗马时，带来了高度的哲学权威的威望，并且被认为是同罗马民族较早和更幸福的情况有联系的。不难理解，观点的不同会如何地影响到这名词的含义，它既描述了旧原则的运用，又描述了新理论的结果。即在现代的人看来，把一个过程描述为“平准”的过程，而同时把这个过程称为“变例的纠正”，也不能认为完全是一回事，虽然两者的含义确切地讲来是一样的。我也并不怀疑，当“衡平”一经被理解为具有希腊理论的含义时，从希腊平均（χ̓σχ́τηs）观念所发生的各种联想，便开始环绕在衡平的周围。西塞罗的言论把它夸大了，而这就是衡平这个概念发生变质的第一个阶段，并为自从那个时候起的几乎每一个伦理制度或多或少推动着进行的。

这里必须说明一下，起初同“各国共有法律”发生联系、后来又同“自然法”联系的各种原则和差别，是通过了什么正式手段而逐渐结合到罗马法律中去的。因塔垦士（Tarquins）的被放逐而在古罗马史上引起的危机中，发生了在许多古代国家早期史乘中相类似的一种变化，但这种变化同我们今天所称为革命的那些政治事件，很少共同之处。最妥当的说法，可以说是君主政体被转变为委员政治。以往被集中在一个人手中的权力，现在被分配给了许多选任官吏，王位这个名称仍旧被保持着，放在后来被称为“献身王”（Rex Sacrorum 或 Rex Sacrificulus）的一个人物身上。变化的一部分是把最高司法机关的固定职务移转给了“裁判官”，他同时是共和国的首席官吏，跟着这些职务一并移转的有法律的和立法的无限制的最高统治权，这是始终为古代主权者所掌握，并且是显然地同他们一度所享有的宗法的和英雄的权力有关系的。罗马当时的情况，使这些被移转的职能中这个比较不确定的部分特别显得重要，因为，随着共和国的建立，迫使国家不得不进行一系列反复的试验，以求解决这样一个困难，使能很好处理这一部分人，他们

在技术上不符合于土著罗马人的标准,但却长期隶属于罗马审判权之内。在这类人之间或在这类人和土著公民之间所发生的争执,如果"裁判官"不进行处理,则将永远处于罗马法所能提供的救济的范围之外。随着商业的扩展,在罗马人民和真正的外国人之间发生了更为严重的纠纷,不久也迫使他不得不加以处理。约在第一次布匿战争(Punic War)时期,罗马法院中这类案件的数量,大量增加,当时就任命了一个专任"裁判官"即后来被称为"外事裁判官"的(Prætor Peregrinus)来专门处理这些案件。同时,罗马人为了预防暴政的复辟,使职责范围有逐渐扩张趋势的每一个高级官吏在他就职之时,公布一个"告令"或布告,在这个"告令"或布告中,他把他负责部门的管理方式公布出来。"裁判官"采用了与其他高级官吏同样的规定;但每年规定一套原则制度,必然是不可能的,他只是照例把他前任的"告令"重新公布一次,并针对当前的迫切需要或根据他自己对于法律的见解,作一些增加或者变更。这样每年由于新增部分的不断加长,"裁判官"告令就获得了"常续告令"(Edictum Perpetuum)的名称,意即连续的和不断的告令。它的无限长度,再加上了它结构必然地杂乱无章,引起了嫌恶,使一次次往上增加的习惯,到了萨尔维士·犹令安(Salvius Julianus)的年代就被终止了,犹令安是汉德林皇帝(Emperor Hadrian)朝代的一个高级官吏。这一个"裁判官"的告令便包括了全部的衡平法律学,可能被用了新的和匀称的顺序加以排列,于是,在罗马法中,常续告令便常被称为"犹令安告令"(Edict of Julianus)。

一个研究"告令"这特殊机构的英国人,可能会发生的第一个问题,是"裁判官"的这些广泛权力,究竟有没有限制的范围?这样

很少有明确界限的权威，如何与社会的和法律的稳定条件相适应？要求得一个答案，只有通过详细研究我们自己施行英国法律的各种条件。必须记住“裁判官”本身是一个法学专家，或者是一个完全掌握在都是些法学专家的顾问手中的人，那就很可能，每一个罗马法学家都焦急地在等待着有一天时间到来，他能充任或掌握这伟大的司法高级官职。在这期间内，他的嗜好、情感、偏见和教养程度不可避免地是属于他自己阶级的，而他最后带到他职位上的资格也必然是他在职业的实践和研究中所获得的。每一个英国大法官所受到的正是完全同样的训练，他所带到大法官席上的正是同样的资格。在他就任时就可以决定，到他离职前必将在某种程度上变更法律，但是直到他离去职位和直到他所作的一系列判决完全被记载于“法律记录”以前，我们不能发现他对于前辈所遗留下来的原则，究竟有了多少的阐明或增加。“裁判官”对罗马法的影响，和我们所不同的，只在其结果被确定的期间。像前面已说过的，他的任期只有一年，而他在任期以内所作的判决，虽然对于诉讼人当然是不可推翻的，但此外就没有别的价值。因此，他宣布想实行变革的最顺利的时期即是在他就“裁判官”职位的时候；所以，他在就职时公开地做的，正是其英国代表在最后不声不响和有时不自觉地做的。对于这种显然的自由所加的节制，也正和加于一个英国法官的完全一样。理论上，对于他们二者的权力，似乎都并没有任何限制，但是在事实上，罗马“裁判官”和英国大法官一样，被其早期训练浸润的先入之见以及职业论点的有力抑制束缚在极其狭小的活动范围之内，这些抑制的严格程度非身受者是不能体会的。应该附加说明的，那许可行动的范围以及其不准逾越的范

围,都是非常清楚地被标明的。在英国,法官遵循着记录判决中各类事实而进行类比。在罗马,由于“裁判官”的干预在最初仅仅是为了关心社会的安全,那就很可能,在最早的时候,干预的多少决定于它所必须解决的困难的程度。后来,当“解答”引起了大家对于原则的兴味时,他就无疑地利用“告令”作为一种手段,来广泛推行他和同时代的其他法学专家认之为法律基础的那些原则。最后,他竟完全处在希腊哲学理论的影响之下,这些理论立即推动他前进,并把他局限于一个特殊的发展过程中。

对于萨尔维士·犹令安所采取的措施的性质,有很多的争论,无论如何,这些措施对于“告令”的影响是非常明显的。“告令”不再因每年有所增加而延长。在这以后,罗马衡平法律学由于汉德林朝代到亚历山大·赛弗拉斯(Alexander Severus)朝代一系列伟大法律学专家的辛勤著作而得到发展。他们所建立起来的奇伟制度,在查斯丁尼安“法学汇纂”(Pandects of Justinian)中还保存着一些片段,证明他们的著作采用了论文的形式讨论了“罗马法”的全部,但主要的是对“告令”加以解释。真的,在这个时代中,一个法学专家不论其处理的是什么,他总可以称为是“衡平法”的一个释义者。在“告令”被停止应用的时代以前,“告令”的原则已经渗入了罗马法律学的每一个部门。必须了解,罗马的“衡平法”纵使在和“市民法”完全不同的时候,也始终是在同一个法院内执行的。“裁判官”是普通法的大官吏,也是衡平法的首席法官,并且一到“告令”发展成为一种衡平规定时,“裁判官”法院立即开始适用它,以代替“市民法”的旧规定,或者与其同时适用,这样旧规定就不经过立法机关的立法行为而直接或间接地被废弃了,其结果,当然只

是法律与衡平完全不相融合而已，这种融合要直到查斯丁尼安改革时方才实现。法律学上这两个要素在技术上的分割，必然地造成了某种混乱和不便，而“市民法”中有些比较顽固的学理，则又是“告令”著者或释义者都不敢加以干涉的。不过在同时，在法律学的领域内，几乎没有一个角落没有受到“衡平法”或多或少的影响。它供给了法学家他所用的一切概括材料、所用的解释方法、他对原理的释明，以及大量的限制规定，这些规定很少受到立法者的干预，但却严密地控制着每一个立法法案的应用。

法学家的时期同亚历山大·赛弗拉斯同时告终。从汉德林到这个皇帝时为止，法律在继续不断地改进着，正如现在在大多数大陆国家中一样，一部分通过审定的解释，一部分通过直接立法。但在亚历山大·赛弗拉斯在位的时期，“罗马衡平法”的发展力量似乎已到了枯竭的时候，法学专家的延续也停止了下来。余下来的一部分罗马法律史是君主立法史，最后，则是试图把到这时为止已成为罗马法律学的这个庞大躯体编成法典的历史时期。这样一种最后的和最著名的试验就是查斯丁尼安的“民法大全”。

要把英国的和罗马的衡平法详细地加以比较或对照，是一件冗长可厌的事，但有必要提出它们所共有的两个特点。第一个特点是这样的。它们都倾向于，并且所有这类制度都是这样地倾向于和旧普通法第一次为衡平法所干涉时的那种状态完全一样的状态。这样一个时期是必然会到来的，就是原来采用的道德原则已经发挥出了所有的合法的结果，于是，建筑在这些道德原则上面的制度，就会像最严峻的法律法典那样地生硬、那样地没有伸缩、那样地不得不落后于道德的进步。在罗马，这样一个时期正是亚历山大·赛弗拉斯在位的时期；在这以后，虽然整个罗马世界正在经历着一次道德革命，但“罗马衡平法”已停止扩展。英国法律史达到这同一阶段时，正是大法官厄尔顿爵士在职的时候，在我们的衡平法官中，他是第一个人不但不用间接立法的方法来扩大其法院的法律学，并且终其身致力于解释它和协调它。如果法律史的哲学会在英国被更好地理解，则厄尔顿爵士的贡献，将不会像同时代法学家对待它那样，一方面加以夸张而另一方面则不予重视。还有其他各种误解，曾发生某种实际效果的，也许可能会得到避免。英国法学家很容易看出，“英国衡平法”是建筑在道德规则上的一种制度；但是却忘记了这些规则是过去几世纪的——而不是现在的——道德，忘记了这些规则已经几乎尽它们所能的受到了多方面的应用，并且忘记了它们虽然同我们今天的伦理信条当然并没有很大的区别，但它们并不一定同我们今天的伦理信条处在同一个水平上。一般人对于这个主题所采用的各种理论并不完全，这造成了两种相反地误解。许多研究“衡平法”的著者，看到了这个制度在今日的完整状态，竟然会明显地或暗示地自陷于这样一种矛盾的说法，即认为衡平法律学的始创人在奠定第一块墙基时，就已经筹划着它今日的固定形式。而另外一些人则抱怨着——这是一种时常在法庭辩论中提到的不平——以为衡平法院所执行的道德规定已不完全合乎今日的伦理标准。他们希望每一个大法官对法律学所做的，能完全和英国衡平法的先辈们对旧普通法所做的一样。但这与促使法律改进的媒介顺序是恰恰相反的。衡平法自有它的地位和它的时期；但我在前面已经指出了，当衡平法的活力消耗完了时，另一个手段已经准备好来继承它了。

英国和罗马衡平法还有另一个显著的共同特点，即原来用以辩护衡平主张比法律规定优越的这个假定，是虚伪的。对于人们，不论是个人或是集体，没有东西比把他们的道德进步认作一个实体的现实性，更可厌恶的了。这种厌恶情绪，就个人而言，表现在过分的尊敬，这种过分的尊敬通常是只用以对一致性的这个可疑的美德的。全社会集体意见的动向是非常明显，不应加以忽视的，并且一般是非常明显地为了求得进步不应加以诋毁的；但是社会上有一种巨大的阻力，不愿接受它，把它作为一种原始现象来对待，而一般都只把它解释为恢复一个失去的至善（lost perfection）——逐渐回返到民族未堕落以前的状态。这种向后而不是向前去寻求道德进步目标的倾向，像我们已看到的，在古代就对罗马法律学产生了最深远的影响。罗马法学专家为了要说明“裁判官”对法律学所作的改进，从希腊借用了一个人类“自然”状态——一个“自然”社会——的学理，这种自然社会是出现于由现实法统治的社会组织之前的社会。另一方面在英国，则用一些特别适合于当时英国人口味的观念，来解释“衡平法”主张的优于普通法，这些观念假定国王作为其宗主权的自然结果，是应该被推定为具有监督公正执行的一般权利的，过去有这样一种旧的学理，认为“衡平法”来自国王的良心——这种改进在实际上已经发生在被指为主权者在道德意义上的一个固有的提高的社会道德标准中了，这种见解是和前述的见解相同的，不过表现于一种不同的和一种更为离奇古怪的方式中而已。英国宪法的发展，使这种一条理论在过了一个时期以后，就不合口味；但是，衡平法院的审判权在当时既然已经是坚定地确定了，那就没有另设任何正式代替物的必要。

在现代教科书中，关于“衡平法”的理论是多种多样的，但都是同样的不足取。其中绝大部分都只是把罗马的自然法学理加以改头换面，尤其是那些著者，他们在开始讨论衡平法院的审判权时就在自然公正和民事公正之间加以明白的区分，那真是把罗马自然法学理的要旨全部采纳了。

第四章 自然法的现代史

从前面所说的可以推断，改变罗马法律学的理论绝不能被认为有哲学上的正确性。这种理论事实上包括了“思想的混合方式”之一，这种所谓思想的混合方式现在被认为是人类思想初期的最高思想的特点，同时也是我们今天的智慧的努力所不难发现的。“自然法”把“过去”与“现在”混淆起来了。逻辑上，它意味着曾经一度由自然法支配的一种“自然”状态；但法学专家并不明白地或确信地说到过有这样一个状态存在，这种状态除了偶然在幻想黄金时代的诗歌中能发现外，的确也绝少为古人们所注意到。自然法从实际效果讲，是属于现代的产物，和现存制度交织在一起的东西，是一个有资格的观察家可以从现存制度中区分出来的东西。把“自然”的法规从同这些法规混淆在一起的各种粗陋成分中分离开来的鉴别方法，是一种单纯和调和的感觉。但是这些经过提炼出来的元素所以能受到重视，却并不是由于它们的单纯和调和，而是由于它们来自太古的“自然”统治。这种混淆并没有为法学专家的现代学生们成功地解释清楚，而对“自然法”提出的一些近代纯理论中暴露出来的认识模糊、用语含混不清之处，实际上远比我们公正地责咎于罗马法学家的还要来得厉害。有些研究这个主题的著者，认为“自然”法典存在于将来，是所有民事法律正在走向的目

的,他们企图用这种方法来避免基本的困难,但是这非但同旧理论所根据的假设完全相反,而且也许混杂了两种自相矛盾的理论。这种不问过去只向将来寻求完善典型的倾向,是由基督教带到这世界上来的,古代文学很少或者没有暗示过这样一种信念,即认为社会进步必然地是从坏到好的。

但是,这个理论在哲学上虽然有其缺陷,我们却不能因此而忽视其对于人类的重要性。真的,如果自然法没有成为古代世界中一种普遍的信念,这就很难说思想的历史,因此也就是人类的历史,究竟会朝哪一个方向发展了。

法律以及由法律结合在一起的社会,在其幼稚时代,似乎很容易遭受两种特殊危险。其中之一是,法律可能发展得太快。在比较进步的希腊社会中,它们的法典就发生过这种情形,这些法典用惊人的速度从繁杂的程序形式和不必需的术语中解脱出来,并且不久以后就使各种严峻的规定和规则上不再依附着任何迷信色彩。它们这样做,其本意并不是为了人类的最终利益,虽然因此而使其公民获得的直接好处可能是相当大的。国民性中最罕见的特性之一,是这样地来应用和制定法律的能力,即一方面在达到抽象公正中忍受着不断地发生的错误,而在同时却不丧失法律可能符合于一个较高理想的希望或愿望。希腊的思想家本其高贵的和顺应的特性,没有把自己局限在窄狭的法律公式中;我们对于雅典平民法院的工作情况掌握着正确的知识,如果我们用雅典平民法院来推测希腊的法院,则我们可以知道,在希腊法院中有着非常强有力的倾向把法律与事实混淆在一起。当时"演说家"(Orators)的遗著,以及亚里士多德(Aristotle)在"修辞学论"(Treatise on

Rhetoric)中所保存的法庭语录，显示出当时对纯粹的法律问题往往是用可能影响法官心理的各种理由来进行辩论的。通过这种方法，不可能产生持久的法律学制度。一个社会对于某些特殊案件，为了要得到一个理想的完美的判决，就毫不迟疑地把阻碍着完美判决的成文法律规定变通一下，如果这个社会确有任何司法原则可以传诸后世，那它所能传下来的司法原则只可能仅仅是包括着当时正在流行的是非观念。这种法律学就不能具有为后世比较进步的概念所能适合的骨架。充其量，它只是在带有缺点的文明之下成长起来的一种哲学而已。

很少民族社会的法律学曾受到这种或则过早成熟或则时机未熟就已经瓦解的特殊危险的威胁。究竟罗马人有没有受到过它的严重威胁，当然还不能确定，但是无论如何，罗马人在其“自然法”的理论中是有着适当的保护的。因为法学专家显明地把“自然法”想象为一种应该逐渐吸收各种民事法律的制度，但是在民事法律还没有被废弃以前，自然法却不能把它们取而代之。在国外自然法是没有这种神圣不可侵犯的印象的，就是只要向它提出申诉就有可能使处理特定诉讼案件的法官的心理为之折服。这个概念之所以有其价值和作用，是因为它能使人在想象中出现一个完美法律的典型，它并且能够鼓舞起一种要无限地接近于它的希望，而在同时，对于还没有适应于这个理论的那些现存法律义务，它又从不使法律实务者或市民加以否认。同样重要的，应该看到，这个模范制度同许多在以后时期曾嘲弄过人们的希望的制度不同，并不完全是幻想的产物。从来没有人把它看做是建筑在完全没有经过考验的原则之上的。一般的看法，它是现存法律的基础，并且一定要

通过现存法律才能找到它。它的职能，简单地讲，是补救性的，而不是革命性的或无政府状态的。这一点，不幸地，恰恰就是现代对于“自然法”的见解常常不再和古代见解相同的地方。

社会在幼年时代要招惹到的另外一种危险，曾阻碍了或停住了更大一部分人类的进步。原始法律的僵硬性，主要是由于它同宗教的早期联系和同一性而造成的，这种僵硬性曾把大多数人在生活和行为上的见解束缚住，使它们和人们的惯例第一次被固定为有系统形式时的见解一样。世界上只有一两个民族由于奇异的命运才能使它们免除了这种不幸，而从这些民族所出的支系曾丰富了少数现代社会，但是情况仍旧是这样：在大部分世界中，只有墨守着由原始立法者所设计的最初计划，法律才能达到其完美性。如果在这类情形中，智慧确曾对法律发生过影响，那它能一致地以之自夸的，就是它能在古原文的基础上，求得种种机巧的牵强附会的结论，而在其文字性质上却毫无显著的背离。我找不出任何理由，为什么罗马法律会优于印度法律，假使不是“自然法”的理论给了它一种与众不同的优秀典型。在这个稀有的事例中，这个由于其他原因而注定了对人类发生巨大影响的社会，把单纯和匀称作为其心目中一个理想的和绝对的完美法律的特征。一个国家或者一个职业在其力求改进时，如果能有一个明显的要达到的目标，其重要性是不能忽视的。在过去30年间，边沁之所以能在英国发生巨大影响，其秘密就是在于他能成功地把这样一个目的，向国人提出。他给我们一个明白的改良规则。前一世纪中的英国法学家是敏锐的，当然不至于会被这样一个似是而非的言论所蒙蔽，以为英国法律是人类完美的理想，但是由于缺乏任何其他原则可资依据，

他们在行动上似乎就相信着这样一个说法。边沁提出社会幸福，把它作为优先于其他一切的首要目的，这样，就使一个长期以来正在寻找出路的洪流，得到了发泄。

如果我们把前面所描述的假定作为边沁主义的古代对称物，这不能说是完全出于妄想的一种比较。罗马理论引导人们努力的方向，正和这个英国人计议的理论所导致的方向，完全相同；罗马理论的实际结果，同主张坚决地追求社会一般幸福的改良法学派所可能达到的结果，不至于有很大的区别。但如果认为这个理论是边沁原则的有意识的预期，则是一种错误。毫无疑义，在罗马的普通文献和法律文献中，确有时以人类幸福作为补救立法的正当目的，但如果拿有关这个原则的证据，同不断地给予"自然法"涵盖一切的主张的颂扬相比，则前者是显著地少而无力的。罗马法学专家所甘心悦服的，不是近似博爱的东西，而是它们的单纯和调和之感——就是他们意味深长地称为"文雅"的东西。他们辛勤劳作的结果，恰和一个更精确的哲学所企求的相一致，这正是人类好运的一部分。

回过头来看自然法的现代史，我们断然相信它的影响是广泛深入的，但这种影响的是好是坏，则就比较难以坚定地加以肯定。同它有关的各种学说和制度，是在我们时代中争论最剧烈的一些资料。譬如说，"自然法"理论是一切特殊观念如法律、政治与社会的渊源，在过去一百年间通过法国而传遍西方世界。法学家在法国史上所占有的地位以及法律概念在法国思想中所占的领域，始终是非常巨大的。但现代欧洲的法律科学，其起源实在不是在法国，而是在意大利，在意大利各大学的使者在大陆各地创设的和企图(虽然结果是徒劳的)在我岛国创立的学校中,建立在法国的学校对这个国家的命运产生了最大的影响。当时的法国法学家立即同加佩皇族(house of Capet)的国王们结成了密切的联盟,而法兰西君主国之所以能从省邦和藩属的割据状态中成长起来,一方面固然是由于武力,同时也借助他们对帝王特权的主张以及他们对封建承继规则的解释。法国国王们同法律家之间的谅解,使国王们在对大封建主、贵族和教会的斗争中取得巨大的利益,我们只要研究一下直到中世纪还在欧洲流行着的各种观念就能够体会到这一点。首先是对于概括的非常醉心以及对于一般命题的出奇的崇拜,因此,在法律的分野内,对于看上去似乎能包含和总括在各地区作为惯例实行的许多各别规则的每一条一般公式就都油然而产生一种虔敬之心。像这样一类的一般公式,对于熟习"民法大全"或"注释集"的法律实务者说来,当然是不难尽量提供的。但是此外还有其他原因使法学家的权力有更大的增加。在我们所谈到的时期中,对于成文法律究竟有怎样程度和怎样性质的权力,在观念上是普遍地模糊的。一般来讲,独断的序言,兹规定(Ita scriptum est),似乎即足以止息所有的异议。按照我们今日的心意,我们对于所引证的公式,必将审慎地加以研究,查询其来源,必要时并会否认它所属的法律有代替当地习惯之权,但前辈法学家可能就不敢这样做,他们只是考究一下法律的规定是否可以适用,充其量,也只是从"法学汇纂"或"寺院法"中引一些相反地命题而已。对于各种法律争论中这个最重要的方面人们看法的变化无定,必须牢记在心中,因为这不但可以帮助说明法学家对于帝王出过一臂之力,同时也可以使几个古怪的历史问题得以阐明。"伪教皇教令集”(Forged Decretals)著者的动机以及他的非常成功,也能因此而更加容易领会。再就一个关系较小的现象而论,它能够帮助我们——虽然只是部分地——了解布拉克顿的抄袭主义。这个生活在亨利三世(HenryⅢ)时代的英国著者,竟会把他的一篇全部形式和三分之一内容直接剽窃自“民法大全”的论文,作为纯粹英国法的纲要,而向其同胞宣扬。他竟敢在正式禁止系统地研究罗马法的一个国家内做这样的试验,这在法学史上将始终成为一个最不可解之谜。但当我们了解到当时对于成文法律有拘束力的一般意见,不论其来源如何,则我们的惊异是仍旧可以略为减少的。

当法国的国王们在长期争取最高统治权的斗争中得到胜利的结束时,约相当于瓦罗亚·安古伦(Valois-Angoulême)王族继承皇位的时候,法国法学家的地位是特殊的,并且延续到革命爆发为止。一方面,他们形成了国内最有教养的并且是最有势力的阶级。他们尽量利用他们在封建贵族以外的一个特殊阶级的地位,他们并且通过了一个组织把他们的职业分布到全法国来确保他们的影响,这个组织包括许多巨大的特许公司,具有广泛而明确的权力,以及更为广泛无限制的发言权。不论他们所担任的是辩护人,是法官,或是立法者,在其性质上他们都远超过全欧洲的同辈。他们的法律技巧,他们的能言善辩,他们的善于类比和调和,以及(如果以他们中最著名的人物来评定)他们对公正概念的热诚,正和他们所赋有的各式各样的独特天才,同样是十分引人注意的。在这多样的天才中包括着由古乍斯(Cujas)到孟德斯鸠,由达该素(D'Aguesseau)到都漠兰(Dumoulin)的两个相反地极端之间的全部人物。但是在另一方面,他们必须执行的法律制度,则与他们所

养成的习性完全不同。这个主要经由他们的努力而组成的法国，当时从一种畸形的和不协调的法律学受到的苦恼，远超过了其他的任何欧洲国家。一次巨大的分裂终于在这个国家发生，把它分为成文法区域(Pays du Droit Écrit)和习惯法区域(Pays du Droit Coutumier)，前者承认成文的罗马法为其法律学的基础，后者只在它能提供一般表现形式或是它能提供同当地惯例相一致的法律推理方法时，才加以采用。这样划分的区域，又被划分为不同的小区域。在习惯法区域中，就其习惯的性质来说、省与省之间不同，县与县之间、市与市之间又有不同。在成文法区域中，掩盖在罗马法上面的封建规则，其层次组成亦非常复杂。英国从来没有发生过这样的混乱情况。在德国，这种情况曾经存在，但因为和该国政治宗教间的深刻划分，在很大程度上是非常协调的，所以很少影响，甚至难以感觉到法国的独特之点在于当君主的中央政权正在不断加强，完全的行政统一工作正在迅速完成，以及在人民中间一种热烈的国家精神正在发展起来的时候，这种法律上非常参差的情况还是继续着，丝毫不感到有什么改变。这种矛盾现象产生了许多严重的后果，其中，尤以它在法国法学家心神上所产生的效果，最为重要。他们在推理上的意见和他们在智力上的偏见，恰恰和他们的利益和职业习惯完全相反。他们既深深地感觉到并完全认识到法律学上的完美是在于单纯性和一致性，因此便以为或似乎以为那些确实感染着法国法律的缺点是难以革除的，因此，在实际上，他们常拒绝纠正这些缺点，其顽固程度即在比较不开明的同胞中也是不常有的。但当时有一种方法可以用来调和这些矛盾。他们变成了“自然法”的热烈拥护者。“自然法”跳过了所有的省市界限；它不管一切区分，不论是贵族和市民之间的，市民和农民之间的；它给明白、单纯和系统以极端崇高的地位；但是它并没有促使其拥护者进行任何特殊的改进，亦没有直接威胁到任何可尊敬的或有利的专门性质。“自然法”可以说已成为法国的普通法，或者，无论如何，承认它的尊严和要求已成为所有法国法律实务者一致同意的一个哲理。革命前法学家的言论中，对“自然法”毫无保留地一致颂扬，而值得注意的是，那些专事诽谤纯粹罗马法的“习惯”论者，在谈到“自然”及其规定时，往往甚至比自认为只尊重“法学汇纂”(Digest)及“法典”的民法学家，更为热烈。都漠兰是古“法兰西习惯法”所有权威学者中的最高权威，却有几篇非常透彻详尽的有关“自然法”的论文，他的颂词并且有一种特殊的风格，显然同罗马法学专家的小心慎重有着距离。一个“自然法”的假说已成为不复是指导实际的一种理论，而是纯理论信仰的一种信条；因此，我们将发现在它比较近来所经受的变化中，由于其拥护者的推崇，它的最弱部分也上升到了其最强部分的水平。

在“自然法”史达到最紧要的关头时，18 世纪已经过去了一半。如果对于自然法理论及其后果的讨论继续专属于法律界，则它所受到的重视可能要有一些减少；因为到这个时候，“论法的精神”出版了。孟德斯鸠在这本书中，一方面相当夸张地显示出作者强烈地不愿接受以前通常是不加详细审查而予以容忍的各种假设，另一方面又相当模糊地表现出作者要与现存偏见相调和的愿望，但是，这本书虽有其缺点，却仍按照“历史方法”进行研究，在这种方法之前，“自然法”是从来没有能瞬息维持其立足点的。它不但受到了大众的欢迎，并且在思想上也发生了巨大的影响；但是，在事实上它并没有得到进一步深入的机会，因为似乎注定要被它所毁灭的反假说突然从法庭传到了民间，并且成为远较法院或学校中曾经激辩过的主题更能引起激烈争执的主题。这个把它放在新地位的人，是一个非常的人，他没有学识，很少美德，并且也没有十分坚强的个性，但由于一种鲜明的想象力，以及他对于人类的真诚的热爱（为了这，我们对他有许多地方应该原谅的），却使他成为历史上不可磨灭的人物。在我们自己的一代中，我们从来没有看到过——的确，即在全世界整个历史过程中，也不会看到一次或两次以上的——这样一个文件，曾对人类的心灵、对知识分子的躯体和灵魂产生过像卢梭在1749年和1762年之间所产生的那样巨大的影响的。在由贝尔（Bayle）和部分地由我国的洛克（Locke）开始，最后却由伏尔泰（Voltaire）完成的纯然是偶像破坏的努力以后，这是要重新建立人类信念的第一次尝试；并且除了每一个有建设性的努力常常必然优于单纯的破坏性的努力以外，它还有着一个卓越之处，就是在一个几乎普遍的怀疑论的氛围中间，提出了所有过去推理方面知识的健全性问题。在卢梭的一切理论中，其中心人物，不论是穿着英国服装在一个社会契约上签名的或者是率直地把所有历史特性完全剥光的，都一律是在一种假设的自然状态中的“人”。每一种法律和制度，凡是不能适合于这些理想情况下的这种想象的人，都被加以非难，认为是从一种原始完美状态的堕落；对于每一种能使社会更接近于“自然”生物统治着的世界的社会变革，都认为是可以赞美的，并值得用任何明显的代价使其实现。这个理论仍旧是罗马法学家的理论，因为在这个人类居住的“自然条件”（Natural Condition）的暗影中，除了对于法学专家具有非常魔力的单纯和调和之外，竟没有一个特色和特点为人们所注意到；但是这个理论好像是本末倒置过来了。现在所研究的主要问题，已不是“自然法律”，而是“自然状态”(State of nature)。罗马人曾认为，如果对于现存的各种制度加以仔细观察，则在这些制度中必然可以挑选出有几个部分或者立即可以显示出来，或者必须经过法律上的纯净作用才可以显示出那种自然统治的痕迹，这种自然统治在罗马人看起来，有可能是真实的。至于卢梭的信念是：一个完美的社会秩序可以求之于单纯的对自然状态的考虑，这一种社会秩序完全同世界的实际情况没有关系，并且完全同世界的实际情况不同。这两种见解的分歧是巨大的，一种是痛责现在，因为它不像理想中的过去；而另外的一种，假定现在同过去一样的必要的，因此也就不轻视现在或谴责现在。我们没有必要枉费时间，以详细分析这建筑于一个自然状态基础上的政治、艺术、教育、伦理学和社会关系的哲学。这种哲学对于每一个国家中比较不精确的思想家还具有特别的吸引力，并且无疑地是妨碍着应用“历史研究方法”的几乎一切先入之见的、多少是不直接的根源，但它已为我们今日有识者所不信任到了这样的程度，竟使那些熟知纯理论的错误具有非常活力的人们，为之惶惑不止。在今天最常提到的问题，也许并不是这些意见究竟有什么价值，而是：在一百年以前使它们有这样的盖过一切的优势，其原因究竟是什么。我认为回答是很简单的。在上一世纪中，有一种研究最可能用来纠正凡是专门注意于古法律的人很容易陷入的误解，这种研究便是宗教的研究。但希腊宗教如当时所理解的那样，都已被分散于许多想象的神话中。东方的各种宗教纵使确曾受到过注意，但这

些宗教似乎都迷失于空虚的宇宙开辟论中。只有一种原始记录，值得加以研究——就是早期的犹太史。但当时的种种偏见阻止着我们利用它。卢梭学派同伏尔泰学派所共有的少数特征之一，是完全轻视一切宗教上的古代事物，特别是属于希伯来民族的。众所周知，当时的理论家都不仅认为以摩西(Moses)为名的制度并非真的出自神授，认为它们也不是像传说那样在一个较后的时期被制定为法典的，他们认为这些制度以及全部的“摩西五经”(Pentateuch)都只是一种毫无根据的伪造，是在从“幽囚”(Captivity)中回来以后完成的。这些思想家所以做出这样的假定，因为这与他们的荣誉有关。因此法国的哲学家们，既被阻止取得这个反对纯理论谬见的主要保证，就在他们热切于从他们认为是僧侣的迷信中逃避出来的时候，又轻率地把他们自己投入了法学家的迷信中去。

但是这个以自然状态的假设为基础的哲学，虽然因为它只被看到了其粗糙的和比较容易看到的一面，一般的评价不高，但这并不是说，当它在比较精巧的伪装中，就失掉了它可以赞美的地方、通俗的地方和它的力量。我相信，像我前面已说过的，它仍旧是“历史方法”的劲敌；并且(除了宗教上的反对以外)凡是拒绝或责难这种研究方式的人，一般都是由于有意或无意地受到了信赖社会或个人的非历史的即自然的状态的一种偏见或武断的影响的结果。不过“自然”学说及其法律观点之所以能保持其能力，主要是由于它们能和各种政治及社会倾向联结在一起，在这些倾向中，有一些是由它们促成的，有一些的确是它们所创造的，而绝大部分则是由它们提供了说明和形式。它们明显地大量渗入到不断由法国传播到文明世界各地的各种观念中，这样就成为改变世界文明的一般思想体系的一部分。这些学理对民族命运所加的影响，其价值如何，当然是我们时代中最热烈争辩的论点之一，对于这个方面，我们不准备在本文中加以讨论。但是如果回顾一下自然状态理论在政治上达到非常高度的重要性的时期，则绝少人会否认：在第一次"法国革命"时期，曾经多次发生的重大失望都是由它有力地促成的。它产生了或强烈地刺激了当时几乎普遍存在的智力上的恶习，如对现实法的蔑视，对经验的不耐烦，以及先天的优先于一切其他理性等。这种哲学紧紧地掌握住了那些比较思想得少、同时又不善于观察的人，它的发展趋势也就比例地成为明显的无政府状态。可惊异的是，杜蒙（Dumont）为边沁出版的"无政府的诡辩"（Sophismes Anarchiques）一书中具体地表现了边沁所暴露的显然是来自法国的谬见，有很多是来自经过法国变化的罗马假设，并且除非是参照了罗马假设，这些诡辩是不容易理解的。在这一点上可以参考在革命的各个主要年代中间的劝诫者（Monteur）。时代越黑暗，则诉诸"自然法律和状态"便越加频繁。在"国民议会"中这种情况比较少见；在"立法议会"时期则比较经常；在"宪法会议"中，在辩论着阴谋和战争的纷争声中，这种情况便永久存在着。

有一个例子非常明显地说明了自然法理论对现代社会的影响，并且表明这些影响是如何的深而且远。我以为人类根本平等的学理，毫无疑问是来自"自然法"的一种推定。"人类一律平等"是大量法律命题之一，它随着时代的进步已成为一个政治上的命题。罗马安托宁时代的法学专家们提出："每一个人自然是平等的”(omnes homines naturâ æquales sunt),但在他们心目中,这是一个严格的法律公理。他们企图主张,在假设的“自然法”之下,以及在现实法接近“自然法”的程度内,罗马“市民法”所支持的各阶级人们之间的武断区分不应该在法律上存在。这个规定对罗马法律实务者,是有相当的重要性的,因为这使他们必须记住,凡在罗马法律学被推定为完全符合于“自然”法典的规定时,则罗马法院在考虑公民与外国人之间、人民与奴隶之间、“宗亲”与“血亲”之间的一切问题时,即不应该有所区别。凡是作这样主张的法学专家,当然绝不会指摘使市民法不能达到其理论形式的社会安排,他们显然也不会相信世界真会看到人类社会会同自然组织完全同化的。但当人类平等学说披上了现代服装而出现时,它显然已包藏着一种新的意义。罗马法学专家用“是平等”(æquales sunt)的这些字眼,其所含意义真和他所说的完全一样,而现代民法学家在写“人类一律平等”时,他的意思是“人类应该平等”。罗马人以为自然法是和市民法同时存在的,并且是在逐渐吞并着市民法的,这种特殊看法显然已经被遗忘了,或已经成为不可理解的了。这些字眼在过去充其量只是表达了有关人类各种制度渊源、组织和其发展的一种理论,后来开始被用来表示人类长期遭受的大不公正之意。早在 14 世纪初期,关于人类出生状态的流行说法虽然明显地想要和阿尔比安及其同时代人的说法相一致,但其形式和意义却已全然不同。路易·胡廷国王(King Louis Hutin)解放王家领地内农奴的著名命令中的前言,在罗马人听来,将是非常陌生的,“既然按照自然法,每个人应该生而自由;由于自上古以来就已采用并一直到现在还在我国土上被保持着的某种惯例和习惯,并且可能由于人们前辈的罪行，在我们普通人民中就有许多人陷入了被奴役的地位，因此，我们等等”，这不是一条法律规定而是一个政治教条的宣言；从这个时候起，法国法学家们在谈到人类平等时，正好像这是偶然被保留在他们的科学中的一个政治真理似的。像来自“自然法”假设中的一切其他演绎一样，同时也像“自然法”这个信念的本身一样，它在直到被从法学家之手转入到18世纪文人们之手以及信服他们的公众之手以前，只是毫无生气地被同意着，而且它对意见和实践，也都很少有影响。在这些文人之手中，它成为他们信条中最清楚的教理，并被认为是一切其他教理的一个总结。但是，它最后在1789年事件中所以得势，可能不完全是由于它在法国的声望。因为在这世纪的中叶，它已被传播到了美国。当时的美国法学家，尤其是弗吉尼亚（Virginia）的法学家，似乎已具有和英国同时代人不同的大量知识，其主要不同之点，是在他们的知识中包括了许多只可能来自欧洲大陆法律文献的知识。只要参考一下哲斐孙（Jefferson）的著作，就可以看到他是如何深受法国当时时尚的半法律、半通俗的见解的影响；我们也毫不怀疑，正是由于他们对法国法学家这些特殊观念深表同情，在“独立宣言”（Declaration of Independence）开头的几行中，这位指导着当时美国事务的哲斐孙和在这殖民地中的其他法学家，就把这独特的法国假设即“人类生而平等”和英国人最熟悉的假设“人类生而自由”相结合在一起。这是放在我们当前的这个学理的历史中有极大重要性的一节文句。美国法学家这样突出地和这样着重地主张人类的根本平等，这在他们自己国家中，并且在较小的程度上，也在大不列颠，推动了一个政治运动，到现在还远没有衰竭下来；但除此以外，

他们正把他们所一度采用的教条还给了法国本土，赋予了更巨大的能力，并且使它受到了一般人更大的欢迎和尊敬。甚至在第一次“国民议会”中比较小心谨慎的政治家，也重复着阿尔比安的命题，好像这个命题立即自荐于人类的本能和直觉似的；并且在所有“1789 年的各种原则”中，这是唯一的曾受到最少的热烈的攻击，曾最彻底地影响现代意见并将最深刻地改变社会构成和国家政治的原则。

“自然法”所尽的最伟大的职能是产生了现代“国际法”和现代“战争法”(Law of War)，虽然它的这一个部分效果是非常重要的，但在这里，由于它和本文关系不大，因此将略而不论。

在形成“国际法”基础的各种假定中间，或在形成“国际法”中到现在仍旧能保持其从原来建筑师那里所接受的形态的部分基本假定中间，有两三种特别显得重要的假定。其中第一个表现在这样的一个立论中，即认为有一种可以确定的“自然法”。格罗修斯及其后继者直接从罗马人那里得到这一个假设，但他们同罗马法学专家之间以及在他们相互之间，对于确定的方式，在看法上有着巨大的分歧。在文艺复兴以后盛极一时的公法学家中，几乎每一个人都野心勃勃，提出了新的和更容易处理的有关“自然”及其法律的定义，并且无可争辩，当这个概念经过一系列的“公法”学著者之手，在其周围就积聚了一大堆的附加物，其中包括了都是从支配着各学派的每一种伦理学理论中得来的各种观念片段。虽然是这样，但仍有明显的证据证明这个概念主要是有历史性质的，因为从自然状态的各种必要特点中探求自然法典，虽然经过了种种努力，但所获得的结果，正和人们把罗马法学家的意见不加探究或修正而立即采用时所可能得到的结果，完全相同。如果把国际法中的协约和条约部分撇开不论，可以看到，在这制度中有相当惊人的一部分是由纯粹罗马法律所组成的。法学专家的每一种学理，只要经过他们确认为同“万民法”相协调时，公法学家就以种种理由来借用它，不论这个学理是如何明显地标志着其罗马渊源。我们也可以看到，这些派生的理论是带有其原来观念的弱点的。大多数公法学家的思想方法仍旧是“混合的”。在研究这些著者时，最大的困难始终是在弄清楚他们所讨论的究竟是法律还是道德——他们所描写的国际关系状态究竟是现实的还是理想的——他们所说的究竟是事实，还是他们的意见认为应该是这样的。

作为“国际法”基础的其次一个假设是，“自然法”与国家相互之间(inter se)有拘束力。一系列主张或认可这原则的言论，得追溯到现代法律科学的极幼稚时代，并且初看起来，它好像是直接来自罗马人学说的一个推理。人为的社会状态和自然状态不同，在前者之中有一个明显的制法者，在后者却没有，因此，如果某一个单位不承认它们服从一个共同主权或政治领袖的时候，它们就好像恢复到了受命于“自然法”了。国家就是这类的单位；它们各自独立的这个假设，排斥了一个共同立法者的观念，并从这观念出发，按照某种思想方法进而得到了从属于自然原始秩序的观念。另一种想法认为各独立的社会相互之间没有任何法律把它们联系着，但这种无法律状态正就是法学专家们的“自然”所厌恶的真空。如果一个罗马法学家遇到有市民法被排斥不能适用的情况，他就立即会以“自然”法令来填补这个空隙，这样一种想法，显然是有理由的。但我们不能就因此以为，在历史的任何时期中，都确实可以得出这样的结论，虽然这在我们的眼光中是非常明确和直接的。根据我的判断，罗马法的遗作中没有任何一节可以用来证明法学专家确曾相信自然法在独立国家之间有任何拘束力；并且我们不得不看到，对于把君主领土看做和文明同境界的罗马帝国公民们，如果确有各国平等隶属"自然法"这样的想法，也至多只是古怪理论的一个极端结果。真相似乎是：现代的"国际法"虽然无疑是罗马法的后裔，但只是由一种不规则的血统相联系着的。现代早期的罗马法解释者，误解了"万民法"的意义，毫不犹豫地认为罗马人传给了他们一套调整国际事务的法律制度。在起初这个"国际法"成为有许多可怕的竞争者与之相对抗的一种权威，而欧洲是长期处在这种情况下，阻碍着它被普遍接受。但是，逐渐地，西方世界安排了它自己，使其形式比较适合于民法学家的理论；情况的变更摧毁了所有敌对学理的势力；最后，在一个罕有地幸运的机会，阿雅拉（Ayala）和格罗修斯终于为它取得了欧洲的热诚同意；这种同意曾经在每一个不同的庄严条约中被一再重复申述着。它的胜利主要应归功于这些伟大人物，他们并且企图把它放在一个完全新的基础上，这是毋庸赘述的；而且毫无疑问，在这转移位置的过程中，他们改变了很多它的结构，虽然远没有一般所想象的那么多。格罗修斯既然从安托宁法学专家那里采用了这个论点，认为"万民法"和"自然法"是同一的，他和他的直接前辈及直接后继者便使"自然法"具有一种权威，这种权威要不是在那个时候"国际法"的含义模糊不清，是也许永远不会为"自然法"要求的。他们毫无保留地主张"自然法"是各国的法典，于是就开始了这样一种过程，就是把假定是从单纯考虑"自然"概念而求得的各种规定灌输到国际制度中去，这个过程几乎一直延续到我们的时代。还有一种对于人类有着巨大实际重要性的后果，虽然在欧洲早期现代史中并非完全不知，但在直到格罗修斯学派的学理获得盛行之前，却从来没有被明显地或普遍地承认过。如果各个国家的集体都受着“自然法”的统治，则组成这个集体的各个原子必须绝对平等。人类在“自然”的王笏之下，是一律平等的，从而，如果国际间的状态是一种自然的状态，则各国也一定是平等的。独立的国家不论大小强弱不同，但在国际法的眼光中是一律平等的，这个命题对人类的幸福有巨大的贡献，虽然它在各个时代中继续不断地为各种政治倾向所威胁着。如果“国际法”不是由文艺复兴后的公法学家们完全从“自然”的庄严主张中求得，那么这个学理可能永远不能获得一个稳固的立足点。

可是，总的讲起来，像我在前面已经说过的，自从格罗修斯时代以来，在加于“国际法”上的各种附加物中，只有很小一部分是从罗马“万民法”最古资料直接采取来的。土地的取得始终是引起国家野心的巨大的刺激物；而适用于这种取得的法律规定，以及消除因土地取得而造成的战争的法律规定，都仅仅是从罗马法中有关取得“万民法”财产的各种方式的部分中抄袭得来的。这许多取得的方式，像我在前面已经企图说明的，都是由前辈法学专家从其所观察到的各种惯例中抽象出来的一些共同要素，这些惯例曾经流行于罗马周围各部落间；根据它们的来源，这些规定被归类在“各国共有的法律”中，再由于他们的单纯性，后来的法学家便认为它们恰合于一个“自然法”的较近代的概念。它们就这样编进了现代的“国际法”，其结果是，国际制度中有关领土(dominion)、领土性质、领土范围、取得和保卫领土方式的那些部分，便都是纯粹的罗马“财产法”——这就是说，罗马“财产法”中的那些部分，曾为安托宁法学专家想象为和自然状态有某种一致性的。为了使“国际法”中这些章节能付诸实施，有必要使存在于主权者之间的相互关系，如同罗马所有者各个成员之间存在的关系一样。这是建立“国际法典”所依据的各种假定中的另一个假定，而这也是在现代欧洲史开头几个世纪中不可能被同意的一个假定。这个假定可以被分解为这样一个双重命题，一方面“主权是领土的”，即它是始终和地球表面上一定部分的所有权联系着，另一方面“主权者相互之间，应该被认为不是国家领土的最高所有人，而是绝对所有人”。

许多现代的“国际法”著者都默认：他们以各种衡平和常识原则为基础建立起的整套学理，都可以在现代文明的各个阶段中推论出来。但这个默认一方面掩盖着国际理论上所存在的某些真正缺点，另一方面，就大部分的现代史而论，实在是完全不足取的。在国际事务中“万民法”的权威并不是始终不受到反抗的；相反地，它不得不长时期地和几种相竞争的制度不断斗争着。同时，主权的领土性质也并不是始终被承认着的，因为在罗马统治解体以后，人们的心理是长时期地处在和这类概念不相协调的观念的支配之下。在“国际法”上这两个主要假定被普遍承认之前，一个旧的制度以及建筑在它上面的思想观念必然地要腐败，一个新的欧洲，以及与之相适应的新的观念必然地要生长起来。

有一桩事值得注意，在我们通常称为现代史的大部分时期中，没有接受过所谓领土主权这类概念。在过去，主权并不是和对地球上一部分或再小部分的土地的控制联系在一起的。世界曾有这样许多世纪长期处于罗马帝国的庇护之下，以致忘记了包括在帝国中的广大空间在过去曾一度被划分成许多独立国家，它们都主张有权不受外来的干预，并且标榜着国家权利应该一律平等。在蛮族入侵平靖后，关于主权当时流行着的观念，似乎具有双重意义。一方面它有着所谓“部落主权”的形式。法兰克人（Franks），勃艮弟人（Burgundians），汪达尔人（Vandals），伦巴德人（Lombards），以及西哥特人（Visigoths），当然都是他们所占领着的土地的主人，其中有几种人并以他们自己的名字作为土地的地理名称；但是他们并不根据土地占有的事实而主张任何权利，并且在实际上甚至对于占有的事实也并不认为有任何特别重要性。他们似乎还保留着他们由森林中和草原上所带来的传统，按照他们自己的看法，仍旧是一个宗法社会，一个游牧部落，只是暂时驻扎在能供给他们粮食的土地上而已。阿尔卑斯北高卢的一部分加上了日耳曼的一部分，现在已成为法兰克人在事实上占领的国家——就是法兰西；但克洛维（Clovis）的后裔即墨洛温（Merovingian）王朝的首领们并不是法兰西的国王而是法兰克人的国王。另外一种有关主权的特殊观念，似乎是——这是重要的一点——普遍领土的观念。当一个君主失去了领袖与其部族之间的特殊关系，并为了个人的目的急切要取得一个新的主权形式时，他所能采用的唯一先例是罗马皇帝们的霸术。胡乱模仿一句谚语，他成了“不为恺撒，即为庸人”（aut Cæsar aut nullus）的人。或则他享有拜占庭皇帝（Byzantine Emperor）的全部特权，或则他完全没有任何政治地位。在我们这个时代，当一个新的王朝希望废去被黜免皇朝的名号时，它往往喜欢说它的称号来自人民而不是领土。这样，我们便

有了一些法兰西皇帝和国王，还有一个比利时人的国王。在我们所谈到的时期中，在类似的情况下，还出现了另外一种不同的观念。一个“首领”如果不想再自称为部落国王，必定会要求成为世界的皇帝。这样，当世袭的权臣们和实际上久已废立的君主们相决裂时，他们立即不愿自称为法兰克人的国王，这个称号是属于被废黜的墨洛温的；但他们又不能自称为法兰西的国王，因为，虽然这类称号显然并不是不见经传的，却也不是一个尊严的称号。因此，他们就进而矢志为世界帝国的统治者。他们的动机曾被大大地误解。近代法国作家们曾认为，查理曼(Charlemagne)是远远超过他的同时代人的，不但在其意图的性质上如此，即在他执行这些意图所用的能力上也是如此。不论是否有人在任何时期都是超过他的同时代人的，但有一点必然是真的，即查理曼在企求一个无限制的领土时，确是有力地采取了他当时的时代思想所准许他遵循的唯一的道路。关于他在智力上的卓越，当然是毫无疑问的，但这种卓越不是由他的理论而是由他的行为证明的。

在见解上的这些特性，并不因为查理曼的遗产为其三个孙子所分割而有所变更。秃头查理(Charles the Bald)、路易(Lewis)和罗退耳(Lothair)仍旧在理论上——如果用这个词是适当的——是罗马的皇帝。正犹如东罗马帝国与西罗马帝国的“恺撒”在法律上都是全世界的皇帝，而在事实上则只各自统治着其中的一半，这三个加洛温朝的皇帝似乎都认为他们的权力是有限的，但是他们的称号是无限的。这同一的纯理论的主权普遍性在肥硕查理(Charles the Fat)死亡，发生第二次分裂时仍继续和王位联系着，并且，真的，在日耳曼帝国存续期间内，从来没有完全和它分离过。领土主权——这种把主权与地球表面上一块土地的占有联系起来的见解——明显地是**封建制度**的一个支流，虽然是一个迟缓的支流。这可能是**先天的**预期的，因为第一次把个人义务，结果也就是把个人权利和土地所有权联系起来的是封建制度。对于封建制度的渊源和其法律性质，不论正当见解应当是怎样，要鲜明地想象封建组织的最好方式，应从它的基础开始，先考虑佃农同设定和限制其劳务的小块土地之间的关系——而后通过上层封建建筑的狭小范围而一直上升以至接近于这制度的顶点。在黑暗时代的后期，这个顶点究竟在什么地方，是不容易决定的。可能，在部落主权的概念确实消失的地方，这个最高之点始终被指向着西罗马帝国恺撒的假定承继人。但是过了不久，当帝国权威的实际影响大大萎缩时，皇帝把他仅有的残余权力集中于日耳曼和北意大利，所有在前加洛温帝国四周的最高封建主发觉了在他们上面实际上已经没有一个最高首领。逐渐地他们就习惯于这种新的形势，而已免除外来干涉的这个事实，终于把依附的理论隐灭掉；当然有许多征象表明，这个变化的完成并不是十分容易的；而且我们得毫无疑问地认为，由于这样一种印象，就是说，根据事物的自然性质，必然地要在某些地方有一个最高的统治权，就产生了不断地把世俗上的无上权力归属于罗马教皇的倾向。法兰西加佩王朝的接位，标志着思想革命中第一阶段的完成。这个环绕着巴黎四周有限领土的封建诸侯，由于大量的宗主权结合于本身这一个偶然事件而开始自称为**法兰西国王**，他成为了一种全然新的意义的国王，一个主权者，他对法兰西土地的关系和男爵对于封邑、佃农对于自由产的关系完全相同。这个先例不但是新奇的，同时也是有影响的。在

法兰西的这种君治的形式，有力地促使其他地方向同一个方向变化。我盎格鲁-撒克逊(Anglo-Saxon)王室的王位这时处于一个部落首领和领土最高统治权的中途。但是诺曼(Norman)王朝诸王最高权模仿着法兰西国王，明显地是一种领土主权。在以后建立的或巩固的每一个统治权，都根据了后一种模型而组成。西班牙、那不勒斯(Naples)以及在意大利自由市废墟上建立起来的各个诸侯国家，都由领土主权的统治者统治着。从一个见解逐渐转变到另一个见解的事例中，我认为最最离奇的莫如威尼斯人(Venetians)。在其对外征伐开始时，这个共和国自视为和罗马共和政治同一类型的国家，统治着许多的属省。经过了一个世纪以后，你就可以发现它却希望成为一个集合的主权国家，对它在意大利和爱琴海(Ægean)所有的占有地拥有一个封建宗主国的权利。

关于主权这个主题的各种通俗观念在经历着显著变化的时期内，作为我们今日称为"国际法"的制度，在形式上是杂乱无章的，在原则上也是不符合它所祈求的目的的。在罗马-日耳曼帝国内的一部分欧洲土地上，联邦国家之间的关系是由复杂的但还不完全的帝国宪法机构所约束着；并且这在我们看来也许是可惊异的，日耳曼法学家所爱好的观念仍旧是：联邦国之间的关系，不论在帝国之内或在帝国之外应该根据以恺撒为中心的纯粹罗马法律学的规定而不应该根据"万民法"的规定。这个学理在边远的各国中没有像我们早先所假定那样地被大胆抛弃；但是在实质上，在欧洲的其余的地方，封建的部属已成为公法的一种代替品；当那些封建从属犹疑不定暧昧不明时，至少在理论上，从"教会"领袖的权威上面找到一种最高的支配力。虽然是这样，但可以断定，封建和教会的势力在15世纪甚至在14世纪年代中就已开始迅速衰败了；如果我们密切审视一下当时各次战事的借口以及公开的联盟动机，就可以看到，以后为阿雅拉和格罗修斯所调和和巩固的各种见解，正随着旧原则一步步地被代替而有着重要的进展，虽然这种进展是默默无声的，并且是很缓慢的。来自各个渊源的权威有没有经融合而最后成为一个国际关系的制度，以及这个制度究竟在实质上是不是和格罗修斯的结构有什么不同，现在已无法加以断定，因为在事实上“宗教改革”已经把它所有的有力要素，除了一点之外，全部消灭。“宗教改革”从日耳曼开始，它在帝国的各个诸侯之间用深而且广的鸿沟分裂开来，纵使帝国元首保持中立，也已无法用帝国最高统治来加以沟通。帝国元首于是不得不袒护教会以反对改革者；教皇自然也是处在同样地苦境中；这样，这原来在敌对双方之间负有调停职责的两个当局者本身就成为了各国分裂中的一个大党的首领。在这时声势已被削弱，并且已不能被认为是公共关系中的一个原则而加以信任的封建主义，已不复是足够稳定并可以和宗教联盟相匹敌的一种约束力。因此，在公法处于几乎混乱状态的情况下，那些被认为是罗马法学专家唯一加以认可的一个国家制度的各种观念，仍旧继续存在。这些观念从格罗修斯手中获得的形式、匀称和卓越性，为每一个学者所熟知。但“战事与和平法规论”（Treatise“De Jure Belli et Pacis”）这部巨著的惊人之处则在其迅速、完全和普遍的成功上。“三十年战争”的惨状，军人毫无拘束的放纵行为所激起的无边恐怖和憾事，无疑地，在某种程度上，可以被用来说明这种成功的原因，但是这还不能作为全部的说明。因为只要对当时的各种观念略为浏览一下，就可以使我们深

信在格罗修斯的伟大著作中描绘出来的国际大厦的基本图样，如果不是在理论上很完善的话，那它就很可能会被法学家所抛弃，被政治家及士兵们所藐视。

显然，格罗修斯制度在纯理论上的完善性是和我们所讨论的那个领土主权概念密切地联系着的。“国际法”理论所做出的假定是：各个共和政治在其相互关系上处在一种自然状态中；但是一个自然社会的各个组成原子根据这个基本假设必须是互相分离和各自独立的。如果有一个较高的权力由于对共同最高统治权的要求而把它们联结起来，纵使这种联结是很薄弱的并且也是偶然的，但正是这一个共同领导者的概念引进了现实法的观念，排斥了一个自然法的观念。因此，如果一个帝国元首的普遍宗主权，即使仅仅是在理论上被得到承认，格罗修斯的努力就可能会变成徒劳。这也不是现代公法和我企图描述其发展的有关主权的各种见解之间的唯一结合之点。我曾经说过，国际法律学中有些部门完全是由罗马“财产法”组成的。那么我们可以得到什么推论呢？推论是：在对主权所作的评价中如果没有像我所描述的那种变化——如果主权并没有和地球上一块土地的所有权联系起来，换言之，并没有成为对领土的主权——，则格罗修斯的理论，就将有四分之三无法加以适用。

第五章　原始社会与古代法

在近代，法律学这个主题作为科学研究的必要性，是一向被重视的，由于感到这种必要而提出的论文来自各个不同方面，但是，如果说，到现在为止，被认为是科学的东西实际上绝大部分仅只是一些推测，只是一些在前面二章中所研究的罗马法学家的推测，我以为并不能认为太武断。明白承认和采用一个自然状态，以及与其性质相类似的原则制度的各种推测理论，其有关的一系列论文，从这些理论发明者的时代起一直到我们今天为止，始终被继续着，很少中断。它们出现于奠定现代法律学基础的注释学派的注解中，出现于继承他们的经院法学家的作品中。它们可以在寺院法学者的教条中看到。它们被那些在文艺复兴时代极为活跃的博学多能的民法学家放置在杰出的地位。格罗修斯及其继承人不但使它们具有实际的重要性，并且使它们变得更加辉煌更加可以赞誉。在我国布拉克斯顿的开头几章中也可以看到它们，他把它们原封不动地从柏拉玛克(Burlamaqui)中照抄下来，而凡是今天所刊印的用以为学者或实务者作指导的各种教科书，在它们开头讨论法律的基本原理时往往就会被发觉，这些基本原理就是罗马假设的一次重复申述。但是，正由于这些推测有时用以掩盖其自己的伪装，如同其原来的形式一样，使我们对于它们混杂于人类思想中的

技巧，能获得一个充分的观念。洛克所主张的“法律”起源于一个“社会契约”的理论，很难隐瞒其来自罗马的特点，事实上，这个理论只是使古代见解对现代人中特殊的一代具有更大吸引力的外衣而已；可是，在另一方面，霍布斯就同一主题所提出的理论，却故意否认罗马人及其门徒所设想的一个自然法的现实性。然而在这个把英国有代表性的政治家长期分成为两个敌对阵营的两种理论中，有一点却是彼此之间极为相似的，就是它们都以人类的、非历史的、无法证实的状态作为他们的基本假设，这两个理论的作者，对于社会产生前状态的各种特征，以及对于人类凭以脱离这种社会产生前状态进入我们所熟悉的仅有的那种社会组织的异常活动的性质，有着分歧的看法。但是他们却一致同意，认为在原始状态中的人和在社会产生后的人两者之间，存在着一个巨大的鸿沟把他们分离开来，我们毫不怀疑，这个观点正是他们有意识地或者无意识地从罗马人那里借用来的。如果法律现象的确像这些理论家所认为的那样——即认为是一个庞大、复杂的整体——，那么，也就难怪人心往往要规避它所担任的工作，否则它有时候就会失望地放弃系统化的工作；而人心所采取的规避的办法，是退而求助于某种似乎可以调和一切事物的智巧的推测。

在和罗马学理有着同样的思想基础的各种法律学理论中，有两种非常著名的理论，必须除外。其中的第一种是和孟德斯鸠的大名有联系的。虽然在“论法的精神”的开始部分中，有一些模糊词句似乎表明作者不愿与当时流行着的各种见解公然决裂，但从全书的大意来看，它对其主题所表示的概念当然是和前人所发表的见解完全不同的。在它从各种假定的法律学制度中通过广泛深入观察而搜集起来的大量种类繁杂的例子中间，常常可以看到有一种明显的渴望，想把因其粗鲁、奇异或猥亵而使文明的读者为之震惊的那些风尚和制度，置于特别杰出的地位。书中不断地提出的推测是：法律是气候、当地情况、偶然事件或诈欺的产物——是除了相当经常发生作用的原因以外任何原因的产物。在事实上，孟德斯鸠似乎把人类的本性看做是完全可塑性的，它只是在被动地重复着它从外界所接受的印象，在绝对地听命着它从外界所接受的刺激。而他的制度所以不能成为一个制度，无疑地，错误就是在这里。他过低地估计了人类本性的稳定性。他很少或完全不重视种族的遗传性质，即每一代从前辈接受下来再一代代传下去很少加以改变的性质。的确，除非对“论法的精神”中所注意到的那些变更原因给予应有的承认，要对社会现象，因而也对于法律提供一个完全的说明是不可能的；但这些原因的数量和其力量，似乎为孟德斯鸠过高地估计了。在他所罗列的变例中，有许多已被证明是建筑在虚伪的报告或错误的解释上，而在剩余下来的一些变例中，有不少不是证明人类本性的变化无常，相反地却证明了其恒久不变，因为它们都是人类在较古远的时期顽固地抗拒了在别种场合可能会发生效果的各种影响而遗留下来的遗物。真相是，在我们智力的、道德的和体力的组成中，绝大部分都是属于稳定部分，它对于变化具有巨大的抵抗力，因此虽然世界上一个部分的人类社会是明显地变化多端的，但这些变化并非如此迅速，也不是如此广泛，以致其数量、性质及一般趋向会达到不可能确定的地步。以我们今日有限知识所可能达到的，也许只是比较地接近的真理，但我们没有理由以为这是非常遥远的，或以为（实在是同样的东西）

它需要在将来作很大的修正，因此是完全无用的和不足为训的。

前面所谈的另外一种理论是边沁的历史理论。这个理论在边沁的著作的有几个部分中模糊地（并且可以说是胆小地）提出来，和他在“政府论丛”中开其端，后来由约翰·奥斯丁先生加以完成的有关法律概念的分析完全不同。把一条法律还原为在特殊情况下适用的一种特殊性的命令，目的只是为了使我们可以摆脱言语上的困难——这当然是一种最可怕的困难。至于社会所以把这些命令加诸自己身上，其动机何在，这些命令相互之间的联系如何，以及它们对在它们以前的命令及对它们所代替的命令的依附性质又如何这一些问题，仍旧是悬而未决。边沁所提出的答案是，社会因其对一般权宜措施的见解有所变更而变更着，并且是不断地变更着法律。很难说这个命题是错误的，但它肯定是没有效果的。因为，所谓对一个社会或毋宁说是对社会的统治阶级是权宜的东西，实际上必然地就是社会在做出变更时心目中所想要达到的目的，不论这个目的是什么。所谓权宜和最大幸福，实在就是推动变更的冲动，不过名称不同而已；当我们把权宜作为是变更法律或意见的准则时，我们从这个命题中所能得到的，只是用一个特别名词来代替当我们说一次变更发生了时必然地要想到的另一个名词而已。

对于现有的各种法律学理论，存在着非常广泛的不满，并且一般都认为这些理论不能真正解决它们标榜着要解决的问题，因此就正当地产生了这样的一种怀疑，就是说为了要求得一个完美的结果所必须的某些方面的研究，或者为其著者进行得不够彻底，或者是甚至完全被忽略了。真的，也许除了孟德斯鸠外，在所有这些

纯理论中，的确都有一个可以指责的显著遗漏。在这些纯理论中，都忽视了在它们出现的特定时间以前很遥远的时代中，法律在实际上究竟是怎样的。这些纯理论的创造者详细地观察了他们自己时代的各种制度和文明以及在某种程度上能迎合他们心理的其他时代的各种制度和文明，但是当他们把其注意力转向和他们自己的在表面上有极大差别的古代社会状态时，他们便一致地停止观察而开始猜想了。因此，他们所犯的错误，正和一个考察物质宇宙规律的人，把他的考虑从作为一个统一体的现存物理世界开始而不从作为其最简单构成要素的各个分子着手时所犯的错误，很相类似。这种在科学上违背常理的方法，在任何其他思想领域中不可采用，那在法律学中当然也是同样不足取的。似乎在先就可以看到，我们应该从最简单的社会形式开始，并且越接近其原始条件的一个状态越好。换言之，如果我们要采用这类研究中所通常遵循的道路，我们就应该尽可能地深入到原始社会的历史中。早期社会所提供给我们的各种现象并不是一看就容易理解的，但要掌握住这些现象时所遇到的困难，和在考究现代社会组织错综复杂情况时使我们遭受的困惑，是不能相比的。这种困难的产生，是由于它们的奇怪和异样，而不是由于它们的数量和复杂性。当人们用一种现代的观点来观察这些现象时必然会引起不易很快克服的惊奇；但当惊奇被克服时，它们就将很少也很简单的了。不过纵使它们造成了很大的困难，我们不辞劳苦以确定这些胚种也不会是浪费精力的。因为现在控制着我们行动以及塑造着我们行为的道德规范的每一种形式，必然可以从这些胚种当中展示出来。

我们所能知道的社会状态的雏形，来自三种记录——即观察

者对于同时代比较落后的各种文明的记事，某一个特殊民族所保存下来的关于他们的原始历史的记录，以及古代的法律。第一种证据是我们可以预期的最好的一种。各个社会既不是同时并进而是按着不同速度前进的，因此确有这样一些时期，凡是受到有系统的观察习惯训练的人们，能真正有机会可以看到人类的幼年，并加以描述。塔西佗(Tacitus)曾尽量利用了这种机会；但是他所著的"日耳曼"(Germany)一书，不像大多数著名的经典著作一样，没有能引起别人去仿效他的优秀榜样，因此我们现在所保有的这一类的记录，数量非常之少。文明人对于其野蛮的邻人往往有一种傲慢之感，这就使他们往往明显地不屑于观察他们，而这种不关心有时更因为恐惧、因为宗教偏见，甚至就因为这些名词——即文明和野蛮——的应用而更加严重，这种文明和野蛮的分野常对大多数人造成了不但在程度上而且在种类上都有所差别的印象。甚至对于"日耳曼"也有些批评家曾怀疑它为了要求对比尖锐，叙述生动而牺牲了信实。有一些史料，叙述着民族的幼年，保存在档案中流传给我们的，也被认为由于种族骄傲或由于新时代的宗教情绪而被歪曲了。然而对于大部分的古代法律却并未发生过这些毫无根据的或合理的疑虑，这是非常值得重视的事实。所有流传下来的许多古代法律所以能被保存下来，只是因为它们是古代的。那些在当初执行它和服从它的人们，并不标榜能理解它；在有些情况下，他们甚至嘲笑它和藐视它。除了它是由他们祖先传下来的以外，他们对它并不特别重视。因此，如果我们能集中注意力于那些古代制度的断片，这些断片还不能合理地被假定为曾经受到过改动，我们就有可能对于原来所属社会的某种主要特征获得一个明确的概念。在这个基础上再向前跨进一步，我们可以把我们已有的知识适用于像“摩奴法典”那种大体上其真实性还可疑的一些法律制度；凭了这个已经获得的关键，我们就可以把那些真正是古代传下来的部分从那些曾经受到过编纂者的偏见、兴趣或无知的影响的部分，区分开来。至少应该承认，如果有足够的材料来从事于这样的研究过程，如果反复的比较是被正确地执行着，则我们所遵循的方法，必将像在比较语言学中使能达到惊人结果的那些方法一样很少有可以反对的余地。

从比较法律学中所获得的证据，使我们对人类原始状态确立了一种看法，即所谓“宗法理论”。当然这个理论无疑地原来是以下亚细亚(Lower Asia)希伯来(Hebrew)族长制的圣经史为根据的；但是，像前面已经解释过的，正因为它和“圣经”(Scripture)有联系，它就被反对，不被认为是一个可以接受的完全的理论，因为直到最近还热诚从事于总括各种社会现象的多数研究者，不是一些对希伯来古代事物具有最顽强偏见的人，就是一些想不借助于宗教记录而最坚强地希望自己建立一个体系的人。即使一直到现在，也许还有着这样一种倾向，低估这些记事的价值，或者应该说是不愿把它们作为闪族(Semitic people)传统的组成部分，而从其中得出结论。但是，值得注意的是，这一种法律记录，几乎完全来自属于印度-欧罗巴种族的社会制度，其中较大部分是罗马人、印度人和斯拉夫人所供给的；而当前研究阶段所面临的困难是：要知道究竟到什么地方为止，究竟有哪一些人种，是不许可被肯定为他们的社会原来是按照父权的模型而组成的。从“创世记”开头的几章中所能收集到的这一类社会的主要轮廓，在这里毋庸详为描述，

因为我们大多数人已经从小都非常熟悉，同时也因为由于洛克和菲尔美(Filmer)之间辩论的结果，在英国文献中已有专书论述了这个问题，虽然这本书并不是很有益的。从历史表面上所能看到的各点是：——最年长的父辈——最年长的尊属亲——是家庭的绝对统治者。他握有生杀之权，他对待他的子女、他的家庭像对待奴隶一样，不受任何限制；真的，亲子具有这样较高的资格，就是终有一天他本身也要成为一个族长，除此以外，父子关系和主奴关系似乎很少差别。子女的羊和牛就是父的羊和牛，父所占有的物件是由他以代表的身份而非所有人的身份占有的，这些占有物，在他死亡时，即在其一等卑亲属中平均分配，长子有时以生得权的名义接受双倍的份额，但更普通的是除了一种荣誉的优先权以外，不再赋予任何继承利益。在圣经的记事中有一个不十分明显的例子，似乎父系的帝国第一次发生了破坏的痕迹。雅各(Jacob)和以扫(Esau)两个家族分离而组成为两个国家；但是雅各子女的各个家族却仍旧结合在一起，而成为一个民族。这就好像是一个国家或共和政治的不成熟的胚种，同时也好像是一种权利顺序较胜于家族关系所提出的要求。

为了法学家的特殊目的，简要地说明人类在其历史黎明时期所处状态的各个特征，我以为只要摘引荷马“奥特赛”(Odyssey)中如下几行诗句就够了：

τοῖσὶν δ’ οὔτ’ ἀγοραὶ βουληφόροι οὔτε θέμιστες,

θεμιστεύει δὲἕκαστος

παἴδων ἠδ’ ἀλόχων, οὐδ’ ἀλλήλων, ἀλέγουσιν.

“他们既没有评议会，又没有地美士第，但每一个人对妻子和儿女都有审判权，在他们相互之间，则是各不相关的。”这些诗句是适用于“独眼巨人”(Cyclops)的，我以为如果说“独眼巨人”就是荷马心目中一种外国的和不进步的文明的典型，也许不完全是一种幻想；因为一个原始共产体对于在风尚上和它自己有非常不同的人，往往会感到几乎是自然的憎恶，这种憎恶通常表现为把他们描写成怪物，例如巨人甚至是魔鬼(在东方神话学中，几乎在所有情况中都是如此)。不论是不是这样，在这几行诗句中，正集中了古代法律事物所能给予我们的各种暗示的总和。人类最初是分散在完全孤立的集团中的，这种集团由于对父辈的服从而结合在一起。法律是父辈的语言，但它还没有达到我们在本文第一章中所分析的地美士第的程度。当我们向前进行而达到这些早期法律概念成形的社会状态时，我们发现，这些法律概念仍旧多少带有足以表示一个专制的父的命令的这个特点的神秘性和自发性，但在同一时候，由于他们来自一个主权者，这些法律概念就预先假定了一个组织比较广泛、由许多家族集团组成的联合体。第二个问题是，这种联合体的性质是什么以及它包括的亲密程度究竟是怎样的。正是在这一点，古代法律提供给我们最大的贡献之一，并且填补了否则只可能以猜度来渡过的一个鸿沟。它不论在任何方面都明显地表示着，原始时代的社会并不像现在所设想的，是一个个人的集合，在事实上，并且根据组成它的人们的看法，它是一个许多家族的集合体。如果说一个古代社会的单位是“家族”，而一个现代社会的单位是“个人”，则这个对比，也许可以更强有力地表示出来。在古代法律中，这个差别有着重大的后果。法律的这样组成是为了要适应一个小的独立团体的制度。因此，它的数量不多，因为它可以由

家长的专断命令来增补的。它的仪式繁多,因为它所着重处理的事务,类似国际间的事务的地方,多于个人间交往的迅速处理。尤其重要的,它具有一种特性,其重要性在目前还不能全部表现出来。它所持有的人生观和发达的法律学中所体现的完全不同。团体永生不灭,因此,原始法律把它所关联的实体即宗法或家族集团,视为永久的和不能消灭的。这种见解同远古时代道德属性所表现的特别看法,有着密切联系。个人道德的升降往往和个人所隶属集团的优缺点混淆在一起,或处于比较次要的地位。如果共产体有了罪过,它的罪恶大于其成员所犯罪的总和;这个罪是一个团体行为,其后果所及,要比实际参与犯罪行为的人多的多。如果,反过来,个人是显然有罪的,那他的子女、他的亲属、他的族人或他的同胞就都要和他一起受罚,有时甚至代替他受罚。因此关于道德责任和道德报应的观念,在很古时代,似乎常比各个较进步时代体会得更加明白,因为既然家族集团是永生不灭的,其担当刑罚的责任是无限制的,则原始人的头脑自不会像后来当个人被视为完全和集团分离的时期的后代人的头脑那样被种种困难问题所窘困了。早期希腊关于一个遗传的诅咒的观念,标志着由古代的和简单的对于事物的看法走向后来神学或形而上学解释的过渡的一步。他的后裔从原来罪犯所受到的遗物,不是一种受刑罚的义务,而是一种犯新罪使发生一种该受报复的义务;这样,家族的责任就和这种新的思想状态,即把犯罪后果限制于实际犯罪者的新思想状态,取得了一致。

如果我们能根据前面谈到的圣经上的例子提供给我们的暗示而做出一个一般结论,并假定:凡族长死亡时,一个家族仍能结合在一起而不分散，这时候共产体就开始存在了，如果是这样，则社会起源的解释将是很简单的。在大多数的希腊国家中，以及在罗马，长期存在着一系列上升集团的遗迹，而“国家”最初就是从这些集团中产生的。罗马人的“家族”、“大氏族”和“部落”都是它们的类型，根据它们被描述的情况，使我们不得不把它们想象为从同一起点逐渐扩大而形成的一整套同心圆，其基本的集团是因共同从属于最高的男性尊属亲而结合在一起的“家族”。许多“家族”的集合形成“氏族”或“大氏族”。许多“氏族”的集合形成“部落”。而许多“部落”的集合则构成了“共和政治”。根据这些痕迹，我们是不是可以进而认为：共和政治是因为来自一个原始家族祖先的共同血统而结合在一起的许多人的一个集合体。关于这一点，我们至少可以断定，一切古代社会都自认为是来自一个原祖，并且除此以外，他们虽经努力，但仍无法想出他们所以会结合在一个政治团体中的任何其他理由。事实上，政治思想的历史是从这样一个假设开始的，即血缘是共产体政治作用的唯一可能的根据；也没有任何一种我们强调地称之为革命的感情破灭，其惊人和完全的程度及得上其他原则——例如所谓“地方毗邻”——第一次成为共同政治行动的基础时所完成的变化的。因此，我们可以肯定认为在早期共和政治中，所有公民都认为，凡是他们作为其成员之一的集团，都是建筑于共同血统上的。凡对于“家族”是显然正确的，当时便认为首先对于“氏族”，而后对于“部落”，最后对于“国家”也都是正确的。可是，我们发现，虽然有着这样一个信念，或者假如我们可以这样称呼它的话，这个理论，但每一个共产体所保存着的记录或传统，却都明显地表示这个基本假设是虚伪的。不论我们观察希

腊各邦，或罗马，或提供尼布尔以许多有价值例证的在笛脱麻希的条顿贵族政治，或凯尔特部族组织，或斯拉夫俄罗斯人和波兰人的那些只在后来才引人注意的奇怪的社会组织，在每个地方，我们都能在他们的历史中发现有把外国出生的人接纳或同化于原来的同族人中的事。如果单独以罗马而论，我们也可看到，这个原始集团即“家族”是不断地由于收养的习俗而掺杂进来其他血统的人的，而有关把原来的“部落”之一驱逐出境，以及一个古代国王大量增加各氏族成员的种种故事，似乎是始终不断地流传着的。国家的组成被普遍假定为是自然的，但在实际上却绝大部分是人为的。这种存在于信念或理论同显著的事实之间的互相抵触，初看起来是非常令人困惑的；但它真正说明的，正是“法律拟制”在社会幼年时代所发挥的效能。最早最广泛应用的法律拟制，是允许以人为的方法来发生家庭关系，我以为，人类所深受其惠的，实没有比这个更多的了。如果过去从来没有过这种拟制，任何一个原始集团不论其性质如何，绝不可能吸收另一个集团，除了一方面是绝对的优势，另一方面是绝对的从属之外，也绝不可能有任何二个集团在任何条件下能结合起来。毫无疑问，如果我们用现代的见解来设想几个独立共产体的结合，我们可以提出成百种达到这个目的的方式来，其中最简单的方式就是由包括在要合并的各集团中的个人，按照地区在一起选举或一起活动；但是，许多人如果仅仅因为他们恰巧居住于同一地域以内就应该行使共同政治权利，这个观念对于原始的古代社会来讲，是完全陌生和奇怪的。在那个时代，受到欢迎的办法是，外国人应该把他们自己冒充为来自他们所要加入的人民的同一祖先；我们今天所不易理解的，正就是这个拟制的善意，以及它能被做得接近真实。但是，有一个情况是必须加以重视的，即形成不同政治集团的人们当然有定期会集在一起的习惯，目的在用共同的祭祀以确认和神圣其联系。被同化于同胞中的异乡人无疑地也会被允许参加这些祭祀；我们可以相信当这些异乡人一度这样做了以后，似乎就很容易或没有什么困难被视为参加了共同血统。因此，从证据得出的结论，所有早期社会并不都是由同一祖先的后裔组成，但所有永久和团结巩固的早期社会或者来自同一祖先，或者则自己假定为来自同一祖先。有无数的原因可能会把原始集团加以粉碎，但无论如何，当它们的成分重新结合时，都是以一种亲族联合的形式或原则为根据的。不论在事实上是怎样，所有的思想、言语和法律都被调整，以适合于这个假定。但是，虽然在我看来，就那些记录为我们所熟悉的各个共产体而论，所有这一切似乎都是可以成立的，但它们历史的其余部分论证了前面所提出的论点，即这个最有力的“法律拟制”主要地起着暂时的和有限的影响。到了某一个时间——也许是——当它们自己感觉到自己力量足以抵抗外来压力时——，所有这些国家就立即终止用人为扩大血缘的方法来添补新成员。因此，凡当有新的人口由于任何原因而结集在他们四周，但不能提出和他们起源于共同祖先的主张时，在这种情况下，他们就必然地成为“贵族”。他们严格维持着一个制度的主要原则，根据这个原则人们除了真正的或人为的血统关系以外，没有任何条件可以使他们获得政治权利，因此教导了弱者另一个原则，这个原则已证明是具有高度的生命力的。这就是**地方毗邻**原则，现在已被到处承认为共产体在政治职能上的一种条件。于是一套新的政治观念立刻产生了，这些既

然是我们自己的观念，是我们同时代人的观念，并且在很大程度上也是我们祖先的观念，因此也就模糊了我们对于那些被它们所驳倒和废弃的旧理论的理解。

一个古代社会、据我们所能设想到的，虽然是多种多样的，但“家族”是它的典型；不过这里所谓的家族，同现代人所理解的家族并不完全相同。为了要得到古代的概念，我们必须就我们现代观念作一些重要的增加和一些重要的限制。我们必须把家族看做是因吸收外来人而不断扩大的团体，我们并且必须把收养的拟制认为是和真正的血缘关系非常密切地近似的，因此不论在法律上或在人们的意见中，对于真正的血缘关系和收养关系之间，都没有丝毫差别。在另一方面，由于共同血统而在理论上混合于一个家族中的人们，他们在实际上结合在一起，乃是由于他们共同服从其最高在世的尊亲属如父亲、祖父或曾祖父。一个首领具有宗法权，是家族集团观念中的一个必要的要素，正和家族集团是由他所产生的事实（或假定事实）同样地必要；因此，我们必须了解，不论任何人，虽然由于血缘关系真正包括在同族之内，但如果他们在事实上退出了其统治者的支配，则早在法律创始时期，他们就要被认为是不属于这个家族了。我们在原始法律学的发轫时候所遇到的，正是这种宗法的集合体，——近代家族就是这样在一方面加以缩小在另一方面加以扩大而组成的。家族也许比“国家”、比“部落”、比“氏族”更加古老一些，但它在“氏族”和“部落”被长久遗忘，在血缘同国家的组成已长久失掉了联系以后，还在私法上留有残迹。它在法律学的各大部门中都有烙印可以发现；并且我以为，它可以被认为是这些部门中许多最重要和最持久特征的真正渊源。最古法

律的各种特性从开始时就使我们得到这样一个结论，即在权利和义务制度上，它对于家族集团所持的见解正和我们今日流行在全欧洲的对于个人所持的见解完全相同。即使在现在，我们还可以观察到这样的社会，它们的法律和惯例除非被假定为还没有脱离这种原始状态就很难加以说明；但是在环境比较幸运的共产体中，法律学的结构已开始逐渐瓦解了，如果我们仔细地观察这种瓦解现象，我们就能看到这种瓦解主要是发生在受到家族的原始概念影响最深的那些部分的制度中。一个最重要的例证中，就是在罗马法中，变化发生得非常迟缓，从一个时代到另一个时代，我们可以观察到变化所遵循的路线和方向，并且甚至可以对变化所趋向的最后结果，略加叙述。并且在进行这个最后的研究时，我们不会受到那个把现代和古代世界分隔开来的想象障碍的阻挠。因为经过提炼的罗马法同原始野蛮的惯例混合后，形成了以封建制度这个虚伪的名字为我们所知的混合物，其结果之一是复活了在罗马世界早已废弃不用的古代法律学的许多特色，因此那似乎已经终止了的分解过程又再度开始，并且在某种程度上直到现在仍旧在继续进行中。

最古社会的家族组织曾在少数法律制度学上留有明白而广大的标志，显示出“父”或其他祖先对于卑亲属的人身和财产有终身的权力，这种权力，我们为了方便起见，用它后来在罗马的名称，称它做“家父权”(Patria Potestas)。在人类原始联合的所有特色中，没有比这种权力更多地被大量的证据所证明；但也没有比这种权力更为普遍地、更为迅速地从进步共产体的惯例中消失掉。在安托宁时代写作的该雅士，认为这个制度是罗马人特有的制度，诚然，如果他看一看莱茵河或多瑙河对岸那些曾引起他同时代人好奇心的野蛮部落，他可能会看到许多最粗陋形式的宗法权的例子。在远东有一个和罗马人来自同一人种的支系也正在按照其最专门的细节重复施行“家父权”。但在公认为包括于罗马帝国内的各民族中，除了只在亚细亚加拉塔（Asiatic Galatæ）之外，该雅士不可能找到有类似罗马“家父权”的一种制度。据我看来，祖先的直接权威在大多数进步社会中所以会很快就少于其在最早状态中所有的程度，是有多种理由的。未开化人们对其父绝对遵从，无疑地是一个主要事实，这个事实不是轻易地能解释清楚的，如果只说因为这样对他们有利；但是，在同时，如果子服从父是出于自然的，那么子希望父具有卓越的体力或卓越的智慧也是同样出于自然的。因此，当社会处在体力和智力都具有特殊价值的时候，就会发生一种影响，倾向于使“家父权”限于确实具有才干的和强有力的人。当我们初看到有组织的希腊社会时，好像出类拔萃的智慧会使体力虽已衰微的人仍能保持其家父权；但在“奥特赛”中优烈锡士（Ulysses）和莱安底斯（Laertes）的关系似乎表示当其子兼有非常的勇武和智慧时，其年已衰老的父是可以从家族首领的地位上被废免的。在成熟的希腊法律学中，其规定比荷马文学中所暗示的实践，更前进了几步；虽然仍有许多严格的家族义务被保留着，但父亲的直接权威像在欧洲的法典中一样被限制于未成年的子女，或是，换言之，被限制于这些子女假定他们的智力和体力还不充足的一定时期内。但是，这个具有改革古旧惯例以适应共和政治急需这种显著倾向的罗马法，它一方面保持了原始制度，另一方面却保持了我认为它曾从属的自然限制。在每一种生命有关的场合，如当集体的共产体为了议和或为了战争而必须利用其智力和体力时，家子（Filius familias）或“在父权下之子”（Sonunder Power）就可以获得和父同样的自由。罗马法学中有这样一个格言，“家父权”并不触及“公法”（Jus Publicum）。父和子在城中一同选举，在战场上并肩作战；真的，当子成为将军时，可能会指挥其父，成为高级官吏时，要审判其父的契约案件和惩罚其父的失职行为。但在“私法”所创造的一切关系中，子就必须生活在一个家庭专制之下，这种家庭专制直到最后还保持着严酷性，它并且延续了许多世纪，这就成为法律史中最奇怪的问题之一。

罗马的“家父权”必然地是我们原始父权的典型，但作为一个文明生活的制度，不论我们从其对人的影响或对物的效果而论，都是同样难以理解的。遗憾的是，在它的历史上存在着的一个鸿沟，现在已无法更完全地填满了。就人而言，根据我们所获得的材料，父对其子有生死之权（Jus vitæ necisque），更毋待论的，具有无限制的肉体惩罚权；他可以任意变更他们的个人身份；他可以为子娶妻，他可以将女许嫁；他可以令子女离婚；他可以用收养的方法把子女移转到其他家族中去；他并且可以出卖他们。后来在帝政时期，我们还可以发现所有这些权利的遗迹，但已经缩小在极狭小的范围内。家内惩罚的无限制的权利已变成为把家庭犯罪移归民事高级官吏审判的权利；主宰婚姻的特权已下降为一种有条件的否定权；出卖的自由已在实际上被废止，至于收养在查斯丁尼安的改良制度中几乎全部失去了它在古代的重要性，如果没有子女的同意，移转给养父母就不能生效。总之，我们已十分接近最后流行于现代世界的各种观念的边缘，但是在这些相隔很远的时代之间，存

在着一个暗淡蒙昧的期间，据我们猜想，“家父权”所以能这样长时期地持续着，其原因就在它比表面上较为可以容忍一些。儿子积极完成其对国家所负各种义务中最重要的义务，纵使不取消他父亲的权威，一定也会削弱这种权威。我们不难想象，如果对于一个占有高级民事官吏职位的成年人行使父权专制，则必然地会引起极大的诽谤。不过在较早期的历史中，这种在实际上解放的事例，如和罗马共和时代因不断发生战事而造成的事例相比，是要少得多。早期战争中一年有四分之三时间辗转于战场上的军事护民官和士兵，以及在后一时期统治一省的地方总督和占领它的军团兵，他们实在不应该有任何实际理由使他们自认为是一个专制主人的奴隶；而在当时，所有这些逃避“家父权”的道路有不断增加的倾向。胜利引导到征服，征服引导到占领；用殖民来占领的方式改变了用常备军来占领各省的制度。每次向前进展一步，就要召唤更多的罗马公民出国，就要对正在不断减少的拉丁民族的血液进行一次新的吸引。我以为，我们得推定，到帝国建立，世界平靖开始的时候，主张松弛“家父权”的强有力的情绪，已成为确切不移的了。最早加于这古代制度的大打击来自较早期的几个恺撒，而图拉真（Trajan）和汉德林所作的几次单独干涉，似乎又为后来一系列明确的立法准备了条件，我们虽无法断定这些立法的时间，但我们知道，这些立法在一方面限制了家父权，另一方面增加了其自动放弃的种种便利。在比较早的时期，如果子经过三次出卖，就可以消灭“家父权”，我认为，这个方式证明在很早时候就感觉到没有延长这种权力的必要。这一条规定宣布子在被父出卖三次以后应该获得自由，其原意似乎是为了要惩罚这种甚至为道德观念还处于启蒙时期的原始罗马人所反对的实践。但是甚至在“十二铜表法”公布以前，由于法学专家的机智，如果家父愿意中止家父权的时候，就可以利用这个方式来把它取消。

无疑地，我们是不能从历史的表面来发现这许多促使减轻父对子人身权力的严酷性的原因的。我们无法断定究竟公共舆论对于一种法律所赋予的权威能使它瘫痪到如何程度，或者父子之情究竟能使它被忍耐到如何程度。但是，虽然对于人身的权力在后来可能变成了有名无实，不过到现在还残存的罗马法律学的全部要旨暗示着，父对子财产所有的权利，则是始终毫无犹豫地被行使到法律所准许的限度的。这些对财产的权利在最初出现时，其活动范围较广是无足惊异的。古代罗马法禁止“在父权下之子”(Children under Power)和父分开而持有财产，或者(我们宁可说)绝对不考虑子有主张一种各别所有权的可能。父有权取得其子的全部取得物，并享有其契约的利益而不牵涉到任何赔偿责任。我们从最古罗马社会的构成中所能得到的就是这些，因为除非我们假定原始家族集团的成员应该把他们各式各样的劳动所得都放在其共有的财产中，而在同时他们又不能把在事前没有经过考虑的个人债务来拘束它，则我们就很难就原始家族集团做出一个概念。“家父权”的真正难解之处实在并不在这一方面，而是在于父的这些财产特权被剥夺得如此之慢，以及在于在这些特权被大大地缩小之前全部文明世界都被引入这些特权范围之内的情况。对于这种情况，没有试作过任何改革，直到帝国的初期，现役军人的取得物可以不受“家父权”的影响，这无疑地是被用作为对推翻自由共和政治的军队的酬劳的一部分。经过三个世纪以后，这同样地免

除扩大而适用于国家文官的劳动所得。这两种变化在应用时是显然有限制的，并且它们在技术上是采用这样的形式，以求尽量避免干预“家父权”的原则。罗马法在过去是一向承认某种有限的和依附的所有权的，奴隶及“在父权下之子”的赏金和积蓄并不被强迫包括在家庭账目之内，这种特许财产的特别名称为“特有产”（Peculium），适用于新从“家父权”中解放出来的取得物，属于军人方面的则称为“军役特有产”（Castrense Peculium），属于文官方面的则称为“准军役特有产”（Quasi-castrense Peculium）。以后对家父权还有其他的变更，在外表上对于古代原则已不复像过去那样的尊重了。在采用“准军役特有产”以后不久，君士坦丁大帝取消了父对子从其母承继财产上所有的绝对权，把它缩小为一种用益权（usufruct）或终身收益。在西罗马帝国还有少数比较不很重要的变化，但最大的变化发生在东罗马帝国，是当查斯丁尼安的时代，他所制定的法律，规定除非子的取得物是来自其父自己财产，父对这些取得物的权力不得超出在他生存期内享有出产物的范围。罗马的“家父权”虽已作了这样极度的宽放，但是罗马的制度仍旧远比现代世界中任何类似制度为广泛和严格。法律学最早的现代作者认为，只有比较残暴和比较鄙野的罗马帝国征服者，特别是斯拉夫族的各国，才有类似“法学汇纂”和“法典”中所叙述的一种“家父权”。所有的日耳曼移民似乎都承认一个家族团体属于门特（mund）或族长权之下；但族长的权力显然只是一种腐败的“家父权”的遗骸，同罗马人的父所享有的权力远不能相比拟。法兰克人特别被提到没有受到这种罗马制度的影响，因此老一辈的法国法学家甚至在非常忙于用罗马法规定来填补野蛮习惯的孔隙时，还不得不用这明白的格言在法兰西父权不能代替(Puyssance de père en France n'a lieu)来保获自己,使不受到“家父权”的侵入。罗马人固执地保持着他们这个最古状态的遗迹,其本身是值得注意的,但更值得注意的是“家父权”在它一度绝迹以后又复在全部文明世界广泛流行这一事实。当“军役特有产”还只是父对子财产权力的唯一例外时,以及当父对于子人身所有的权力还是极为广泛的时候,罗马公民权以及随着公民权而产生的“家父权”正被广布到帝国的每一个角落。每一个非洲人或西班牙人、每一个高卢人、不列颠人或犹太人因赠与、买受或继承而获得这种公民权的光荣时,把它自己放在罗马“人法”之下,又虽然我们的权威学者暗示,在取得公民权前所生的子女不能违背他们的意志而把他们放在“父权”之下,但在这以后所生的子女以及所有在他们以后的卑亲属都应该处于一个罗马家子的通常地位上。对于后期罗马社会的构成,本不在本文研究范围之内,但我不妨在这里说明,有人认为安托宁那·卡剌卡拉(Antoninus Caracalla)规定把罗马公民权赋予其全部臣民的措施并不重要,这种意见是缺乏根据的。不论我们对这件事作如何解释,但它必然无疑地大大扩大了“家父权”的范围,并且据我看来,它使家族关系更加紧密,而这正是我们必须比以前更加注意的,可以用来说明正在改变着世界的伟大道德革命的一种媒介。

在离开我们主题的这一个部分以前,应该注意到“家父”对于“在父权下之子”的不法行为(或侵权行为)应负责任。他对其奴隶的不法行为也同样地应该负责;但在这两种情形下,他原有这样一种特别的权利,就是把犯罪者的本人交出以赔偿损害。“家父”这样因为子的缘故而负担责任，再加上父和“在父权下之子”相互之间不能提起控诉，有些法学家认为这种情况最好用“家父”与“家子”间存在着一种“人格统一”的假设来加以说明。在“继承”的一章中，我将说明在什么意义上和在什么限度内，这种“统一”可以被认为是一种现实。在目前我只需说明：“家父”的这些责任以及此后要讨论到的其他一些法律现象，据我看来，都是作为原始族长所有权利的一种对称的某种义务。我的看法是，如果他有绝对的处分其同部族之人的人身和财产的权利，则和这种代表性的所有权相适应，他也有从共同基金中供养同族内所有成员的责任。困难是在于，当我们在想象“家父”的这种责任的性质时，我们必须从我们习惯的联想中充分地解脱出来。它不是一种法律义务，因为法律还没有渗透到“家族”的境界之内。要称它为道德的也许还言之过早，因为道德观念属于较后阶段的智力发展；在目前，我们不妨称之为“道德义务”，但是这所谓“道德义务”，应该被理解为一种自觉地服从的，并且是依靠本能和习惯而不是依靠文明规定裁制所强行的义务。

“家父权”就其正常状态而论，并不是，并且据我看来，也不可能是一种在大体上永久的制度。因此，如果我们单从它本身来考虑，它以前具有普遍性的证据，是不完全的；但是如果研究一下古代法律中在根本上依附着它，但却不是从它所有方面或为每一个人所能看到的一条线索所联系着的其他部门，则可以获得的证据将更多。我们试以亲属关系为例，或者换言之，以古代法律学中亲属相互间据而衡量远近亲疏的等级为例。这里，最方便的方法又是应用罗马的用语，即“宗亲”和“血亲”关系。血亲关系就是现代观念所熟悉的亲属关系概念；这是因一对已婚的人所出生的共同后裔而产生的亲属关系，不论其后裔来自男性或女性方面。宗亲亲属关系和这完全不同；它不包括有许多我们在今天认为当然是我们亲属的人，而同时却包括了更多我们绝不会计算在我们亲属中的人。其实，这是根据了最古时代的看法而存在于家族成员间的一种关系。这个关系的范围，和现代亲属关系的范围是远不相一致的。

因此，“血亲”指的是一切人，从血统上能追溯到一个单一的男性和女性祖先的；或者，如果我们用罗马法中这个字的严格的专门意义，他们是一切从血统上能追溯到一对合法结婚夫妇的人。“血亲属”因此是一个相对的名称，它所表示血缘关系的程度要以被选定作为计算的起点的特殊婚姻而决定。如果我们从父和母的婚姻开始，“血亲属”只表示兄弟和姊妹的亲属关系；如果我们从祖父和祖母的婚姻开始，则伯叔姑母以及其后裔也都要包括在“血亲属”的观念内，根据这同一步骤只要我们在宗谱上选定更高更高的起点，那就可继续得到更大量的“血亲”。这一些都是为一个现代人所容易理解的，但谁是“宗亲”呢？首先，凡专从男性追溯其亲属关系的都是“血亲”。为了要组成一张“血亲”世系表，当然只需要依次取每一个直系祖先，并把其所有男女两性的卑属亲都包括在一张表式内；如果，在追溯这样一张家系表或家系树的各个支脉时，我们每到达一个女性的名字时立即停止，不再在该特殊的支脉或枝节上继续向前进行，把女性的卑属亲完全除外后所有遗留下来的人就都是“宗亲”，而他们相互的关系便是“宗亲”关系。我之所以要在那实际上把他们从“血亲”分开来的过程上稍谈几句，因为

这说明了一个著名的法律格言“一个妇女是家族的终点”(Mulier est finis familiæ)。在一个女性名字出现的地方封闭了家系中有关支脉或枝条。女性的后裔是不包括在家族关系的原始观念中的。

如果我们所研究的古法律制度是一个允许收养的制度,则在“宗亲”之中还必须加进由于人为的扩大范围而增加到“家族”中来的人口,包括男性或女性。但是这类人的卑亲属如果能满足上面所谈的各种条件,则他们将只是“宗亲”。

然则,究竟凭着什么理由,决定这种专断的包括和除外?为什么一个“亲属关系”的概念一方面是这样地有弹性,可以包括因收养而带入家族中来的陌生人,但另一方面又是这样地狭隘,把一个女性成员的后裔排除在家族之外?要解决这个问题,我们又必须回到“家父权”。“宗亲属”的基础并不是“父”“母”的婚姻,而是“父”的权威。在同一“父权”之下的一切人,或是曾经在它下面的一切人,或是可能会在它们下面的一切人,如果他们的直系祖先寿命很长足以造成他个人的王国,所有这一切人就都是因“宗亲属”而结合在一起的。实际上,在原始的见解中,所谓“亲属关系”正是以“家父权”为其范围的。“家父权”开始时,“亲属关系”也开始;因此,收养关系也包括在亲属关系之中。“家父权”终了时,“亲属关系”也终了;因此,一个被父所解放了的子就丧失了“宗亲属”的一切权利。这就是为什么女性后裔不在古亲属关系范围之内的理由。如果一个妇女未婚而死亡,她不能有合法的卑亲属。在她结婚后,她所生的子女属于她夫而不属于她父的“家父权”范围,这样,她的子女就不属于她自己的家族。很显然,如果有人自称是母

亲的亲属，则原始的社会组织可能要为之惊惶失措。因为这样一个人就可能要属于两个不同的“家父权”；但是各别的“家父权”含有各别的管辖权之意，则这个同时属于两个管辖权的人就必将生活于两种不同法律管理之下。既然“家族”是帝国内的一个帝国，是共和政治内的一个共产体，受到它自己的以父为其泉源的制度的统治，则把亲属关系限于“宗亲”，正是避免在家庭中的法庭上发生法律冲突的一种必要保证。

“父权”本身因父的死而消灭，但“宗亲属”则好像是一个模型，在“父权”消灭后还留着痕迹。这就是研究法律学史的人对“宗亲属”感到有兴趣的所在。只有在比较少数的古代法律的纪念碑中可以看到“父权”，但是意味着父权存在的“宗亲”关系，则几乎到处都可以发现。属于印度-欧罗巴祖先的各个共产体的土著法律，在其最古结构中，绝少不显示出明明可以归因于“宗亲属”的特性的。例如：在含有浓厚家族依附这个原始观念的印度法中，亲属关系是完全“宗亲”的，据我所知，在印度的家谱中，所有妇女的名字一般是完全略而不载的。对于亲属关系的这种同样见解，在许多蹂躏罗马帝国的各民族的法律中都普遍存在，真好像是它们原始惯例的一部分；我们并且不妨猜想，如果不是后期罗马法对现代思想所加的巨大影响，它在现代欧洲法律学中可能要比现在更永久地被保存着。“裁判官”很早就把“血亲属”作为天然形式的亲属关系，并不辞艰苦地想把旧的概念从他们的制度中清除出去。他们的观念传给了我们，但“宗亲属”的痕迹在许多现代的继承法规定中仍旧可以看到。把女性及其子女排斥在政府职务之外，一般以为系由于撒利族法兰克人(Salian Franks)的惯例，但这当然是来自“宗

亲”关系，起源于古日耳曼对于自主财产的继承规定。在英国法律中，只有到最近才被废弃的那种特别规定，即禁止半血统兄弟相互继承土地的规定，也可以在“宗亲”中找到解释。在诺曼底（Normandy）的习惯中，这个规定只适用于同母异父（uterine）兄弟，也即是同母而不是同父的兄弟；这种限制，是严格地从“宗亲属”制度中演绎出来的，因为在这个制度下，同母异父兄弟在相互之间根本不是亲属。当它被带到英格兰时，英国法官不了解原则的来源，把它解释为只是一般地禁止半血统的继承，并把它推用到同血统（consanguineous）兄弟，即同父异母的各个儿子。在一切虚伪法律哲学的文籍中，当以企图对半血统的被排斥进行解释并证明它是正当的布拉克斯顿的诡辩文章，最为突出。

我以为，由此可以看出这个由“家父权”结合起来的“家族”是全部“人法”从其中孕育而产生出来的卵巢。在“人法”的各章中，最重要的是有关妇女身份的一章。刚才说过，“原始法律学”虽不允许一个妇女把任何“宗亲属”的权利传给其后裔，但却把她本人包括在“宗亲”范围之内。其实，一个女性同她所出生的家族之间的关系，应该比把她和男性亲属结合在一起的关系更来得严格、密切和永久。我们曾几次说过，早期法律只着眼于“家族”；这也就是说，它只着眼于行使“家父权”的人；因此，它在父死之时解放其子或孙所依据的唯一原则，是在考虑这个子或孙有没有使其本身成为一个新家族的首领和一套新“父权”的根子的能力。一个妇女当然不具有这种能力，因此也就不能有获得法律所赋予的自由的权利。所以古法律学用一种特殊的诡计把她终生留在“家族”的范围中。这就是最古罗马法中所谓“妇女终身监护”（Perpetual Tutelage of Women)的制度，在这个制度下面，一个"女性"虽因其父的死亡而从父权中解脱出来，但仍应继续终身从属于最近的男性亲属；并以他作为其"监护人"。"终身监护制"(Perpetual Guardianship)显然是不折不扣的"家父权"的一种人为的延长，虽然当时在其他方面，"家父权"已经被完全取消了。在印度，这个制度完整无缺地保存下来，并执行得非常严格，以致一个印度的母亲常常受着自己儿子的监护。甚至在欧洲所有斯堪的纳维亚各国有关妇女的法律一直到最近还保留着这种制度。西罗马帝国的侵入者在土著惯例中都普遍具有这种制度。他们在"监护制"这个主题上所有的各式各样观念，实在是他们介绍到西方世界的各种观念中最退化的一种。但在成熟的罗马法律学中，这种制度已完全消失。如果我们所能参考的只是查斯丁尼安所编纂的法律，则我们将几乎完全不知道有这样一个制度；但是该雅士手稿的发现让我们看到了这个制度，正当它陷于完全丧失信用和濒于消灭的这样一个最有趣的时代。这个伟大的法学专家斥责了一般用来替这个制度辩解的所谓女性智力低劣的说法，在他的著作中，并且有相当大的一部分用来说明罗马法学家所提出以便"妇女们"能凭以打垮这古代规定的许多方法，其中有些是非常聪明的。这些法学专家在"自然法"理论的指导下，在这个时期明显地以两性平等作为其衡平法典的一个原则。我们可以看到他所攻击的各种限制是对于财产处分上的限制，因为在那个时候，妇女处分财产仍必须正式取得其监护人的同意。至于对她人身的支配权则显然早已废弃了。

"古代法"把妇女从属于她血统至亲，而现代法律学中的一个主要现象则是把她从属于丈夫。这种变化的历史是值得注意的。

这种历史的开始，远在罗马的纪年史中。在古代，按照罗马的惯例而缔结婚姻的方式有三种，一种是用宗教仪式，另外两种是按照世俗仪式进行。宗教婚姻叫共食婚(Confarreation)；高级形式的民事婚姻称为买卖婚(Coemption)；低级形式称为时效婚(Usus)，通过这些婚姻，夫对于妻的人身和财产取得了多种权利，总的说来，是超过现代法律学任何制度所赋予他的。然则，他究竟是凭什么能力取得这些权利的呢？他不是以夫而是以父的能力。通过“共食婚”、“买卖婚”和“时效婚”，妇女处在夫的监护下(in manumviri)，也就是说，在法律上，她成了她丈夫的女儿。她被包括在夫的“家父权”中。她承担着在“家父权”存在时所产生的以及在“家父权”消灭后所遗下的一切义务。她所有的全部财产绝对地属于夫所有，在他死亡后，她便受监护人的保护，监护人是由其夫用遗嘱指定的。但是，这三种古代的婚姻形式逐渐废弃不用，在罗马最光辉灿烂的时期，它们几乎完全为另外的一种婚礼所代替——显然是旧式的，但到这时为止一向是被认为不体面的——，这是低级形式民间婚姻的一种变形。我毋庸详细说明这在现在成为普遍流行的制度的专门结构，只需说明：在法律上妇女只是作为家族的一种暂时寄托物而已。家族所有的各种权利仍旧毫无损失，妇女继续在她父所指定的监护人的保护之下，而监护人的支配权在许多实质问题上甚且超过其夫的低级权力。其结果，罗马女性不论是已婚的或未婚的，在人身上和财产上都有巨大的独立地位，因为像我已经暗示过的，后期法律的趋势把监护人的权力逐渐缩减到零，而流行的婚姻形式也并没有把补充的优越权给予其夫。但基督教似乎从开始时就有要缩小这种显著自由的倾向。具有这个新信仰的

专家们最初由于对腐败的邪教世界种种放荡行为的正当嫌恶的引导，但后来则为禁欲主义的一种热情所催促，对于这事实上为西方世界所仅见的最松弛的一种婚姻关系，不表欢迎。最后期的罗马法律由于它曾受到基督皇帝宪令的接触，带有反对这些伟大安托宁法学专家们自由学理的某种痕迹。当时流行的宗教情绪可以说明，经过蛮族征服的熔炉锻炼过并由罗马法律学同宗法惯例混合而形成的近代法律学，为什么会在其雏形中过分地吸收一些不完全的文明社会中有关妇女地位的规定。在近代史开始的混乱时代，日耳曼和斯拉夫移民的法律对于地方臣民像是一个隔层那样重叠在罗马法学之上，这些优胜民族的妇女到处都是处在各式各样的古代监护制之下，丈夫要从他本族以外任何家族娶妻，为了从他们那里取得保佐权，就必须以一种聘金付给她的亲属作为代价。当我们继续向前进展看到中世纪时，法典已通过两种制度的合并而形成，其有关妇女的法律也就带有双重渊源的烙印。对于未婚女性，罗马法律学的原则占了优势，一般（虽然对这规定在有些地方是有例外的）都已不受家族的束缚；但已婚妇女的地位则是根据蛮族的古代原则规定的，夫能以夫的身份把过去一度属于妻的男性亲属所有的各种权力取为己有，所不同的是他已不再是购买他的特权了。因此，到这时候，西欧和南欧的近代法律开始因这样一个主要特征而著名，就是一方面未婚妇女和寡妇比较有了自由，另一方面它又使妻子感到沉重无力。由于婚姻而使女性处于从属地位，要经过很长时期才明显地消灭，欧洲这种野蛮主义的复活，其主要和有力的溶剂始终是来自查斯丁尼安法典化的法律学；因为凡是研究它的地方都必然地会唤起那热情，查斯丁尼安法典化的

法律学隐秘地,但是最有效地损坏着它在表面上仅仅是要加以解释的各种习惯,但是有关已婚妇女的一章法律,绝大部分不是根据了“罗马法”而是根据了“寺院法”的见解来解释的,“寺院法”对于因婚姻而创设关系所持的见解同世俗法律学的精神两者之间有着宽阔的距离,其程度较其他任何方面都来得明显。这多少是难以避免的,因为凡是保留着一些基督教制度这种彩色的社会,很少可能会使已婚妇女恢复中期罗马法所赋予她们的个人自由,但是已婚女性在财产上没有权力和其在人格上的没有地位是建筑在完全不同的基础上的,而寺院法的释义者所以深深阻碍了文明,就是因为他们把前者保存下来,并加以巩固。有许多迹象说明在世俗原则和教会原则之间,是曾经发生过斗争的,但寺院法几乎处处都得到胜利。在有些法国省份中,等级低于贵族的已婚妇女取得了罗马法律学所准许的处分财产的全部权力,这种地方法律后来有大部分就为“拿破仑法典”所采纳;但是苏格兰法律的情况表明,切实顺从罗马法学专家的学理并不一定能使妻的地位有所提高。不过对于已婚妇女最严厉的制度,或则是那些严格尊重“寺院法”的制度,或则是由于同欧洲文明接触较迟从未把他们的古制加以去除的制度。斯堪的纳维亚法律直到后来对于所有女性还是比较苛刻的,仍旧因为对妻的严峻而著名。英国普通法所规定的财产上的无能力,其严厉程度也并不稍逊,而英国普通法中绝大部分的基本原则,都是来自“寺院法学者”的法律学的。普通法中规定已婚妇女法律地位的那一部分,真可以使一英国人对作为本章主题的伟大制度有一个明白的概念。我们只要回想一下纯粹英国普通法所赋予丈夫的各种特权,并回想一下,在普通法还没有经衡平法或制定法修正的部分中，在权利、义务和救济等各方面严格地坚持妻在法律上必须完全从属的见解，我们将对古代“家父权”的运用和性质，获得一个鲜明的印象。最早的罗马法和最晚的罗马法之间，就在“父权下之子”这个主题上所存在着的距离，同普通法和衡平法院法律学就其分别对妻所作规定上存在的距离，可以视为完全相等。

如果我们看不到监护在两种形式上的真正来源，而就这些论题采用了普通用语，则我们必然会以为，“妇女的保佐”果然是古代法律制度把停止权利的拟制推进到一个过分极端的例子，而古代法律制度为“男性孤儿监护”(Guardianship of Male Orphans)所设的规定则是恰恰方向相反地一种错误的例证。所有这类制度都规定在绝早的时期就终止男性的保佐。根据可以作为其典型的古代罗马法的规定，因“父”或“祖父”死亡而免除“家父权”的家子，应仍处在监护之下，一般讲到他十五岁的时候为止；但一到这个时候，他就能立刻完全享有人格和财产独立之权。因此，未成年的期间，是不合理地短促，正像妇女无权力的持续期间是荒谬地长久一样。但是，事实上，在造成这两种监护原来形式的情况中，既没有过分，也没有不足的成分。在这两者之中，不论是哪一种都丝毫没有考虑对公或对私的便利。男性孤儿的监护原只是为了庇护他们到解事的年龄，正像妇女的保佐，目的是在保护女性使不受其本身柔弱所造成的害处。父的死亡所以能使子免除家族束缚，其理由是为了子已有能力成为一个新的家族首领和一个新“家父权”的始创者；这类能力是妇女所没有的，所以她就永远不能被解放。因此“男性孤儿监护”是一种手段，用以保持从属于“父”家族的假象，到

假定儿童能自成为父的时候为止。这就是把“家父权”延长到体力刚刚达到壮年时为止。因为严格的理论要求它应该做出这样的规定，直到青春期终了为止。但是，它既然并不要求把受监护的孤儿一直监护到智力成熟或适宜于处理事务的年龄，那就不能达到一般便利的目的；而这一层似乎是罗马人在其社会进步的很早阶段就已经发觉的了。罗马立法中最早的纪念碑之一是雷多利亚或柏雷多利亚法（Lex Lætoria or Plætoria），它就把所有成年的和有完全权利的自由男性放在一种新型监护人称为保佐人（Curatores）的暂时管束之下，取得保佐人的认可是一切行为或契约有效的必要条件。青年人年龄达到二十六岁，是这个制定法所规定的监督的限期；罗马法中所用的“成年”或“未成年”这些名词，是专对二十五岁的年龄而言的。在现代法律学中，未成年或受监护已经几乎一致地被用为专门保护在体力上和智力上未成熟的少年人。在达到解事年龄时，未成年或受监护便自然终止了。但罗马人对于体力幼弱的保护和对于智力幼稚的保护，分成在理论上和在形式上完全不同的两种制度。有关这两种制度的观念，在近代的对监护的观念中已合而为一。

“人法”中还有另外一章，现在有加以引述的必要。在成熟的法律学的各种制度中用以规定奴隶主和奴隶关系的法律规定，并没有很明显的迹象可以表明这种原始状态是古代社会所共有的。但是这种例外是有理由的。在“奴隶制度”中似乎始终有一些使人类为之震惊或困惑的东西，不论人类是如何的不习惯于回忆，不论人类道德天性的教养是进步得如何微小。古代共产体几乎是下意识地都要体验到良心谴责，其结果往往会采用一些想象的原则为奴隶制度作辩护，或至少是作理性上的辩护的可能根据。在他们历史的初期，希腊人解释这个制度的根据是因为某种民族智力低劣，从而天然地适合于这种奴役状态。罗马人用了同样独特的精神，认为它是战胜者和战败者之间一种假定的合意，前者要求敌人永久为其服役；而后者以获得他在法律上已经丧失的生命来作为交换。这些理论不但不充分，并且也显然同它所想说明的实际情况不符。但这些理论在某些方面还有着巨大的影响。它们使“奴隶主”心安理得。它们永久保存了并且也许加深了“奴隶”的低下地位。它们自然有助于隐蔽奴隶同家族制度其他方面原来所有的关系。这种关系虽不明显，但在原始法律的许多部分中，特别是在典型的制度——即古罗马的制度中，还是不经意地被表现出来的。

在美国，曾花了很多力量从事于研究早期社会中“奴隶”是否被认为是“家族”中一个成员的问题。有这样一种看法，认为答案必然是正面的。从古代法和许多原始历史所提供的证据中，很明显，“奴隶”在某种条件下，是可以成为“奴隶主”的“继承人”或“概括继承人”（Universal Successor）的，这样重要的权力，像我将在“继承”这一章中加以说明的，意味着“家族”的管理和代理在某种特殊情况下是可能遗传给奴仆的。但在美国的论点中似乎有着这样的一个假定，即如果我们承认“奴隶制”曾经是一个原始的“家族”制度，这个确认实在就是意味着承认现在“黑奴制度”在道德上是有可以辩护的根据的。然则所谓“奴隶”原来就包括在“家族”之内，究竟是什么意思呢？这并不是说奴隶的地位不可能是激动人们行动的最卑鄙动机的产物。“奴隶制”的基础无疑是出于这种简单的愿望，就是利用他人的体力以为图谋自己舒适或安乐的一种手段，而这是像人类天性一样地古老的。当我们说“奴隶”在古时候就包括在“家族”之内，我们并不是企图说明那些把他带到“家族”里并把他留在那里的人们的动机；我们仅仅是在暗示，把他同奴隶主联结起来的约束，和把集团中每一个成员同族长结合在一起的约束，是属于同样地一般性质的。我们在前面已提到过，在人类原始观念中，除了家族关系之外，不可能理解在各个个人相互之间可以有任何关系，事实上，上述的后果就是来自这个一般的确言。“家族”首先包括因血缘关系而属于它的人们，其次包括因收养而接纳的人们；但是还有一种第三类的人，他们只是因为共同从属于族长而参加“家族”的，这些人就是“奴隶”。族长所出生的和收养的臣民被放在“奴隶”之上，因为按照事物正常的发展，他们迟早一定会从约束中被解放出来，行使他自己的权力；至于“奴隶”，他并不因为地位低微而被放在家族范围之外，也不因为他地位低微而使他降低到无生命的财产那样的地位，我以为，这是可以从遗留下来的许多迹象中明显地证明的，像在没有其他办法时古代奴隶可以有继承的能力，就是证明之一。但如果妄自推测，以为在社会的启蒙时期，因为在“父”的王国中曾经为他保留过一定的地位，所以“奴隶”的命运就可以大大改善，这当然是极端不妥当的。比较可能的情况是，家子在实际上已经被同化为“奴隶”，而不是“奴隶”分享着较晚的时代父对其子所表示的那种温情。但是对于那些比较进步的和成熟的法典，我们可以有信心地说，凡是准许有奴隶制度的场合，在那些保留着奴隶早期状态某种残余的制度下面的“奴隶”，一般要比采用使他社会地位降低的其他理论的制度下面的“奴隶”好一些。法律学对于奴隶所持的观念，对于奴隶始终有着巨大的关系。罗马法由于受到了“自然法”理论的影响，把他日益看做为一件财产的趋势得以停止发展，从而凡是深受罗马法律学影响并准许有奴隶的地方，其奴隶的状态从来不是悲惨得难堪的。我们有大量的证据，证明在美国凡是以高度罗马化的路易斯安那州法典（Code of Louisiana）为其法律基础的那些州中，黑种人的命运及其前途，在许多重大方面都比以英国普通法为其基础的制度之下的要好得多，因为根据最近的解释，在英国普通法上“奴隶”是没有真正的地位的，因此也就只能被认为是一种物件。

到现在为止，我们已经研究过属于本文范围之内的有关古代“人法”的各个部分，而研究的结果，我相信，能使我们对于法律学初生时期所有的看法，有进一步的明确。各国的民法，在其最初出现时，是一个宗法主权的“地美士第”，我们现在并且可以看到这些“地美士第”也许只是更早期人类状态中每一个独立族长可能向他妻、子以及奴隶任意提出的不负责任的命令的一种发展形式。但是甚至在国家组织形成之后，法律的使用仍旧是极其有限的。这些法律不论是保持着像“地美士第”的这种原始形态，也不论是已经进步到“习惯或法典化条文”的状态，它的拘束力只涉及各“家族”而不是个人。用一个不完全贴切的对比，古代法律学可以譬作“国际法”，目的只是在填补作为社会原子的各个大集团之间的罅隙而已。在处于这种情况下的一个共产体中，议会的立法和法院的审判只能涉及家族首长，至于家族中的每一个个人，其行为的准则是他的家庭的法律，以“家父”为立法者。但民法的范围在开始时虽然很小，不久即不断地逐渐扩大。改变法律的媒介即拟制、衡平和立法，依次在原始制度中发生作用，而在每一个发展过程中必

有大量的个人权利和大量的财产从家庭审判庭中移转到公共法庭的管辖权之内。政府法规逐渐在私人事件中取得了同在国家事务中所有的同样的效力，已不再被每一个家庭中奉为神圣的暴君的严命所废弃了。通过罗马法的纪年史，我们可以看到有关一个古代制度逐渐被摧毁以及把各种材料再度结合起来而形成各种新制度的几乎全部的历史，这些新的制度，有的被保持原状一直传到了现代世界，也有的由于在黑暗时期和蛮族相接触而被消灭或腐蚀，最后才又为人类所恢复。当这个法律学在查斯丁尼安时代经过了最后一次改编后，除了为活着的"家父"仍旧保有广泛权力的唯一条款以外，其中已很难找到古代制度的迹象。到处都以便利的、匀称的或单纯的原则——总之，是新的原则——来代替能满足古代良心的空洞考虑的权威。到处都以一种新的道德来代替同古代惯例相一致的行为准则和顺从理由，因为在事实上，这些准则和理由都是从古代惯例中产生的。

所有进步社会的运动在有一点上是一致的。在运动发展的过程中，其特点是家族依附的逐步消灭以及代之而起的个人义务的增长。"个人"不断地代替了"家族"，成为民事法律所考虑的单位。前进是以不同的速度完成的，有些社会在表面上是停止不前，但实际上并不是绝对停止不前，只要经过缜密研究这些社会所提供的各种现象，就可以看到其中的古代组织是在崩溃。但是不论前进的速度如何，变化是绝少受到反击或者倒退的，只有在吸收了完全从外国来的古代观念和习惯时，才偶尔发生显然停滞不前的现象。我们也不难看到：用以逐步代替源自"家族"各种权利义务上那种相互关系形式的，究竟是个人与个人之间的什么关系。用以代替的关系就是“契约”。在以前，“人”的一切关系都是被概括在“家族”关系中的，把这种社会状态作为历史上的一个起点，从这一个起点开始，我们似乎是在不断地向着一种新的社会秩序状态移动，在这种新的社会秩序中，所有这些关系都是因“个人”的自由合意而产生的。在西欧，向这种方向发展而获得的进步是显著的。奴隶的身份被消灭了——它已为主仆的契约关系所代替了。在“保佐下妇女”的身份，如果她的保佐人不是夫而是其他的人，也不再存在了；从她成年以至结婚，凡是她所能形成的一切关系都是契约关系。“父权下之子”的身份也是如此，在所有现代欧洲社会的法律中它已经没有真正的地位。如果有任何民事责任加于“家父”和成年之子，使他们共同受到它的约束，则这样的责任只可能通过契约而后才能具有法律效力。有一些显然的例外，而这种例外的性质适足以证明这个规定。在解事年龄以前的子裔，在监护下的孤儿，经宣告的疯癫病人，都在“人法”上规定了他们在某些方面是有能力的，在某些方面是无能力的。究竟为什么要有这些规定呢？在各种不同制度的传统用语中，所提出的理由虽然是各不相同的，但是在实质上，各种说法所具有的效果却是完全一致的。绝大部分法学家都一致承认这样一个原则，他们都认为上述各类人所以应受外来的支配，其唯一理由是在于他们本身不具有为其自己利益而做出决定的能力；换言之，他们缺乏用“契约”而达到定约的必要条件。

“身份”这个字可以有效地用来制造一个公式以表示进步的规律，不论其价值如何，但是据我看来，这个规律是可以足够地确定的。在“人法”中所提到的一切形式的“身份”都起源于古代属于

“家族”所有的权力和特权，并且在某种程度上，到现在仍旧带有这种色彩。因此，如果我们依照最优秀著者的用法，把“身份”这个名词用来仅仅表示这一些人格状态，并避免把这个名词适用于作为合意的直接或间接结果的那种状态，则我们可以说，所有进步社会的运动，到此处为止，是一个“从身份到契约”的运动。

第六章　遗嘱继承的早期史

我们在英国研究“法律学”，如果想要表示出历史的研究方法的优越性，超过其他流行在我们中间的任何方法，则“遗命”（Testaments）或“遗嘱”（Wills）在“法律”的一切部门中，是一个最好的例子。它所以具有这种性能是由于它的内容多、时间长。它的历史，在社会状态很幼稚的时期就开始了，当时所有的各种概念，由于其形式古老，需要费些心力才能加以理解；而在其发展过程的另一个极端，即现在，我们又有这样许多法律观念，这些法律观念成为现代语法和思想习惯所隐蔽的一些同样地概念，因此也就遇到另外一种困难，就是难以相信那些作为我们日常知识的各种观念，究竟是否真的需要加以分析研究。“遗嘱法”的发展正在这两个极端之间，是可以追溯得很清楚的。和多数其他部门的法律史不同，它在封建制度产生的时代很少受到阻碍。真的，就法律的所有部门而论，所谓它们曾由于古代史和近代史间的划分而引起了中断，或者换言之，曾由于罗马帝国的解体而引起了中断，这个说法实际上是大大地夸张了的。许多著者，只是由于懒惰，不愿费一些力量在六百多年的混乱中从迷惑和模糊的里面寻求联系的线索，至于其余的研究者，虽然不是天然地缺乏耐性和勤奋，但由于他们对自己国内法律制度怀有无谓的自尊心，不愿承认它曾受惠于罗马法

律学，他们就被引入了歧途。但这些不利的势力，对“遗嘱法”领域中发生的影响比较少。蛮族对于所谓“遗嘱”的概念，显然是生疏的。权威学者一致同意，他们在本土和以后在罗马帝国边境居留地上所实行的各种包括他们习惯的成文法典的有关部分中，完全没有“遗嘱”的痕迹。只有在他们和罗马各省人民混合在一起以后，他们才从帝国法律学中吸取了“遗嘱”的概念，在开始时只是一部分，到后来才被全部采纳。教会的影响对于这次迅速同化有很大关系。教会势力很早就继承了有些邪教神庙所享有的那些保管和登记“遗命”的特权；甚至在这样早的时候，宗教基金中的现世所有物几乎完全来自私人遗赠。因此，最早的“省议会”(Provincial Councils)的命令对于否认“遗嘱”神圣性的人都有革出教门的规定。在我们这里，在英国，一般都认为阻止“遗嘱法”史中断的主要原因之一当然是由于教会的影响，这种中断有时被确信曾在其他部门的“法律学”史中发生过。有一类“遗嘱”的管辖权过去曾被委托给“宗教法院”，这些法院虽然并不始终是明白地，但却的确适用着罗马法律学的原则；并且，虽然“普通法院”或“衡平法院”都并没有必须遵照“宗教法院”的任何义务，但它们对这在它们旁边适用的一套明确规定的制度，终不能逃避其有力影响。英国的人格遗嘱继承法就成了过去罗马公民遗产处分所遵循的宗规的一种变形。

用历史方法来研究这个问题时我们所能得到的结论，和不依靠历史而单凭表面(primâfacie)印象进行分析时所得到的结论，两者之间的极端不同是不难指出的。我认为，不论从一个“遗嘱”的通俗概念出发，或是从它的法律概念出发，没有人会不想象到：凡

是"遗嘱"必附有某种特性。例如,他可能会说,一个"遗嘱"必须只有在死亡时才能发生效力——它是秘密的,它里面所规定的有利害关系的人们是必然地不应该知道的——它是可以取消的,即始终可以为一个新的遗嘱行为所代替的。但是,我可以证明,在某一个时期,一个"遗嘱"完全没有这些特征。我们的"遗嘱"直接来自"遗命",而"遗命"在最初是一经执行立即有效的;是不秘密的;是不可取消的。事实上,在所有法律媒介中,没有一种历史媒介的产物要比人们用书面意志来控制其死后的财产处分更为复杂的了。"遗命"很迟缓地但是逐渐地把我在前面所说的各种特性聚集在其周围;造成这种情况的原因是完全偶然的,并且也是在偶然的事物压力之下完成的,这些原因和事物压力除了曾影响过法律的历史以外,对于我们目前已经是没有什么利害关系的了。

在法律理论远比现在为多的一个时期中——诚然,这些理论的绝大部分是毫无价值的和十分不成熟的,但是这些理论却仍旧把法律学从我们并非是不知道的、比较恶劣的和比较拙劣的情况下挽救了出来,在当时的情况中,我们不能希望有像概括这一类的东西,而法律也被仅仅认为是一种经验的产物——对于我们在直觉上能立即和显然地感到的一个"遗嘱"所具有的某些特性,当时在进行解释时所采取的流行说法是:这些特性是它天然就有的,或者,说得具体一些,是由"自然法"附着于它上面的。我以为,在一度认定所有这些特征的渊源都在历史的记忆中,可能就不会有人主张这样一个学理了;同时,这个学理所来自的理论,其遗迹尚残存于我们所习用并且也许还不知如何加以舍弃的表现形式中。我可以用 17 世纪法律文籍中一个共有的论点来说明这种情况。当时的法学家很普遍地认为"立遗嘱"权力的本身是来自"自然法"的权力，是由"自然法"所赋予的一种权利。他们的学说虽然并不是所有的人都能立即看到其联系的，但实质上，这些学说确在后来为这些人所取法，他们主张：指定或控制死亡后财产处分的权利是财产所有权本身的一种必然的或自然的结果。每一个法律学者也一定还遇到过表现在一个相当不同的学派的语句中的这个同一的见解，这个见解在说明这一部门法律的原理时，认为遗命继承（Succession ex testamento）是死亡者财产应该首先遵照的移转方式，然后再进而说明法定继承（Succession ab intestato）是立法者的偶然规定，以履行由于死亡的财产所有者因疏忽或不幸而未执行的一种职能。这些意见，实际上就是所谓遗嘱处分是"自然法"的一个制度这种比较扼要的学理，表现于详尽的方式中而已。当近代思想非难"自然"和"自然法"时，究竟它所联想的范围如何，如果要武断地加以认定，当然是绝不妥当的；但我以为，大多数主张"遗嘱权"是来自"自然法"的人们，他们的意思，可能或者是认为这种权力在事实上普遍存在的，或者认为这种权力由于一种原始的本能和冲动的推动而为各国所一致承认。对于上述论点中的第一点，我认为，当它经过这样明显的说明后，是绝不能认为满意的，特别是在这样一个时期中，当我们可以看到拿破仑法典（Code Napoléon）对于"遗嘱权"有着许多严格的限制，同时也可以看到以这个法兰西法典为范本的各种制度正在一天天地增加。对于第二种说法，我们也必须加以反对，因为这是违背了早期法律史中最最可靠的事实的，并且我敢于一般地断定，在所有自然生长的社会中，在早期的法律学中是不准许或是根本没有考虑到过"遗嘱权"

的，只有在法律发展的后来阶段，才准许在多少限制之下使财产所有者的意志能胜过他血亲的请求。

所谓“遗嘱”或“遗命”这个概念是不能单从它本身来考虑的。它是一系列概念中的一个概念，并且还不是第一个概念。就其本身而论，一个“遗嘱”仅仅是遗嘱人用以宣告其意思的工具。我以为，在讨论这一个工具前，有几个问题必须首先加以研究——例如，从一个死亡者在死亡时所转移的究竟是什么，究竟是哪一类的权利或利益？转移给谁，用什么形式？以及为什么死亡者被允许在死后来支配其财产的处分？如果用术语来表示，则和一个“遗嘱”观念有关联的各种概念，它们的依附关系是应该这样表示的。一个“遗嘱”或“遗命”是一种工具，继承权的移转即通过这个工具而加以规定。继承权是概括继承的一种形式。概括继承是继承一种概括的权利（universitas juris），或权利和义务的全体。把这个次序颠倒过来，我们就必须研究什么是概括的权利；什么是概括继承；被称为一个继承权的概括继承，它的形式究竟是怎样的。此外还有两个问题，虽然在某种程度上和我所要讨论的各点是并不相关的，但为了彻底了解“遗嘱”这个主题，却是必须加以解决的。这两个问题就是，为什么一个继承权在任何情况下都要由遗嘱人的意志来支配，以及用以控制继承权的工具，它的性质究竟是什么？

第一个问题和概括的权利有关；即和一个全体的（或一群的）权利和义务有关。所谓概括的权利是各种权利和义务的集合，由于在同一时候属于同一个人这种唯一情况而结合起来的。它好比是某一个特定的个人的法律外衣。它并不是把“任何”权利和“任何”义务凑合在一起而形成的。它只能是属于一个特定人的一切权利和一切义务所组成的。把这样许多财产权、通行权、遗赠权、特种清偿义务、债务、损害赔偿责任——把这样一些法律权利和义务结合在一起而成为一个概括的权利的纽带，是由于它们附着于某一个能够行使这些权利和义务的个人的这一种事实。没有这一个事实，就没有权利和义务的全体。概括的权利这个用语不是古典的，但法律学有这个观念，应该完全归功于罗马法；同时这个用语也不是完全难于捉摸的。我们应该设法把我们每一个人对世界上其余人的全部法律关系，聚集在一个概念之下。不论这些法律关系的性质和构成是怎样，这些法律关系在集合起来后，就成为了一个概括的权利；只要我们仔细记着，在这个用语中不但应该包括权利并且也应该包括义务，则我们对于这个观念就很少有误解的危险。我们的义务可能超过我们的权利。一个人可能欠得多而值得少，因此，如果他的总的法律关系用金钱价值来衡量，他可能是一个所谓破产者。但就以他为中心所包含的全部权利和义务而论，这依然是一个"概括的权利"。

其次我们要研究"概括继承"。概活继承就是继承一种概括的权利。当一个人接受了另外一个人的法律外衣，在同一个时候一方面承担其全部义务，另一方面享有其全部权利时，就发生概括继承。为了使这个概括继承真实和完全，转移必须像法学家所说的那样一次(uno ictu)实行。当然，可以想象，一个人可以在不同时期取得另外一个人的全部权利和义务，例如通过连续购买；他也可以用不同身份来取得这些权利和义务，部分由于是继承人，部分由于是买受人，部分由于是受遗赠人。但是，虽然这样组合起来的一群权利和义务在事实上确等于一个特定人的全部法律人格，但这种取得不能作为一个概括继承。要有一个真正的概括继承,转让必须是对全部权利和义务在同一时候一次进行,同时受领人也必须以同一法律身份来接受。一个概括继承的观念正如一个概括的权利的观念,在法律学中是永久的,虽然在英国法律制度中,由于取得权利的身份是多种多样的,尤其是由于英国财产上“不动产”和“动产”两大部分之间的区分,这个观念给模糊了。在破产的情况下,一个受让人继承破产者全部财产,是一种概括继承,虽然受让人只就遗产的限度清偿债务,但这只是对原来观念的一个修正形式。如果在我们中间有人承受一个人的全部财产以偿付其全部债务作为条件,则这类移转就和最古罗马法中所谓概括继承完全类似。当一个罗马公民收养一个养子,就是说把原来不在“家父权”下的人收纳为其养子,他就概括地继承其养子的财产,也就是说他取得了养子全部财产和承担了其养子全部义务。在原始“罗马法”中还发现有几种其他形式的概括继承,但其中最重要和最持久的一种,是我们所最直接关心的“汉来狄塔斯”(Hæreditas)或“继承权”。“继承权”是在死亡时发生的一种概括继承。概括继承人是“汉来斯”(Hæres)或“继承人”。他立即取得死亡者的全部权利和全部义务。他立刻取得了他的全部法律人格,并且不论他由于“遗嘱”提名,或是根据“无遗嘱”(Intestacy)而继承,“汉来斯”的特殊性质保持不变,这是无须赘述的。“汉来斯”这个名词可以用于“无遗嘱继承人”,也可以用于“遗嘱继承人”,因为一个人成为“汉来斯”的方式和他所具有的法律性质本来是毫无关系的。死亡者的概括继承人,不论是由于“遗嘱”或由于“无遗嘱”,统是他的“继承人”。但是“继承人”不一定是一个人。在法律上被视为一个

单位的许多人，也可以作为“继承权的共同继承人”(Co-heirs)。

我现在引述罗马人通常对于一个“继承权”所下的定义，读者就能够理解这些个别名词的全部含义。“继承权是对于一个死亡者全部法律地位的一种继承”(Hæreditas est successio in universum jus quod defunctus habuit)。意思就是说，死亡者的肉体人格虽已死亡，但他的法律人格仍旧存在，毫无减损地传给其“继承人”或“共同继承人”，(以法律而论)他的同一性在其“继承人”或“共同继承人”身上是延续下去的。在我国法律中，把“遗嘱执行人”作为死亡者个人遗产范围内的代表一条可以用来例证它所自来的理论，不过它虽然能例证，但却仍不能对这个理论加以说明。甚至后期罗马法，尚认为在死亡者和其继承人之间，必须有密切相当的地位，但英国的一个代表人就不具有这一种特点；同时在原始法律学中，一切东西都依赖着继承的延续。除非在遗嘱中规定着遗嘱人的权利和义务应该立即移转给“继承人”或“共同继承人”，遗命就丧失其效力。

在近代遗嘱法律学中，像在后期罗马法中一样，最重要的目的是在执行遗嘱人的意志。像古罗马法律中，相应关心的主题是“概括继承”的授予。在这些规定中，有一些在我们看来是一种来自常识的原则，但另外一些则看上去很像是一个无谓的幻想。不过如果没有其中第二类的规定，则第一类的规定便将无从产生，这是任何这一类的命题所必然如此的。

为了要解决这显然的矛盾，并使我想说明的一系列观念更为清楚起见，我必须借用前一章开始部分中所作研究的结果。我们在社会的幼年时代中，发现有这样一个永远显著的特点。人们不是被视为一个个人而是始终被视为一个特定团体的成员。每一个人首先是一个公民，然后，既是一个公民，他必是阶级中的一个成员——属于一个贵族阶级的成员或是属于一个平民阶级的成员；或是，在有一些社会中，由于时运不佳而在其发展的过程中遭受到了特殊的逆转，他就成了一个族籍的成员。其次，他是一个氏族、大氏族或部族的成员；最后，他是一个家族的成员。这最后的一类是他所处身的最狭小的最个人的关系；这看上去好像是矛盾的，但他绝不把他自己看成为一个个别的个人。他的个性为其家族所吞没了。我重复一遍前面已经说过的对于一个原始社会的定义。作为社会的单位的，不是个人，而是由真实的或拟制的血族关系结合起来的许多人的集团。

我们第一次发现有关概括继承的迹象，正是一个未开化社会的特点之一。原始时代的共和国和一个近代国家的组织不同，在原始时代的共和国中，包括了许多小的专制政府，每一个政府相互之间各不相关，每一个政府都处于一个唯一的君主特权的绝对统治之下。但是，虽然“族长”〔我们在这时候还不应称他为“家父”(Pater-familias)〕有这样广泛的权利，但我们绝不能就认为他负担着同样广大的义务。如果他管理一家，这是为了家族的利益。如果他是所有物的主人，他是作为儿女和亲族的受托人而持有的。除去由于他统治着小国家的关系而赋予他的权力和地位以外，他没有任何其他特权或特殊地位。一个“家族”在事实上是一个“法人”，而他就是它的代表，或者我们甚至几乎可以称他为是它的“公务员”。他享有权利，负担义务，但这些权利和义务在同胞的期待中和在法律的眼光中，既作为他自己的权利和义务，也作为集体组织的权利和义务。我们不妨在这里研究一下,当这样一个代表在死亡时所可能产生的结果。在法律的眼光中,根据民事高级官吏的看法,族长的死亡是一个全然无关紧要的事件。因为结果只是代表家族集体组织和对于市政审判权负有主要责任的人,换一个名字而已。所有原来依附于死亡的族长的种种权利和义务,将毫无间断地依附于其继承人;因为,在事实上,这些权利和义务是家族的权利和义务,而家族则分明具有一个法人的特性——它是永生不灭的。债权人对新的族长像对旧的族长一样,可以要求同样地补偿,因为这种责任既然是仍旧存在的家族的责任,自将绝对不变。在族长死亡后,家族所有的一切权利将和他死亡前所有的完全相同,除了这法人——如果对这样早的时代真能够恰当地运用这样精确而专门的用语——必须用一个略微有变动的名字来依法要求以外。

如果我们要了解社会是怎样逐渐地和缓慢地分解而成为它现在所由构成的合成原子的——是经过了怎样的不知不觉的程序才以人和人的关系来代替个人和家族以及家族和家族相互之间的关系的,那我们就得探究法律学历史的全部过程。现在所应注意之点是,纵使革命已经显然完成,纵使高级官吏已经在很大程度上代替了"家父"的地位,民事法庭已代替了家族法庭,但是,司法当局所管理的全部权利和义务仍旧受到已经废弃的特权的影响,并在每一个部分中都带有这些特权的色彩。因此,毫无疑问,被罗马法律用全力坚持作为遗嘱或无遗嘱继承首要条件的"概括的权利"的移转,是一个比较古老的社会的一个特点,这特点是人们的思想无法把它和新社会分离开来的,虽然它和较新的局面之间是并没有真正的或适当的联系的。一个人在法律上的生存得在其继承人或许多共同继承人身上延长，这在实质上似乎就等于把家族的一个特征通过拟制而移转给个人。法人中的继承必然是概括的，而家族是一个法人。法人永生不灭。个别成员的死亡对于集体的总的生存毫无关系，并且也绝不会影响到集体的法律附带、其能力或其责任。这样，在罗马人所谓概括继承的这个观念中一个法人所有的这一切性质，似乎都被移转给个人公民了。他肉体的死亡可以丝毫不影响他所占有的法律地位，其所根据的原则显然是：他的地位应该尽可能和一个家族的地位相类似，而一个家族既有着法人的性质，是不会发生肉体死亡的。

我注意到在大陆法学家中，对于混杂于概括继承中的各种概念之间的联系，在理解其性质时，绝少不感到很大的困难的，同时在法律学中，一般讲起来恐怕也没有一个主题像他们就这个主题上所作的纯理论那样缺少价值。但英国法学者就我们现在正在研究的观念所作的分析，应该不会有错误的危险。在我们自己的制度中有一种为所有法律家都熟悉的拟制，能用来很好地说明它。英国法学家把法人分为“集合法人”(Corporation aggregate)和“单一法人”(Corporation sole)。一个“集合法人”是一个真正的法人，但一个“单一法人”则是一个个人，是一系列的个人中的一个成员，通过拟制而赋予一个“法人”的性质的。例如，国王或一个教区中的教区长就是“单一法人”的例子。在这里，当考虑到他的权能或职位时，是和随时可以据有这种权能或这个职位的各别的人不相牵涉的，同时，由于这种权能是永久的，因此据有这种权能的一系列的个人便也带着“法人”所有的主要属性——即“永久性”。在罗马法的较古理论中，个人之与家族，正和英国法律学的原理中一个“单一法人”之与“集合法人”的关系，完全相同。这两种观念的由来和联系是完全相同的。事实上，如果我们认为就罗马遗嘱法律学而论，每一个个人公民就是一个“单一法人”，则我们将不但能充分理解一个继承权的全部概念，并且将能完全掌握这概念所来自的假定的线索。我们有这样一个格言，国王是一个“单一法人”，他永生不灭。他的权能应立即为其继承人所填补，而统治权的延续也就视为未经中断。对于罗马人，把死亡的事实从权利和义务的移转中排除掉，似乎也是同样简单和自然的过程。遗嘱人在其继承人或在许多共同继承人中继续生存下去。在法律上，他和他们是同一个人，如果有任何人在其遗嘱处分中违背了把他的实际生存和他的死后生存结合起来的原则，纵使这种违背仅仅是出于推定的，法律也就将认为这个遗嘱有瑕疵而予以排斥，并把继承权给予其血亲族，至血亲族所以能具有符合继承人条件的权能，是由法律本身的规定，而不是由可能会有错误的任何证件所赋予的。

当一个罗马人在死亡时没有遗嘱或没有有效的“遗嘱”，他的卑亲属或亲族就将根据下述亲等而成为其继承人。继承的人或许多人不仅仅代表着死亡者，根据刚才所谈到的理论，他们并且继续着他的民事生活、他的法律生存。当继承的顺序是由“遗嘱”决定时，也可以得到同样的结果，但是死亡者和其继承人之间有同一性的原理，当然比任何形式的“遗命”或任何种遗嘱法律学要古老得多。这里，应该恰当地提出一个问题，这个问题将因我们对这主题探究得愈深入而对我们发生愈大压迫力——如果不是由于和概括继承有关联的这些显著观念，那么遗嘱是否就根本不会出现了呢？

遗嘱法所适用的原则是可以用多种多样的似是而非的哲学假设来说明的;这个原则和现代社会的每一个部分交织着,并且可以用广泛的一般便宜来作为辩护它的根据的。但是在这里,必须再一次地重复我们的警告,即如果以为,目前我们为维护一个现存制度而持有的那些理由,必然地和这个制度产生时所有的情绪有其共同之处,这是不对的,这种印象是法律学上各种问题发生错误的最大根源。可以断言,在古罗马"继承法"中,遗嘱或遗命这个观念是和一个人死后生存于其继承人人格中的理论,不能分解地纠缠在一起的,我甚至可以说,是混合在一起的。

概括继承这个概念虽然在法律学中已经根深蒂固,却并不是为每一种法律的编制者自发地想到的。在可以发现有这种概念的地方,都显示出它是来自罗马法;跟着它一直传下来的有许多以"遗命"和"遗赠"为主题的法律规定,这些规定为现代实务者所应用,竟完全没有觉察到它们和其原来理论的关系。但是,在纯粹罗马法律学中,一个人在其继承人身上继续生存的原则——如果我们可以这样说,根本消灭死亡的事实——是遗嘱继承和无遗嘱继承全部法律所环绕的中心,这是非常明显而不致发生误解的。罗马法强迫服从这个有势力的理论,其坚决严厉的程度就足以说明,这个理论是由罗马原始社会组织中生长出来的;在这个推定之外,我们并且还有更好的证据。在罗马最古的"遗嘱"制度中恰巧有某些术语偶然地被保存到现在。在该雅士的著作中,我们看到概括继承所借以创设的授受公式。我们看到古代的名称,通过了这个名称,一个后来被称为"继承人"的人被预先给指定了。在"十二铜表法"中我们并且还有明白承认"遗命"权的著名条款,而规定"无

遗嘱继承”的条款也被保存着。所有这一切古代的名言中，都有一个显著的特点。它们一致表示，从“遗嘱人”转移给“继承人”的是家族，也就是包括在“家父权”中和由“家父权”而产生的各种权利和义务的集合体。在所有的三个例子中都完全没有提到物质财产；在其余两个例子中，物质财产被明白地称为“家族”的附属物或附属品。因此，原始的“遗嘱”或“遗命”是一个手段，或者（因为在开始时可能不是成文的）是一种程序，而家族的移转就是根据了这个规定而进行的。这是宣告谁有权来继承“遗嘱人”为族长的一种方式。当我们对于“遗嘱”的原来目的做出这样的理解，我们也就立即可以看到为什么“遗嘱”会同古代宗教和法律最古怪遗物之一的家祭（sacra）联系在一起。这些家祭是一种罗马形式的制度，凡是没有完全解脱原始形态的社会都有这种制度。家祭是用以纪念家族同胞之谊的祭祀和礼仪，是家族永存的誓约和见证。不论家祭的性质如何——所谓在一切情形中家祭都是对某些荒诞无稽的祖先的崇拜，不论这话是否真实——它们在各处都被用来誓证家族关系的神圣性；因此每当家族族长本人发生变化危及“家族”的延续生存时，家祭就显得特别重要。因此，在家族统治者死亡时，人们更常提到家祭。在印度人中，继承一个死亡者财产的权利，是和履行其葬仪的责任相辅而行的。如果葬仪没有被按礼履行或者不是由适当的人来履行，则在死亡者和在生存者之间不能认为已经建立了任何关系；“继承法”就不能适用，没有人能继承遗产。在一个印度人的一生中，似乎每一桩大事都和这些祭仪有关。如果印度人结婚了，是为了要有子女，在他死亡后祭祀他；如果他没有子女，他就有最大的责任从其他家族中收养一个子女，“其目的是

在”，根据印度博士的说法，“获得葬饼、水和庄严的祭礼”。西塞罗时代罗马家祭所保存的范围，也并不小于印度。它包括了“继承权”和“收养”。如果对养子原来的家族不举行适当的家祭，则不能进行“收养”；如果祭仪的费用不在各个共同继承人中严格地平均分摊，则不准根据“遗命”来分配一个“继承权”。我们最后一次看到这家祭的时代的罗马法，和现存印度制度之间所存在的差别，是非常有益的。在印度人中间，法律中的宗教成分获得了完全的优势。“家族”祭祀成了一切“人法”和大部分“物法”的基石。祭祀甚至经过异常的扩大，因为，在一种常常伴随着祭祀的观念的印象影响之下，认为人类血液是一切祭品中最可珍贵的祭品，印度人就在原始的家祭上作了一些补充，认为寡妇在丈夫的葬仪中应该以身殉葬，这个实践为印度人继续实行到有史时期，并且在几个印度-欧罗巴人种中亦都见诸于传说。在罗马人方面则恰恰与此相反，法律责任和宗教义务已不再掺杂在一起。举行庄严家祭的必要性已不再成为民事法律理论的一部分，它们改属“教长会”(College of Pontiffs)的各别管辖之下。在西塞罗给阿提格斯(Atticus)的许多信中充满了有关家祭的提示，使我们深信不疑家祭已在“继承权”上构成了一种难以容忍的重担；但到这个时候，在发展上已经超过了法律从宗教分离出来的时期，而我们所期待着的是家祭从后期法律学中全部消失不见。

在印度法律中，没有一个所谓真正的“遗嘱”的东西。“遗嘱”所处的地位为“收养”所占据着。在这里我们可以看到“遗嘱权力”和“收养能力”的关系，以及为什么这两者之一的行使都可能引起要履行家祭的一种特殊渴望。“遗嘱”和“收养”都威胁着要歪曲

“家族”承袭的正常进程，但当亲族之中没有人能继承的时候，它们显然都是避免承袭的完全中断的手段。在这两者之中，用人为的方法来创设血亲关系的“收养”是在大部分古代社会中自发地产生的一种手段。印度人无疑地在古代的实践上前进了一步，即准许寡妇收纳养子，如果丈夫忽略了这样做；只在孟加拉的地方习惯中，隐约有一些“遗嘱权力”的痕迹。但是首创这个对人类社会的转化具有巨大影响（仅次于“契约”）的“遗嘱”制度这一项功劳，主要应该归属于罗马人。我们必须注意，切不可以把在晚近时代它所具有的职能，认为在其最早形态中就已经具备的了。在开始时，它并不是分配死亡者财产的一种方式，而是把家族代表权移转给一个新族长的许多方法中的一种。无疑地财产已传给其“继承人”，但这些是因为公有财产处分权是随着家族统治权的移转而移转的。我们还没有到达“遗嘱”史上的这一个阶段，即“遗嘱”已成为变更社会的有力工具，即一方面它们刺激着财产的流转，另一方面它们在财产所有权中产生了可塑性。甚至最后期的罗马法学家，似乎也没有在实际上把这些后果和“遗嘱权力”联系起来。在罗马社会中，从没有把“遗嘱”视为分离“财产”和“家族”的一种手段，或作为创设许多各式各样利益的一种手段，而是作为使一个家族的成员都能得到比在“无遗嘱”继承规定下所能获得的更好的供应的一种方法。我们可能要发生这样一个疑问，即当时一个罗马人对于立遗嘱的实践所有的想法和我们今天所熟悉的想法究竟是不是极端地不同的。把“收养”和“立遗嘱”作为延续“家族”的方式的习惯，是必然地和罗马人对于主权继承的看法特别含糊有关联。我们不能不看到，早期罗马各个皇帝的依次继承在当时是被认为合理地正常的，并且尽管当时发生了这一切事情，但像狄奥多西(Theodosius)或查斯丁尼安这类诸侯的自封为恺撒和奥古斯多，也并没有被认为是妄诞无稽的。

当原始社会的各种现象揭露以后，17 世纪法学家认为可疑的一个命题，即“无遗嘱继承”比“遗嘱继承”是更为古老的一个制度，已成为无可争辩的了。在这个问题解决以后，又发生了另外一个更有趣的问题，即一个遗嘱的指示究竟是怎样和在什么条件下最初被准许用来规定家族权的移转，以及后来又规定财产的死后分配。这个问题的所以难于决定，是因为在古代共产体中“遗嘱权力”是罕见的。除了罗马人之外，其他原始社会究竟是否知道有真正立遗嘱权力的，还是有疑问的。它的萌芽形式虽然到处可见，但其中绝大部分都不能逃避渊源来自罗马的嫌疑。雅典的遗嘱无疑是土著的，但我们不久就可以看到，它只是未成熟的遗命。至于那些征服罗马帝国的各个蛮族所传给我们的一些法典中用法律规定的“遗嘱”，这些“遗嘱”几乎都肯定是罗马的。近来最有鉴别力的德国批评都注意到这些**蛮族法律**(Leges Barbarorum)上来，调查的主要目的，是要在这些制度中把原来本族习惯所组成的部分从借用罗马法律的外来要素中分离出来。在进行这项工作的过程中，经常发现一个结果，即在古代法典的核心中并没有“遗嘱”的痕迹。凡含有“遗嘱”的法律，都是来自罗马法律学的。同样地，(据我被告知)希伯来语的犹太法所规定的萌芽“遗命”，也应该归因于和罗马人接触。唯一不属于罗马或希腊社会的遗命形式可以被合理地假定为土著的，是为孟加拉省的惯例所承认的一种；而孟加拉的遗命只是一种萌芽的“遗嘱”。

从上述证据似乎应该得出这样一个结论，即“遗命”在最初只是在没有人能根据真正的或人为的血族权利而享有继承时方才有效。因此，当梭伦法第一次以“遗命”权赋予雅典公民时，他们曾禁止剥夺直系男性卑亲属的继承权。同样地，孟加拉的“遗嘱”只有在和家族某种优先权相一致时才被准许适用于某种继承。又，犹太人的原来制度虽没有规定“立遗嘱”的特权，但后来自称为以遗漏之件(casus omissi)补充“摩西法”(Mosaic Law)的希伯来语法律学，准许在根据摩西制度规定有继承权的亲族全部不能继承或全部不能发现时，才能行使“立遗嘱”权。古日耳曼法典借以保卫与之相结合的遗嘱法律学的一些限制也是很有意义的，并且也指向了同一的方向。根据我们所知道的这些日耳曼法律，其绝大部分都有这样一个特点，即在每家所有的自主地(allod)或领地外，法律还承认几种附属的财产，每一种附属财产就都表示着罗马的原则曾各别地被注入到原始条顿惯例中。原始的日耳曼的自主的财产是被严格地保留给其亲族的。它不但不能用遗命来处分，并且也不能在生前(inter vivos)用让与的方式来移转。古日耳曼法和印度法律学相同，规定男性的子嗣与其父亲是财产共有人，家族赠与非得全部成员同意，不能执行。但其他各种财产，比自主物发生得较迟并且也比较不甚贵重的，就比较容易移转，并且移转时也按照远为宽弛的规定办理。妇女和女性的后嗣也可以继承这种财产，显然是根据这样一个原则，即它们是不包括在宗亲的神圣界限之内的。从罗马借用的“遗命”，最初被准许适用于、实在也仅适用于这些最后提到的财产。

以上的说明，可用以使我们对古代罗马“遗嘱史”中一种确定的事实所作的最可能的解释更为可信。我们根据丰富的证据，认为在罗马国家的原始时代，“遗命”是在“特别民会”（Comitia Calata）也即是在“贵族民会”（Comitia Curiata）或“罗马贵族市民议会”（Parliament of the Patrician Burghers of Rome）为“私事”而集会时加以执行的。这种执行的方式，成为民法学家世代相传的一种说法的来源，他们认为在罗马史的有一个时代中每一个“遗嘱”都是一个庄严的立法行为。但我们实在没有必要去仰仗一个曾对古代议会的程序作了非常不精确的说明的解释。有关在“特别民会”中执行“遗嘱”的故事，其适当的解答无疑地应求诸最古的罗马无遗嘱继承法。原始罗马法律学中规定亲属相互之间继承权的准则，在它们还没有受到“裁判官”的“告令法律”所变更前，是这样的：——第一，由正统（sui）或没有被解放的直系卑亲属继承。在没有正统时，由“最近的宗亲”来代替他，即由过去在或曾经在死亡者同一“家父权”下的最亲近的人或最亲近的亲等来代替。再次是三等和最后等亲，其中继承权传给同族人，即死亡者氏族或大氏族中的集体成员。我在前面已经解释过，“大氏族”是家族的一种拟制的扩大，凡是具有同一姓氏以及因为有同一姓氏而被假定为来自共同始祖的一切罗马“贵族”公民都包括在内。称为“贵族民会”的“贵族议会”是完全由“氏族”或“大氏族”的代表组成的一个“立法机关”。这是罗马人民的一个代表会议，根据了国家的组成单位是“氏族”的假定而组织的。正由于这样不可避免的推理，“民会”的受理“遗嘱”是与“同族人”的权利有关的，并且其目的是在保证“同族人”能行使他们的最后继承权。如果我们假定，只有在遗嘱人没有可以发现的同族人或在同族人放弃权利时才可以立“遗

命”,并假定每一个“遗命”应提交给“罗马氏族大会”(General Assembly of the Roman Gentes)以便使那些因遗嘱处分而受到损害的人得在必要时可以提出否决,在大会中通过后即可推定他们已放弃其继承权,如果我们这样假定,则全部显然的变例就可以为之扫除了。在“十二铜表法”公布的前夕,这种否决权可能已经大大地缩小了,或是仅仅偶然地和不经常地行使着。虽然,要说明把这管辖权托付给“特别民会”的意义和渊源是容易的,但要追溯其逐渐发展或逐渐衰亡的过程却没有这样容易。

但是,所有现代“遗命”所自来的“遗命”,并不是在“特别民会”中执行的“遗命”,而是另外一种与之相竞争并且终于用来代替它的“遗命”。这种早期罗马“遗命”在历史上有其重要性,并且通过了它可以解释清楚许多古代的思想,因此我认为必须比较详细地加以阐明。

当“遗嘱权”在法律史上第一次出现时,像几乎所有伟大的各种罗马制度一样,有迹象证明它成了“贵族”和“平民”间争论的题目。当时有一条政治格言,即“一个平民不能成为一个大氏族的成员”(Plebs Gentem non habet),其结果是把“平民”完全排斥在“贵族民会”之外。因此,有些评论家就认为一个“平民”的“遗嘱”是不可能在“贵族议会”中宣读的,因此一个“平民”就也完全没有“遗嘱”之权。其他评论家仅仅指出,在“遗嘱人”没有代表的一个不友好的议会中,要把一个拟议的“遗嘱”提交它受理是有困难的。不论真正的看法应该如何,一种“遗命”被应用了,它具有意图避免某种可厌恶义务的一切特点。这种“遗嘱”是一种在生前的让与,把“遗嘱人”的家族和财产完全地和不可挽回地移转给他心意中的继承人。这种移转一定是始终为严格的罗马法规定所准许的，但是，当这种行为的目的是要在死后发生效力时，就可能发生纠纷，因为在没有取得“贵族议会”的正式认可前，它是否能成为有效的“遗嘱”，是一个问题。当时在罗马人民的两个阶级之间如果在这一点上存在着分歧意见，那么后来通过伟大的大宪官和解时代它就连同许多其他不平的泉源给一并消灭了。“十二铜表法”原文还保存着，它说法律规定，家父得使用他资产的监护权(Pater familias uti de pecuniâ tutelâve rei suæ legâssit, ita jus esto)——这一条法律除了使“平民遗嘱”合法化外，不可能有任何其他的目的。

学者们都知道，在“贵族议会”停止作为罗马国家的立法机关又经过了几世纪后，它仍旧为了私事而继续召开正式集会。因此，在“十二铜表法”公布后的一个长时期内，我们有理由相信“特别民会”仍旧为了使“遗命”生效而集会。把它称为一个“登记法院”(Court of Registration)，可以最恰当地表示出它可能的职能，但是提出的“遗嘱”应被理解为并不真正地登入簿据，只是向其成员宣读，他们应能注意其要旨并牢记于心中。很可能这一种“遗命”从来没有写成书面，但无论如何，纵使“遗嘱”原来是书面的，“民会”的职责也只限于听取高声朗诵，在这以后文件由“遗嘱人”加以保管，或寄存于某些宗教团体妥为保管。这种公告也许是在“特别民会”中执行的“遗命”的附带条件之一，这就使它不为一般人所欢迎。在帝国的初期，“民会”仍旧召集会议，但这些会议似已徒具形式，很少或甚至没有“遗嘱”会在定期会议中被提出来。

对现代世界文明有深远影响的，是古代的“平民遗嘱”——这是上述“遗命”的代替物。它在罗马获得了由于要把“遗命”提交

"特别民会"而丧失的一切声望。它所以有其一切优点,关键在于它是来自曼企帕因(manciPium)或即古罗马的让与,我们毫不踌躇地认为这种手续程序是现代社会如果没有了它们就很难团结在一起的两个伟大制度即"契约"和"遗嘱"的母体。曼企帕因或后来在拉丁文中所谓"曼企帕地荷",把我们带回到民事社会的萌芽时代去。由于它的产生远在书写艺术发明之前、至少是在书写艺术广为流行之前,所以手势、象征的行为和庄严的成语便被用来代替了文件的形式,冗长的和繁复的仪式是为了要使有关各造都能注意到交易的重要性,并使证人们可以因此而获得深刻的印象。口头证言不及书面证言完备,因此必须增加的证人和助手的人数,远超过后来被认为合理或可以理解的范围。

罗马的"曼企帕地荷"首先要求当事人,也就是出卖人和买受人到场,如果我们用现代法律术语,应该是让与人和受让人到场。此外,还应该至少有五个证人;以及一个例外人物,即"司秤"(Libripens),他带着一对天平秤用以权衡古罗马未铸成钱币的铜钱。我们现在所研究的"遗命"——即铜衡式(peræet libram)"遗嘱",这是在术语上这样被长期继续称呼的——就是一个普通"曼企帕地荷",在形式上甚至在用语上都是毫未变动过的。"遗嘱人"是让与人;五个证人和司秤都到场了;受让人的地位由一个在术语上被称为家产买主(familiæ emptor)的所占有。于是就按照一个普通"曼企帕地荷"的仪式进行。经过某种正式的手势和言语的宣述。家产买主用一块钱敲击天平以表示价金的支付,最后,"遗嘱人"即用所谓"交易宣告"(Nuncupatio)的一套话语来批准刚才所做的,这一套成语在遗嘱法律学中已有了长久的历史,已为法学家所熟知。对于称为家产买主的人的性质，必须特别加以注意。毫无疑问，在起初他是“继承人”本身。“遗嘱人”当场把他全部“家产”(familia)，也就是他在家族上以及通过家族所享有的一切权利移转给他，包括他的财产、他的奴隶以及他的一切祖传特权，连同他的一切义务和责任。

根据上面所说的资料，我们可以发现原始形式的所谓“曼企帕地荷”式“遗命”和现代的遗嘱之间是有几个显著的不同之点的。因为“曼企帕地荷”式“遗命”既然相当于“遗嘱人”财产的完全的让与，它是不能撤销的。因为一个权力在既已消灭之后，是不能重新行使的了。

再则，它不是秘密的。既然“家产买主”本身就是“继承人”，他就完全知道他的权利是什么，并且也知道他是不可改变地享有继承权的，即使在秩序最好的古代社会中也常难免会发生暴乱，因此这样的知识便成为极端危险的了。但这种“遗命”和“让与”关系所发生的最可惊的后果，也许是在把继承权立刻归属于“继承人”。多数民法学家都不相信这一点，他们认为“遗嘱人”财产的归属是以“遗嘱人”死亡为条件的，或要在一个不可确定的时候，即让与人死亡的时候才能让与给他。但是一直到罗马法律学的最后时期，有一类的交易是绝对不允许用一个条件来直接变更它，或用一定时限来限制它，或用一定时限来起算的。用术语来讲，就是不准许附有条件(conditio)或日期(dies)的。“曼企帕地荷”是其中的一种，因此，虽然看起来很奇怪，但我们还是不得不得出这样一个结论，即原始罗马“遗嘱”是立即生效的，即使“遗嘱人”在其“立遗嘱”行为后仍旧生存，也是如此。很可能，罗马公民原来只在临死的时候订立“遗嘱”，而一个少壮的人为了“家族”延续而预作准备时就往往宁可采取“收养”而不采取“遗嘱”的形式。我们仍旧应该相信，如果“遗嘱人”竟然恢复健康，他只能在其“继承人”的容许之下继续管理其家族。

这些不方便处如何补救，以及为什么“遗命”会具有现在普遍地认为和它有关联的各种特点，我在进行解释之前，首先应该说明两三个问题。“遗命”并非必须是书面的：在起初，“遗命”似乎一成不变地是口头的，并且，即使在较后时期，宣布遗赠的证书也只是偶然地和“遗嘱”联系在一起而并不是它的主要组成部分。它对“遗嘱”的关系，事实上正和旧英国法律中允许使用的证书对罚金和回复的关系，或“封土授予状”对封土授予的关系相同。在“十二铜表法”之前，书面绝少用处，因为“遗嘱人”无权以其遗产遗赠给任何人，能从一个遗嘱中获得利益的唯一的人们是“继承人”或“共同继承人”。但“十二铜表法”中条文的极端一般性不久产生了这样一条教义，即不论“遗嘱人”对他加上任何指示，“继承人”必须接受继承权，换言之，必须接受做出遗赠限制的继承权。书面的遗嘱证件于是取得了一种新的价值，即可以用来作为防止继承人诈欺地拒绝满足受遗赠人的一种保证；但到最后，“遗嘱人”还是可以任意决定专靠证人的证言，并用口头宣告家产买主必须支付的各个遗赠。

所谓家产买主这个名词，需要注意。“买主”表示“遗嘱”可以说是一种买卖，而“家产”这个词，和“十二铜表法”遗嘱条款中的用语相比较时，可以使我们获得有启发性的结论。“家产”在古典拉丁文中，意思始终是指一个人的奴隶。但在这里，以及一般地在古罗马法的用语中，它包括了在他“家父权”之下的一切人，至于“遗嘱人”的物质财产或资产，则视为家族的附属物而移转。试再回顾一下“十二铜表法”，可以看到它谈到了“他资产的监护权”(tutela rei suæ)，这一种说法正和刚才所研究的成语意义相反。因此我们就无法避免这样一个结论，即甚至在比较近的大宪官和解时代，表示“家庭”和“财产”的两个名词在日常用语中是混淆不清的。如果把一个人的“家庭”认为是他的财产，我们就不妨把这个用语解释为指“家父权”的范围，但是，由于这两个名词是可以相互交换的，我们必须承认，这样的说法把我们带回到了原始时代，当时财产是由家族所有，而家族则为公民所管理，因此社会的成员并不有其财产和其家族，而是通过其家族而有其财产的。

在一个不容易明确决定的时期，罗马“裁判官”在处理“遗命”时，习惯于按照法律的精神而不是法律的文字来举行仪式。不定期处分在不知不觉中成为成规定例，直到最后，一种完全新形式的“遗嘱”成熟了，并且和“告令法律学”正规地衔接在一起。新的或是裁判官的“遗命”从大官法(Jus Honorarium)或罗马的衡平法取得其全部的稳固性。某年的“裁判官”一定曾在其就任的“布告”中列入了一个条款，说明他决意支持通过某种仪式而执行的一切“遗命”；这种改革在被发现为有利的以后，其有关条款便被“裁判官”的继承者重新引用，并再为其后任重复采用，直到最后由于这样地被继续编入而被称为“常续”或“永续告令”(Continuous Edict)这一部分法律学的一个公认部分。研究一下一个有效“裁判官遗嘱”的条件，显然可以看到这些条件决定于“曼企帕地荷遗命”的要求，革新的“裁判官”显然只在旧有的手续能保证真实或防止诈欺时才加以保留。当"曼企帕地荷遗命"执行时,在"遗嘱人"的旁边有七个人到场。因此"裁判官遗嘱"必须有七个证人:其中两个相当于司秤和家产买主,他们不是作为象征的性质,他们到场的唯一目的是为了提供证言。这时不再举行象征的仪式;只是把"遗嘱"诵读一遍;但是为了要永保"遗嘱人"处分的证据起见,很可能(虽然不能绝对地肯定)必须有一书面的证件。无论如何,每当一个书面提出诵读或被提供为一个人的最后"遗嘱"时,我们确切地知道,除非七个证人中的每一个人分别在外面加盖其印章,"裁判官法院"是不会用特别干涉来支持它的。这是在法律学史上第一次看到盖印,作为立证的方式。必须注意,罗马"遗嘱"以及其他重要文件上的印章并非仅仅作为签证者到场或同意的标志,而是的的确确的一种封签,在可以阅读文件前必须加以启开的。

因此"告令法律"所强行的一个"遗嘱人"的处分,只要经过七个证人的封签证明,不一定要经过"曼企帕地荷"的形式。但我们可以做出这样一个一般性的命题,即罗马财产的主要性质,除非通过假定为和"市民法"同源的各种程序以外,是不能传授的。因此,"裁判官"不能把一个继承权授予任何人。他不能把"继承人"或"共同继承人"放在"遗嘱人"本身和他自己的权利义务所有的同样关系中。他所能做到的,是使被称为"继承人"的人对遗赠财产有实际的享有权,并对"遗嘱人"的债务有清偿的力量。当"裁判官"为这些目的而行使其权力时,在术语上他被称为传授遗产占有(Bonorum Possessio)。这种情况下的"继承人"或遗产占有者,能享有"市民法"上"继承人"所能享有的一切财产所有权。他取得财产利益并能以之移转,然而,在申请损害赔偿时,他不应如我们所说的，求诸“普通法”而应求诸“裁判官法院”的“衡平法”。如果我们说他拥有在继承权中的一种衡平的财产，可能不致发生大错；但是，为了使我们不致为这样的类比所迷惑，我们必须始终记着，在有一年中，遗产占有是根据所谓“时效取得”(Usucapion)的一条罗马法原则而产生效果的，“占有者”就成为包括在继承权中的一切财产的一个“公民”所有人。

我们对古代的“民事诉讼”(Civil Process)法所知道的太少了，不能对“裁判官法院”所提供的各式救济方法之间的利弊一一加以比较。但可以断言，虽然“曼企帕地荷遗命”有许多缺点，但通过它而立即全部把概括的权利加以移转的“曼企帕地荷遗命”，却从没有完全为这新的“遗嘱”所代替；在一个不拘泥于古代形式或者这些古代形式并不十分被重视的时期，法学专家的所有机智便都被耗费于改进这种比较神圣庄严的工具。在该雅士时代，也就是安托宁·恺撒时代，“曼企帕地荷遗命”的大缺点都已消除。原来，正如我们已经看到过的那样，对手续程序的主要性质的要求，是“继承人”本身必须是“家产买主”，其结果是：他不但立即在“遗嘱人的财产”中取得一种既得利益，并且被正式告知他的权利。但是到了该雅士时期，就准许可由一些不相关的人来担任“家产买主”。因此继承人就不一定会被告知他的预定继承；从此以后，“遗嘱”就取得了秘密的特性。用一个陌生人作为“家产买主”以代替真正的“继承人”，还有其他的种种后果。在它一经合法化后，一个罗马“遗命”就包括了两个部分或阶段——一个是让与，这是一种纯粹的形式，还有一个是“宣告”。在这程序的后半过程中，“遗嘱人”或者口头向其助手宣布在他死亡后应该执行的愿望，或者提出一个

书面文件，其中包含有他的愿望。可能要直到注意力已不再集中于这想象的“让与”而集中于“宣告”，并把它作为交易的重要部分时，“遗嘱”才被准许成为可以撤销的。

这样，我已从法律史上把“遗嘱”的系统作了一番考察。它的根源，就是建筑在“曼企帕地荷”或“让与”上的古“铜衡式”遗命。但这个古“遗嘱”有多种缺点，这些缺点已经，虽然只是间接的，为裁判官法所补救了。同时，法学专家们的机智，在“普通法遗嘱”或“曼企帕地荷遗命”中，实现了那些裁判官可能会同时在“衡平法”中达到的各种改进。但这些最后的改良，完全依靠了法律上的机巧，因此我们看到该雅士或是阿尔比安时代的“遗嘱法”只是过渡性质的。以后接着发生些什么变化，我们不知道；但最后，刚在查斯丁尼安法律学复兴之前，我们发现东罗马帝国的人民应用着一种“遗嘱”，它一方面可以追溯到“裁判官遗嘱”，而另一方面可以追溯到“铜衡式”遗命。像“裁判官遗命”一样，它不需要“曼企帕地荷”，并且除非有七个证人的封签不生效力。但又像“曼企帕地荷遗嘱”一样，它所移转的是继承权，不仅仅是一个遗产占有。但它最重要特点中有几点是由现实法规所规定的，并且正是由于它有三重来源，即“裁判官告令”、“市民法”以及“帝国宪令”，因此查斯丁尼安就称他自己时代的“遗嘱法”为三重法(Jus Tripertitum)。这种新的“遗命”就是一般人所说的“罗马遗嘱”。但这只是东罗马帝国的“遗嘱”；根据萨维尼的研究，显示出在西罗马帝国，直到中世纪，旧的“曼企帕地荷遗命”连同让与、铜和天平等工具，仍旧被继续使用着。

第七章　古今有关遗嘱与继承的各种思想

虽然现代欧洲“遗嘱法”中有许多地方和过去人类所实行的最古的遗嘱处分有着密切的联系，但在“遗嘱”和“继承”这个主题上，古代和现代思想观念确实存在着重要的分歧。这一些分歧点，我将在本章中详细加以说明。

在距离“十二铜表法”时代几世纪以后的一个时期中，我们发现在“罗马市民法”上增加了许多规定，其目的是在限制剥夺子女的继承权；我们看到“裁判官”的审判权亦积极地执行这一项利益；我们在那时候发现有一种新的救济方法，在性质上是非常例外的，而其来源也是不确定的，这种救济方法称为“遗嘱违反伦道之诉”(Querela Inofficiosi Testamenti)，目的是使亲子恢复为其父的“遗命”所不公正地拒绝的继承利益。有的著者在把这个法律规定和承认订立“遗嘱”的绝对自由的“十二铜表法”原文相比较时，他们想把大量戏剧性的偶然事件混入他们的“遗嘱法律”史中。他们谈到族长立刻毫无限制地任意剥夺子女的继承权，谈到这种新的实践对公共道德所造成的侮辱和损害，更谈到一切善良人们对“裁判官”阻止父权堕落进一步发展而作的勇敢行为加以赞美。这些故事就其所叙述的主要事实而论，并不是完全毫无根据的，但反映出对于法律史上的各项原则是有严重的误解的。“十二铜表法”的法律应该根据它制定时代的特性来加以解释。它不可能有一种在较后时代认为它必须加以反对的倾向，它只根据这样一个假定继续前进，即不认为这种倾向是存在的，或者我们可以说，根本不考虑到有这种倾向存在的可能。罗马公民很少可能会立刻开始自由地运用这剥夺继承权的权力。我们知道，在当时，家族奴役的羁绊是在最残酷地压迫着，但人们仍旧忍受着，在这种情况下，如果以为在我们自己时代不受欢迎的某些负担，在那时竟然能够解脱，这是违背了一切理性和违背了对于历史的合理理解的。“十二铜表法”准许执行“遗命”，只限于它认为遗嘱可能被执行的情况下，也就是说，只限于没有子嗣和近亲的时候。它并不禁止剥夺直系卑亲属的继承权，因为这种偶然事件是当时罗马立法者所不可能预见到的，因此也就无从在立法中用明文加以规定。毫无疑义，当家族情谊逐渐丧失了它原来所具有的个人义务的面貌时，就偶然发生了剥夺子女继承权的事件，但“裁判官”的干预却并不是由于这种恶习的普遍发生，而在最初时无疑地是由于下述原因的推动，即因为这类不自然的任意行动事例在当时是很少而且是例外的，并且也是和当时的道德观念相抵触的。

由这一部分罗马“遗嘱法”所提供的迹象在性质上是完全不同的。可注意的是，罗马人从没有把一个“遗嘱”用作剥夺一个“家族”的继承权的一种手段，或用作造成一项遗产的不公平分配的一种手段。阻止它转向这一方面的法律规定，随着这部分法律学的逐渐发展而不断增加其数量和严密程度；这些规定无疑地是和罗马社会一贯的情绪相符合的，并不完全是由于个人感情的偶然变动。遗嘱权的主要价值似乎是在它的能够帮助一个“家族”作好预备，并在分配继承财产中能比较按照“无遗嘱继承法”分配得更加公平不偏。如果一般的情绪确是这样，它在某种程度上说明了始终成为罗马人的特点：即对于“无遗嘱”而死亡感到特殊的恐怖。丧失遗嘱特权似乎被认为是比任何灾害更沉重的一种天罚；诅咒一个敌人，说他要死而无“遗嘱”要比任何诅咒都更苛酷。在我们今日所存在的各种意见中，没有这种类似的感情，或是很不容易发现有这种感情。所有各个时代的一切人无疑地都宁愿能筹划其所有物的归宿，并由法律来为他们执行这个任务；但是罗马人对于“有遗嘱而死亡”的感情，从其强度来讲，并不仅仅是出于放任随便的愿望；当然，它和家族骄傲更无共同之处，因为家族骄傲全然是封建制度的产物，它把一种财产积累在一个独一的代表人手中。也许是先天的由于“无遗嘱继承”中的某些规定，造成这种强烈地宁愿用“遗嘱”分配财产而不愿根据法律规定而分配。但是，困难是在于，当我们看到罗马的“无遗嘱继承”法律，还是处在查斯丁尼安把它制成为现代立法者几乎普遍采用的继承顺序以前几个世纪中一直具有的那种形式中时，它完全没有给人以显著不合理或不平衡的印象。相反地，它所规定的分配方法非常公平合理，并且和现代社会一般认为满意的分配方法很少不同之处，因此，我们实没有理由说明为什么会这样地非常不受欢迎，特别是在这样一种法律学中，它把有子女要扶养的人的遗嘱权削减到一个狭小的范围内。我们可以预期的，像在现在的法兰西那样，族长都一般地不愿意自找麻烦执行一个“遗嘱”，他宁愿让其财产听任“法律”处理。但是，我以为如果我们比较仔细地研究一下查斯丁尼安以前的“无

遗嘱继承”标准，我们就能发现打开秘密的关键。这个法律的结构包括两个不同的部分。一部分的规定来自“市民法”，这是罗马的“普通法”；另一部分则来自“裁判官告令”。我在其他场合已经提到过了，“市民法”规定有权继承的继承人按顺序有这样三种；未解放之子，宗亲中的最近亲等，以及“同族人”。在这三种顺序中间，“裁判官”添加了各类的亲族，这些亲族是“市民法”所完全不管的。直到最后“告令”和“市民法”结合而组成了一张继承顺序表，它在实质上和传到现代的多数法典中的并没有很大区别。

有一点必须注意，在古代一定有这样一个时期，当时“无遗嘱继承”的顺序完全由“市民法”决定“告令”的安排是完全不存在的，或是不一贯地执行的。我们毫不疑惑，“裁判官”的法律学在其早年时代，不得不和可怕的阻力相竞争，并且更可能的是，在一般情绪和法律意见默认了它很久以后，它定期地介绍进来的各种变更并不根据于某种确定的原则，而是根据了连续任命的各个高级官吏的不同偏见而随时变动的。我认为，罗马人在这个时期中所实行的“无遗嘱继承”规定，足以说明罗马社会长时期以来对于一个“无遗嘱死亡”所以始终存在着强烈嫌恶的理由。当时继承的顺序是这样的：在一个公民死亡时，如果没有遗嘱或是没有有效的遗嘱，他的“未解放”之子成为其继承人。他的解放之子不能分享继承权。如果在他死亡时，没有直系卑亲属，就由宗亲中最近的亲等继承，但是通过女性后裔而和死者结合起来的亲族（不论如何接近），都不能享有继承权。家族中所有其他支系都被排斥在继承权之外，而继承权就应归属于同族人也就是和死者具有同一姓氏的全体罗马公民。因此，如果没有一个有效的“遗命”，在我们所考察

的这一个时期中的一个罗马人就将使其解放之子绝对得不到什么权利，另一方面，既然假定他在死亡时没有子嗣，则他的家族就有完全失去其财产而使财产传诸于另外一些人的迫切危险，这些人和他的关系仅仅是由于祭司的拟制，假定凡是同族的全部成员都是来自一个共同祖先。这样一种状态的本身就几乎足以说明上述一般情绪的所以发生；但在事实上，如果我们忘记了，我所描述的情况很可能是发生在正当罗马社会处于从其分散家族的原始组织转变的第一个阶段时，则我们所理解的仅及一半而已。把“解放”承认为一个合法的惯例，真是针对父权王国的最早的一个打击，但是法律虽然仍旧认为“家父权”是家族关系的根本，却坚持把解放之子视作“亲属”权外的陌生人和血缘外的外人。然而，我们不能就因而认为法律上的炫学所加于家族上的种种限制会在其父的自然情感上有同样效果。家族忠诚一定仍旧保留着“宗法”制度下的那种近乎不可思议的神圣性和强烈性；并且家族忠诚很少可能会因为解放行为而消灭，它的可能性恰恰完全相反。可以毫不踌躇地认为当然的，从父权下得到解放不但不是情感的割断，相反地正是情感的表现——这是对最最溺爱和最最尊重的子嗣给予一种仁德和宠爱的标志。如果在所有子嗣中受到这样特别宠遇之子会因为“无遗嘱死亡”而绝对地被剥夺了继承权，则他的不愿蒙受这种情况是毋庸多加解释而自明的。我们也许可以先天地假定，人们的喜爱“立遗嘱”是由于“无遗嘱”继承规定所造成的某种道德上的不公正而产生的；在这里，我们发现这些“无遗嘱”继承规定是和古代社会借以结合在一起的那种天性不相一致的。我们可以把上面所主张的一切，表现于一简明的形式中。原始罗马人的每一种占

优势的情绪，都是和家族的各种关系交织在一起的。但什么是“家族”？法律上有它的定义——自然情感上有它另外的一个定义。在这两者之间的冲突中产生了我们所要加以分析的感情，它热烈欢迎这样一种制度，根据这种制度人们可以根据情感的指示而决定其对象的命运。

因此，我认为罗马人对于“无遗嘱死亡”的恐惧，说明了在古代有关“家族”这个主题的法律与古代人对于家族的情感慢慢地发生改变这两者之间很早就发生了冲突。在罗马“制定法”中有一些规定，特别是有关限制妇女继承能力的那一个条例，是使这种感情长期存在的主要原因；一般人都相信，创设“信托遗赠”（Fidei-Commissa）制度，其目的就是想用以避免这些条例所规定的无能力。但是这种感情本身的惊人的强烈程度，似乎说明了在法律和舆论之间早就存在着某种很深的对抗；而“裁判官”对于法律学的改进无法把这种感情加以消灭，也是完全不足为奇的。凡是熟悉舆论哲学的人都知道：一种情绪绝不会因为产生它的情况消逝了而必然地随着消灭。它可能会比情况留存得更长久；不，它也可能会在后来达到一个强烈的顶点和高潮，而这种顶点和高潮是在情况继续存在期间从来没有达到过的。

把一个“遗嘱”看做是授予一种权力，把财产从家族中转出来，或是把财产根据“遗嘱人”的想象或见解而分成许多不公平的部分，这种看法发生在封建制度已完全巩固了的中世纪的后半期。当现代法律学初步以粗糙的形式出现时，用遗嘱来绝对自由处分一个死者的财产，还是很少见的。在这个时期内，当财产的遗传由“遗嘱”规定时——在大部分的欧洲，动产是遗嘱处分的主体——

遗嘱权的行使不能干预寡妇从遗产中取得一定份额的权利，同样不能干预子嗣取得固定比例的权利。子所取得的份额由罗马法的规定用数量表示出来。关于寡妇的规定，应该归功于教会的努力，它始终不懈地关怀着丈夫死后妻子的利益，——经过二三世纪的坚决要求之后，才获得了所有的胜利中也许是最难得的一个胜利，就是丈夫在结婚时就明白保证赡养其妻，最后并把“扶养寡妇财产”(Dower)的原则列入了全西欧的“习惯法”中。可怪的是，以土地作为扶养寡妇的财产的制度经证明要比类似的和更古的为寡妇和子嗣保留的一定份额动产的制度，更加巩固。在法兰西有些地方习惯中，把这种权利一直保持到“革命”时代，在英国，也有类似的惯例的痕迹；但在大体上，流行着的学理是动产可以由“遗嘱”自由处分，并且，虽然寡妇的要求得到继续尊重，但子的特权则被从法律学上加以取消。当然这种变化完全是由于“长子继承权”的影响。“封建的”土地法为了一个子嗣而剥夺所有其余诸子的继承权，甚至对那些可以平均分配的财产也不复视为有加以平均分配的义务。“遗命”是用以产生不平等的主要工具，而在这种情况下产生了古代人和现代人对于一个“遗嘱”的不同的概念。但是，虽然通过“遗命”而享有处理遗产的自由是封建主义的一个偶然产物，但是在自由“遗嘱”处分制度和另外一个制度，像封建土地法制度之间，是存在着极端巨大的区别的，因为在封建土地法制度之下，财产的移转是强迫按照规定的遗传系统而进行的。这个真理似乎是“法兰西法典”的著者所没有注意到的。在他们决定要加以摧毁的社会组织中，他们看到“长子继承权”主要建筑在“家族”授产的基础上，但他们同时也注意到“遗命”在严格限嗣继承下常常

被用来以为他保留的完全相同的优先权给予长子。因此，为了使他们的工作非常可靠，他们不但使长子不得在婚姻协议中优先于其余诸子，他们并把“遗嘱继承”排斥于法律之外，否则就要使他们的基本原则，即在父死亡时其财产应在诸子中平均分配的原则不能成立。其结果是他们建立了一种小范围的永续限嗣继承制度(a system of smal perpetual entails)，这种制度非常接近欧洲的封建制度，而不是完全的遗产自由。英国的土地法，“封建制度的赫鸠娄尼恩城”(the Herculaneum of Feudalism)，当然是更和中世纪的土地法相似而不同于任何大陆国家的土地法，我们的“遗嘱”也就常常被用来助长或效法长子和其亲系的优先权，这成为不动产婚姻授产中几乎普遍的特色。但是，这个国家中的感情和舆论都曾受到自由遗嘱处分实践的重大影响；据我看来，在大部分法兰西社会中就家族中保存财产这个问题所具有的情绪，比诸英国人更接近于二三世纪以前流行于全欧洲的情绪状态。

“长子继承权”问题引起了历史法律学中一个最困难的问题。虽然我还没有说明我的见解，但我常常谈到在罗马继承法上，许多“共同继承人”总是和一个单一“继承人”有同一的立足点的。事实上，我们从没有看到罗马法律学上有这样一个时期，一个“继承人”或“概括继承人”的地位不可以为一个集体的共同继承人所取得。这个集体作为一个单一的单位而继承，继承的财产通过以后另外的法律程序在他们中间进行分配。当“继承”是法定继承，这个集体中所包括的都是死者的子嗣时，他们每一个人都从财产中取得一个相等的份额；虽然在有一个时期男性比女性占一些便宜，但在这里完全没有一些“长子继承权”的痕迹。分配的方式在全部古代法律学中是完全一样的。当然，当民事社会开始，各家族在经过许多世代以后已不再结合在一起时，自发地就产生了这种观念，要把领地在每一世代的所有成员中平均分配，并且不专为长子或其支系保留任何特权。关于这种现象和原始思想的密切关系，可以从比罗马制度更古的一些制度中，看到一些特别有意义的暗示。在印度人中，当子刚出生时，他对其父的财产立刻取得一种既得权，这种财产未得共有人的承认是不能出卖的。在子达到成年时，他有时甚至可以不顾其父是否同意而强迫分割财产，并且，如果得到父的同意，则纵使不为所有其余诸子所愿意，一子也能取得分割。在这类分割发生时，父除了取得的份额不是一份而是两份以外，并不能较其子更为优待。日耳曼部落的古代法是非常类似的。“自主地”或家族领地是父和子的共有财产。不过，习惯上这种共有财产在父死亡时也是不分割的，而一个印度人的所有物虽然在理论上是可以分割的，但在事实上却同样地很少分割，因此往往许多世代辗转相传从不分割，这样，印度的家族就有不断扩大为“村落共产体”的倾向，其情况我将在以后加以阐述。所有这一切，明显地指出，在死亡时把财产在男性子嗣中绝对平均分配，是家族依附发生瓦解的第一个阶段中社会上最为普遍的实践。这时候，“长子继承权”就成为历史上的难题了。当封建制度在形成的过程中，这些制度除了一方面从罗马各省的法律以及另一方面从蛮族的古代习惯中得到其元素外，在世界上已没有其他渊源，但我们知道罗马人或蛮族在财产继承中都不习惯于把任何优先权给予长子或其亲系，因此，初看起来，我们感到迷惑不解。

在蛮族最初定居于罗马帝国境内时所实行的各种“习惯”中，

并没有“长子继承制”。我们知道它的渊源是来自入侵酋长的采地(benefice)或贻赠。这些初时只是由移居来的国王偶然封赐,但后来为查理曼大量分配的“采地”,乃是授予有军功的受益人管业的罗马各省土地。自主地所有人似乎并不跟随其统治者从事远征或艰难的冒险事业,所有法兰克酋长和查理曼所进行的历次远征,其随军出征的或是人身依附王家的士兵,或是由于土地的租佃而被迫服役的士兵。但是采地在开始时完全没有世袭的意味,“采地”的持有要听从赐予人的好恶,至多以受赐人的终身为限;但从最初的时候起,受益人似乎并未致力于扩大出租地,并在其死后把土地继续保留给家族中人。由于查理曼继承人柔弱无能,这些企图普遍获得成功,“采地”就逐渐转变为世袭的“封地”(Fief)了。但是封地虽然是世袭的,却并不一定遗传给长子。它们所遵从的继承规则,完全由赐予人和受益人之间同意的条件决定,或者由其中之一方强加于另一方的条件决定。因此,原来的租地条件是非常多种多样的;因为到现在为止所提到的各种租地条件都是为罗马人和蛮族所熟悉的继承方式的某种联合,所以并不像有时所说的那样任意地变化的,但它们无疑是非常琐细的。在有些租地条件中,毫无疑问地准许长子和其支系先于其他子嗣而继承封地,但这类继承非特并不普通,甚至也没有为一般所采用。在欧洲社会较近的一次变化中,当领地的(或罗马的)和自主地的(或日耳曼的)财产形式完全为封建的财产形式所代替时,这种完全同样的现象又重复发生了。自主地完全为封地所吸收。较大的自主地所有者把部分的土地有条件地移转给其属下而自成为封建主;较小的自主地所有者为了逃避那个恐怖时代的压迫,就把他们的财产奉献给某些强大的酋长，并以战争时为他服役为条件再从他的手中领回其土地。当这个时期，西欧的广大人民都处于奴隶或半奴隶的状态——罗马和日耳曼的个人奴隶，即罗马的土著农奴(coloni)和日耳曼的农奴(lidi)——他们同时为封建组织所并吞，他们中的一小部分对封建主处于奴仆关系，但大部分则以当时视为降格的条件接受土地。在这普遍分封土地的时代中创设的各种租地条件、因佃农和新地主拟定的条件或因佃农被迫接受地主条件的不同而各异。在采地的情况下，有些财产的继承按照"长子继承权"的规定，但并不是全部如此。但是，一当封建制度普遍推行于西欧，就明显地感到"长子继承权"比其他任何种继承方式有更大的长处。"长子继承权"于是就以惊人迅速的程度传遍到全欧各地，它传播的主要工具是"家族授产"(Family Settlement，在法兰西称为 Pactes de Famille，在日耳曼称为 Haus-Gesetze)，它普遍规定凡是由于武功而占有的土地一概应传给长子。最后，法律竟让位给这多年应用的实践，在逐渐建立起来的一切"习惯法"中，对于自由租地和军役租地的财产，长子和其亲系有优先继承之权。至于因佃役租地而持有的土地(原来，所有租地都是佃役的，佃农必须偿付金钱或提供劳役)，习惯所规定的继承制度在各国和各省中差别很大。比较一般的通例是，这些土地在所有人死亡时应由所有子嗣平均分配，但在有些事例中，长子仍有优先权，在有些事例中则由幼子取得优先权。但像英国的"定役租地"(Socage)一样，它发生的时期较其余各类的租地为迟，并且既不是完全自由的，也不是完全佃役的，这些通过租地而持有的财产、这些在某些方面看来是属于最重要的一类财产的继承，通常就适用"长子继承权"。

“长子继承权”所以能被广为传播，一般都认为是由于所谓封建的理由。据说，如果在封地最后持有人死亡时把它传给一个单一的人而不在多数人中间进行分配，封建主就可以对他所需要的军役有更好的保证。我不否认这种意见可以部分地说明“长子继承权”所以逐渐为人们所爱好，但我仍须指出，“长子继承权”所以能成为欧洲的一种习惯，倒并不是由于它对封建主有利，而是由于它为佃农所欢迎。再则，上述理由完全不能说明它的来源。法律中绝不可能有任何规定完全是为了要求得便利。在便利的意识发生作用之前，必先有某些观念存在着，它所能做的也只是把这些观念组成新的结合而已；在当前的情形中，问题正就是在找寻这些观念。

从一个富有这类征兆的地方，我们获得了一个很有价值的暗示。在印度，虽然父的所有物可在其死亡时加以分割，并且甚至在生前就可以在所有男性子嗣中平均分割，虽然这个平均分配财产的原则推广到印度制度的每一个部分，但当最后一个在职者死亡时，他所传下的官职或政治权利，几乎普遍地根据“长子继承权”的规定而进行继承。因此，主权是传给长子的，作为印度社会集合单位的“村落共产体”的事务原归一人管理时，则父死之后一般就由长子继续管理。在印度，所有职位都有世袭的趋向，并且在性质许可时，这些职位即归属于最老支系的最长成员。把这些印度继承和在欧洲几乎一直到现在还存在的较未开化社会组织的有些继承，加以比较，我们可以得到这样的结论，即宗法权不仅是家庭的并且是政治的，它在父死亡时不在所有子嗣中分配，它是长子的天生权利。例如，苏格兰高原部落的酋长职位是按照“长子继承权”

的顺序继承的。的确，这里似乎有一种家族依附，比我们从有组织民事社会原始记录中所知道的任何一种家族依附还要来得古老。古罗马法中亲属的宗法联合体以及大量类似的征兆，说明在有一个时期中家族所有的各支系都团结在一个有机的整体中；当亲属这样形成的集团本身就成为一个独立社会时，这个集团是由最老亲系的最长男性管理的；这自非狂妄的臆测。的确，我们并不具有这类社会的真实知识。即在最原始的共产体中，就我们所知，家族组织至多只是"政府中的政府"(imperia in imperio)。但是有一些部族，特别是凯尔特部族的地位从有史以来都近似独立，这使我们不得不深信它们过去曾一度是各别的政府，它的酋长职位是根据"长子继承权"而继承的。但是，我们必须注意，不要把它和法律上的名词作现代的联想。我们现在所谈到的一种家族关系比我们所熟知的印度社会或古罗马法中任何家族关系更为紧密。如果罗马的"家父"明显地是家族所有物的管家，如果印度人之父只是其诸子的共同分配者，则真正的宗法族长将更显著地仅仅是一个公共基金的管理人。

因此，在"采地"中所发现的"长子继承权"的继承事例可能是从入侵种族的一种家族政府制度模仿来的，这种家族政府制度曾为入侵种族所知道，但并不是普遍适用的。有些未开化的部落也许还在实行着这种制度，或者更加可能，社会还刚刚离开较古的状态，因此人们在为一种新形式的财产决定继承规则时，就自发地联想到了这种"长子继承权"。但这里还有一个问题，为什么"长子继承权"会逐渐代替了其他一切继承原则？我以为答案应该是在加洛林帝国瓦解期间，欧洲社会肯定是在退化着。它比早期蛮族王朝时期的悲惨低微状况甚至还要落后一些。这个时期的最大特点是国王权力的软弱甚至中断,因此也就是内政的软弱中断;因此社会内部是不团结的,人们也普遍地倒退到比共产体开始时更古的一种社会组织中去。在第9第10世纪时期,封建主连同其属臣大概都属于一个宗法家庭,这种家庭不是像原始时代那样用"收养"而是用"分封土地"(Infeudation)的方法补充成员的;对这样一种结合,"长子继承权"继承方式是强力和持久的一种渊源。只要全部组织建筑在它上面的土地能保留在一起,它就能有力地进行攻击和防卫;分割土地也就是分割这小小的社会,也就是在普遍暴乱的世纪中给侵略造成机会。我们可以完全断定,"长子继承权"制的被优先采用,并不是为了一个子而剥夺其余诸子的继承权。分裂封地要使每一个人受到损害。封地的巩固会使每一个人获得好处。"家族"可以因权力集中于一个人手中而更强大有力量;赋予继承权的封建主并不能较其同胞和亲属在占有、利益或享受上有任何优越之处。如果我们以英国长子在一个严格的授产下所处的地位,来估计一个封地的继承人所继承的特权,这将是一个独特的时代错误。

我曾说过,早期的封建结合来自一种古代的"家族"形式,并且和它极端类似。但是在古代世界中,在还没有通过封建制度坩埚的一些社会中,当时似乎曾经流行的"长子继承权"还没有变成后期封建欧洲的"长子继承权"。当亲属集团经过许多世代不再为一个世袭的酋长统治时,过去曾为大家而管理的领地也就被大家平均分配了。为什么这种情况不在封建世界中发生呢?如果在最初的封建时代的混乱期间,长子为了全家的利益而持有土地,那么为什么当封建欧洲已经巩固，正规的社会生活又再度确立时，整个家族会不重新恢复过去一度属于罗马人和日耳曼人的平等继承权的能力？那些专心致力于探讨封建制度的家系的著者，很少能掌握开启这个困难的关键。他们看到了封建制度的原料，但是他们没有注意到成品。助成这个制度形成的观念和社会形式无疑地是蛮族的和古代的，但是，当法院和法律家被要求来解释它时，他们用来解释它的原则却是最后期罗马法律学的，因此也就是非常精练和非常成熟的原则。在一个宗法统治的社会中，长子继承了宗亲集团的政府，并有绝对权力处分其财产。但他并不因此而成为一个真正的所有人。他还有不包含在所有权这概念中的相关联的各种义务，这些义务是十分不明确的并且也不可能下定义的。但后期的罗马法律学像我们自己的法律一样，把对于财产上所有的无限制权力看做财产所有权，并没有、并且在事实上也不可能注意到这一类的义务，而关于这类义务的概念是在正规法律产生之前就已经有的。这种精练的观念和野蛮的观念相接触后，不可避免地招致了这样一个后果，就是把长子改变成继承财产的法定所有人。教会的和世俗的法律学家从一开始就这样确定了长子的地位；而原来本可与其亲属在平等的地位上共祸福的年轻兄弟，则在不知不觉间下降为僧侣、军事冒险家或是官邸的食客。这种法律上的革命，正和苏格兰高原大部分地方在最近小规模地发生的革命，完全相同。当苏格兰法律学必须决定酋长在扶养部族的领地上所具有的法律权力时，它已远超过了同部族人对完全所有权可以加一些模糊限制的时期，因此，它也就不可避免地把许多人的遗产转变成一个人的财产了。

为了简明起见，我把一个单独子嗣对一个家或一个社会所有权力的继承，称为“长子继承权”的继承方式。但是，可注意的是，在遗留给我们的这类继承的少数很古的事例中，取得代理地位的不一定是我们所熟知的意义中的长子。曾在西欧流行的“长子继承权”形式也曾在印度人中继续保存过，我们并有一切理由相信它是正常的形式。在这种制度下，不但是长子，并且是长子的亲系也常常获得优先权。如果长子不能继承，则他的长子不但对其兄弟并且对其叔父辈有优先权。如果他也不能继承，这同一规定可以适用于再下一代。但如果继承不仅仅是民事的，而且是政治的权力时，就可能要发生一种困难，这种困难的大小随社会团结力的强弱而增减。一个行使权力的酋长可能寿命长过其长子，而原来有继承资格的孙子又可能年龄太小未及成年，不能担负实际指导社会以及管理事务的责任。在这种情况下，比较固定的社会往往采取这种便宜方法，就是把这幼小的继承人放在监护之下，一直到他适宜于执政的年龄。监护权一般属于男性宗亲；但有可注意的是，在极少的偶然事例中，古代社会也有同意由妇女行使这种权力者，这无疑是出于尊重母亲的庇护的要求。在印度，一个印度主权者的寡妇曾用她稚子的名义而统治着国家，并且我们也不禁要想到法兰西皇位继承规定的习惯——这种习惯，不论其渊源为何，无疑是非常古远的——规定母后对“摄政职位”(Regency)较所有其他申请人有优先之权，但同时它却又严格地排斥一切女性据有皇位。把主权遗传给一个幼小的继承人所发生的不方便，还有另外一种方法加以消除，这种方法无疑会自发地发生在组织简略的共产体中。就是把幼小的继承人完全放在一边，而把酋长的职位授予第

一代中年事最高的现存男性。凯尔特部族组织在他们已保留了一个世纪且其中民事的和政治的社会还没有初步划分的许多现象中间，就有着这样一个继承的规定，并把它一直带到了有史时期。在这些部族组织中，似乎还有这样一种现实准则，认为在长子不能继承时，他的长弟可以优先于所有的孙辈而获得继承，不问在主权遗传的当时孙辈的年龄是怎样。有些著者用这样的假说来解释这个原则，认为凯尔特的习惯是把最后的酋长看做好像是一个树根或是主干，而后把继承权给予和他距离最近的卑亲属；叔父既较接近于共同的根干，便应优先于孙辈。如果这个解释只是用以说明继承制度，那是无可非议的；但如果以为第一个采用这样的规定的人，是在应用显然从封建继承制度开始在法律家中进行论辩的时候起就有的推理过程，则将是一个严重的错误。叔父所以能优先于孙辈，其真正的来源无疑地是出于一个原始社会中原始人们的一种简单打算，即认为由一个成年的酋长来统治总比由一个孩子统治来得好，一个年纪较轻的儿子将比长子的任何子嗣更早达到成年。同时，我们有证据证明我们所最熟悉的那种形式的"长子继承权"是一种原始的形式，其传统是当越过一个幼小的继承人而做出有利于其叔父的决定时，须先取得部族的同意。在麦克唐纳氏(Macdonalds)纪年史中有着有关这种仪式的相当真实的例子。

根据可能保存着一种古代阿拉伯习惯的穆罕默德法律(Mohametan Iaw)，财产继承权是在诸子中平均分配的，女儿则可取得半份，但是如果有任何一人在继承权分割前死亡而遗下子女时，这些孙儿女会全部为其叔姑所排斥。与这原则相一致，当遗下的是政治权时，继承就按照凯尔特社会中的"长子继承权"形式进行。

在西方两个穆罕默德的大家族中，所根据的规定是：在继承王位时叔父优先于诸侄，虽此侄为长兄之子，亦在所不论；这一规定虽然直到最近还在埃及适用，但依我所知，是否适用于土耳其君主的移转，是还有疑问的。苏丹们的政策事实上一直是在防止适用这个规定的情况的发生，很可能，他们整批屠杀其幼年兄弟一方面固然是为了其子孙的利益，另一方面也是为了消除对王位的危险竞争者。不过很明显，在一夫多妻的社会中，“长子继承权”的形式是经常在变化的。有许多理由都可以构成对继承的要求，例如，母亲的位次或她受父亲宠爱的程度。因此，有些信奉伊斯兰教的印度君主不敢主张有任何明显的遗嘱权，但主张有权指定继承之子。圣经上以撒与其子的历史中所提到的祝福，有时被指为一种遗嘱，但这似乎应该被认为是一种指定一个长子的方式。

第八章　财产的早期史

罗马“法学阶梯”在对各种各样的所有权下了定义之后，进而讨论“取得财产的自然方式”。凡是不熟悉法律学史的人，对于这些取得的“自然方式”，似乎不致在一看之下就有理论上的或者是实践上的兴趣的。猎人捕获或杀死的野兽，由于河流在不知不觉中的淤积而在我们田野上增加的土地，和生根于我们土地上的树木，这些都是罗马法律家称之为我们可以自然地取得的东西。较老的法学专家一定曾注意到，这类取得是普遍地为他们所处的小社会的惯例所认可的，后一时期的法律家既然发现这些取得被归类于古“万民法”中，并把它们看做为最简单的一种取得，就在“自然”律令中给它们分配了一个地位。这些财产所受到的尊严性在现代时期正在继续不断增长，直至完全超过了它原来的重要性。理论已把它们作为它的美好食料，并使它们在实践上起着最最严重的影响。

在这些“自然取得方式”中，我们有必要只研究其中的一种，即“先占”(Occupatio)。“先占”是蓄意占有在当时为无主的财产，目的(这是在专门定义中加上去的)在取得财产作为已有。罗马法律学称为无主物(res nullius)的物件——即现在没有或过去从来没有过一个所有人的物件——只能用列举的方法来加以确定。在从来没有过一个所有人的物件中，如野兽、鱼、野鸡、第一次被发掘出来的宝石，以及新发现或以前从未经过耕种的土地。在现在没有一个所有人的物件中，包括抛弃的动产、荒废的土地以及（一个变例的但最为惊人的项目）一个敌人的财产。在所有这些物件中，完全的所有权为第一个占有它们、意图保留它们作为已有的占有人所取得——这种意图在某种情况下是必须以特殊行为来表示的。我以为我们不难理解"先占"有其普遍性，它促使有一代的罗马法律家把"先占"的实践列入"所有国家共有的法律"中，它有其单纯性，这使另外一些法律家认为它应归因于"自然法"。但对于它在现代法律史中的命运，我们是没有先天的考虑的。罗马人的"先占"原则，以及法学专家把这原则发展而成的规则，是所有现代"国际法"有关"战利品"和在新发现国家中取得主权等主题的来源。它们又提供了"财产起源"的理论，这种理论立刻受到欢迎，并通过这一种或另一种形式而成为绝大部分纯理论法律家所默认的理论。

我曾说过，罗马的"先占"原则曾决定"国际法"中有关"战利品"这一章的要旨。"战争虏获法"中的种种规定，来自这样一种假定，就是敌对行动的开始使社会回复到了一种自然状态，并且，在这样造成的人为的自然状态中，就两个交战国而论，私有财产制度就处于停止的状态。后期论述"自然法"的著者竭力主张私有财产在某种意义上是他们所解释的制度所认可的，因此，所谓一个敌人的财产是无主物的假说，在他们看起来，是不法和惊人的，他们谨慎地把它污蔑为仅仅是法律学上的一种拟制。但是，当我们把"自然法"的渊源追溯到"万民法"，我们立刻看到为什么一个敌人的财物会被看做无主财产，并因此而能为第一个占有人所取得。在古代，当胜利使征服者的军队的组织解体，并命令士兵进行不分皂白的抢掠时，从事战争的人们会自然地产生这种观念。可是，在最初，允许为虏获者所取得的，只是一些动产。我们根据一个可靠的证据，知道在古意大利，对于在一个被征服国家的土地上取得所有权，流行着一种很不同的规则，因此，我们可以猜想把先占原则适用于土地（这始终是一桩困难事）开始于“万民法”成为“自然法典”的时期，并且这是黄金时代法学专家所做的一种概括的结果。他们有关这一点的教条被保存在查斯丁尼安的“法学汇纂”中，这些教条无条件地主张，敌人的各种财产就交战的对方而论是无主物，而虏获者使敌产成为自己所有的“先占”则是“自然法”的一种制度。国际法律学从这些立论中得出的规则，有时被人诋毁为一种不必要的对于战斗者的残酷和贪婪的宽纵，但我认为提出这种责难的人，只是那些不熟悉战争历史的人，因此也就是那些不了解要强使人们服从任何一种法则是怎样一种伟大功绩的人。当罗马的“先占”原则被现代的“战利品”法所采用时，带来了一些附属的法规，使其执行得更加精确。如果把在格罗修斯论文成为权威著作后发生的战事来和较早时期的战争相比较，可以看到，一待罗马的格言被接受后，“战争”立刻具有一种比较可以容忍的性质。如果把罗马“先占”法律非难为对现代“国际法”的任何部分发生着有害的影响，则我们可以有相当理由认为曾受到有害影响的是国际法的另外一章。“公法学家”把罗马人曾引用于宝石的发现的原则同样地引用于新国家的发现，这样就生搬硬套地采用了与期待它担当的任务完全不相称的一条学理。由于 15 世纪和 16 世纪伟大航

海家的发现，这学理被提高到了极端重要的地位，但它所引起的争端比它所解决的争端更来得多。不久，在最需要明确的两个问题上，发生了最大的不明确，即关于发现人为其主权者取得的领土的范围，以及完成主权者占有假定(adprehensio)所必需的行为的性质。更有进者，这个原则对于一件幸运的结果竟赋予了这样巨大的利益，它就本能地为欧洲有些最冒险的民族如荷兰人、英吉利人以及葡萄牙人所反对。我们英国人虽不明白否认"国际法"的规定，但在实践上从不承认西班牙人独占墨西哥湾以南全部美洲的要求，也没有承认法兰西国王独霸俄亥俄(Ohio)和密士失必(Mississippi)流域的要求。从伊利萨伯(Elizabeth)接位到查理二世接位时为止，在美洲领海内可以说从来没有过完全的和平，而新英格兰殖民者侵犯法兰西国王的领土一直延续了一世纪之久。边沁看到这条法律在运用中所遇到的混乱情况，受到很深刻的印象，竟然失其常态而去赞美那著名的教皇亚历山大六世(Pope Alexander the Sixth)的"训谕"，在亚速尔群岛(Azores)之西一百海里处划一分界线把世界上未发现的国家分给西班牙人和葡萄牙人；边沁的赞扬，初看起来，好像很是奇怪的，但教皇亚历山大的安排，究竟是否在原则上真比"公法"的规定更为妄谬，还是可疑的。因为"公法"把半个大陆给予一个国王，主要由于他的臣仆们所做的，恰恰符合罗马法律学的规定，符合取得一件可以用手覆盖的贵重物件时所需要的各种条件。

从事研究本书主题的人们，所以认为"先占"饶有兴味者，主要由于它对纯理论法律学所做出的贡献，即它提供了一个关于私有财产起源的假说。过去曾一度普遍地认为"先占"中包含的手续程序和在最初时属于共有的土地及其果实转变成为个人财产的手续程序是同样的。导致这个假定的思想过程是不难理解的，如果我们掌握了“自然法”概念上古代的和现代的区别。罗马法律家认为，“先占”是取得财产的“自然方式”之一，他们毫不怀疑地深信，如果人类真能生活在“自然”的制度下，“先占”必将为他们的实践之一。至于他们是否真正自信这样的民族状态确实存在，则像我在前面已经说过的，是他们论文中留而未决的一点；但他们有一个推测则确是所有时代的人一致认为可信的，即财产制度并不是自有人类以来就有的制度。现代法律学一无保留地接受他们的全部教条，而对于这种假定的“自然”状态所怀抱的热诚好奇，甚且超过了他们。此后，由于现代法律学接受了这个论点，认为土地及其果实在过去一度是无主物，同时也由于它对于“自然”的特殊见解使得它毫无犹豫地假定人类在组织民事社会前很久就确实实行过无主物的“先占”，我们可以立刻得到这样一个推理：即“先占”是一个手续程序，通过了这个手续程序，原始世界的“无人物件”在世界历史中即成为个人的私有财产。要列举那些赞成这个理论的某一形式的法学家，将是无聊的，并且也没有这样做的必要，因为始终作为其时代一般意见的忠实索引的布拉克斯顿，曾在他的第二部书的第一章中有如下一段概括。

他写道：“土地及土地里的一切物件是人类直接得自‘造物主’的赐赠的一般财产。财物共有即使在最早时代，似乎也从来没有适用于物件实体以外的部分；也不能扩大及于物件的使用。因为，根据自然法律和理性，凡是第一个开始使用它的人即在其中取得一种暂时所有权，只要他使用着它，这种所有权就继续存在，但是不能比使用期更长；或者，更确切一些讲，占有的权利只是与占有行为同时继续存在。这样，土地是共有的，没有一部分可以成为任何特定个人的永久财产；但如有人占有了它的任何一定的地点作为休息、居住以及类似目的之用，即暂时取得一种所有权，如果有人用武力把他赶走，这是不公正的并且是违反自然法的，但是一当他离开而不复占有它时，别的人就可以夺取它而并无不公正之处。”他于是再进而辩称：“当人类日益增加，就有必要接受较永久的所有权的概念，不是仅仅把眼前的使用权而是要把将被使用的物件的实体拨归个人所有。”

这一节中有一些模糊的说法，令人怀疑布拉克斯顿对于他在他的权威著作中所找到的命题即所谓地面的所有权在“自然”法下是由占有人第一个取得的意义，似乎并不完全了解；但他有意地或是由于误解而加于这个理论上的限制，使它变成了它所不时采取的形式。许多比布拉克斯顿更著名的作者在用语上是确切的，认为在事物开始时，“先占”最初给予一种针对世人来说是排外性的但又只是暂时享有的权利，到后来，这种权利一方面保持其排外性，同时又成为永久的。他们这样来说明其理论，目的是为了使“自然”状态中的无主物通过“先占”而成为财产的学理，和他们从圣经史中所获得的推理取得一致，即族长们在最初对牧养其牛羊的土地并不是永久占有的。

直接适用于布拉克斯顿理论的唯一批评，是在研究那个造成他的原始社会图景的情况，是否要比其他能同样容易地想象出来的情况更接近可能一些。用这种方法来研究，我们可以恰当地询问，是不是占有（布拉克斯顿显然是按照其普通英语意义而使用这个名词的)土地上一定地点作为休息或居住的人就应该准许保留它而不受干扰。在这种情况下,他的占有权必须有同样广大的力量,才能保留它,并且他也很可能时常受到新来者的干扰,如果这个新来者看中了这块土地并自以为有强力足以把占有人驱逐掉。但事实是:所有对这些论点的一切强辩由于这些论点本身的毫无根据而完全没有价值。人类在原始状态中所做的也许并不是一个毫无办法加以研究的主题,但对于他们为什么要这样做的动机,则可能就无法知道了。这些有关世界最古年代人类情况的描写,受到这两种假定的影响,首先是假定人类并不具有他们现在被围绕着的大部分的情况,其次是假定在这样想象的条件下他们会保存着刺激他们现在活动的同样情绪和偏见,——虽然在事实上,这些情绪很可能正是由这个假定认为他们应该被剥夺的情况所创设和产生的。

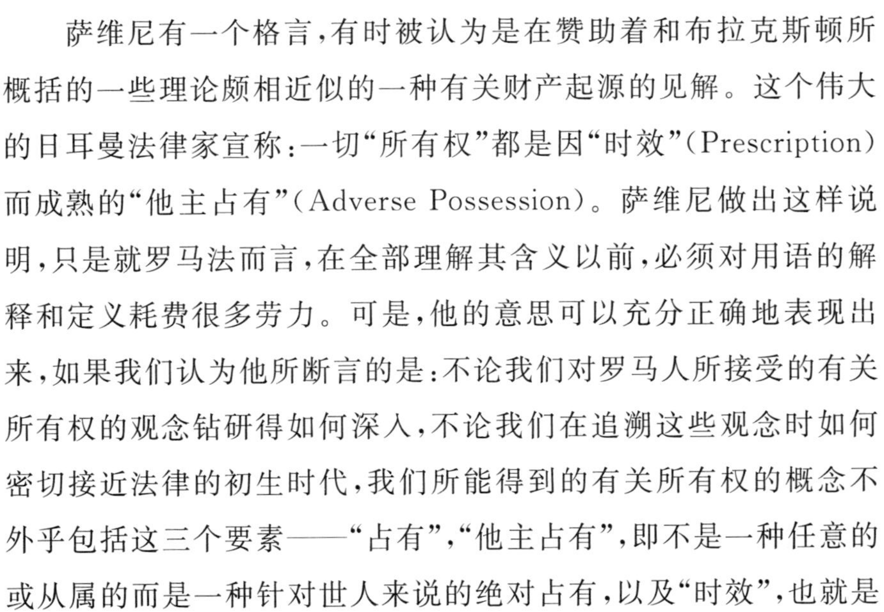

萨维尼有一个格言,有时被认为是在赞助着和布拉克斯顿所概括的一些理论颇相近似的一种有关财产起源的见解。这个伟大的日耳曼法律家宣称:一切“所有权”都是因“时效”(Prescription)而成熟的“他主占有”(Adverse Possession)。萨维尼做出这样说明,只是就罗马法而言,在全部理解其含义以前,必须对用语的解释和定义耗费很多劳力。可是,他的意思可以充分正确地表现出来,如果我们认为他所断言的是:不论我们对罗马人所接受的有关所有权的观念钻研得如何深入,不论我们在追溯这些观念时如何密切接近法律的初生时代,我们所能得到的有关所有权的概念不外乎包括这三个要素——“占有”,“他主占有”,即不是一种任意的或从属的而是一种针对世人来说的绝对占有,以及“时效”,也就是

"他主占有"不间断地延续着的一定期间。非常可能,这个格言可以用其著者所允许的更大的概括性来表达,但如果我们所考察的任何法律制度的发生远在这些联合观念构成所有权观念的时期以前,则就很难预期一个合理可靠的结论。同时萨维尼的准则不但确立了关于财产起源的通俗理论,它的特殊价值还在于使我们注意到它的弱点。在布拉克斯顿和他的追随者的见解中,神秘地影响我们人类祖先的心理的是取得专门享有的方式。但神秘之处,并不在此。所有权以他主占有开始,并不足以奇怪。第一个所有人应该是武装的强有力的人,才能保证其物件的安全,这也并非出于意外。但是为什么一定要经过一定的时间,才能产生一种尊重他占有的情绪——这正就是为什么人类对于一切在**事实上**长时期存在的东西普遍加以尊敬的根源——,这才真正有深入研究的必要但却远不属于本文范围之内的问题。

在指出我们可能多少搜集一些有关所有权早期历史知识的处所之前,我敢提出我的意见。我认为一般对于"先占"在文明第一阶段中起的作用所产生的印象,恰正和真相直接相反。"先占"是实物占有的有意承担;至于这样一种行为赋予人们对"无主物"享有权利的看法,不但不是很早期社会的特征,而且很可能,这是一种进步法律学和一种在安定的情况下法律产生的结果。只有在财产权利的不可侵犯性在实际上长期得到了认可时,以及绝大多数的享有物件已属于私人所有时,单纯的占有可以准许第一个占有人就以前没有被主张所有权的物品取得完全所有权。产生这个学理的情绪,和作为文明开始时期的特征的所有权的少见和不固定,是绝对不能调和的。它的真正的基础,并不在于对这"财产权"制度出于天性的偏爱，而是在于这个制度长期继续存在而发生的一种推定，即每一种物件都应该有一个所有人。当一个“无主物”，也就是当一个还没有或者从来没有成为完全所有权的物件被占有时，占有人所以被允许成为所有人，是出于这样一种感觉，即所有的贵重物件天然地是一种绝对占有的主体，而在上述的情况中，除了“占有人”以外还没有一个人被授予过财产权。简言之，“占有人”成为所有人，因为所有的物件都被假定为应该是属于某个人的财产，同时也因为没有一个人比他对这特定物件有更好的所有权。

即使对于我们所讨论的、在其自然状态中的人类的描写没有其他反对意见，但在有一点上，这种描述是和我们所掌握的真凭实据严重地不一致的。可以看到，这些理论所假定的各种行为和动机是“个人”的行为和动机。为自己签署“社会契约”的，是每一个“个人”。这好像是一个移动的沙洲，而作为沙洲中的沙粒的是“个人”，按照霍布斯的理论，这些沙粒由于强力的锻炼凝固为社会岩石。在布拉克斯顿所描绘的图画中，“占有了它的任何一定的地点作为休息、居住以及类似目的之用”的，也是一个“个人”。它的缺点是：它必然要动摇从罗马“自然法”所传下来的一切理论。罗马“自然法”和“市民法”主要不同之处，是在于它对“个人”的重视，它对人类文明所作最大的贡献，就在于它把个人从古代社会的权威中解放出来。但是有必要再一次加以重复的就是“古代法律”几乎全然不知“个人”。它所关心的不是“个人”而是“家族”，不是单独的人而是集团。即使到了“国家”的法律成功地透过了它原来无法穿过的亲族的小圈子时，它对于“个人”的看法还是和法律学成熟阶段的看法显著地不同的。每一个公民的生命并不认为以出生到

死亡为限；个人生命只是其祖先生存的一种延续，并在其后裔的生存中又延续下去。

罗马人就“人法”和“物法”之间的区分，虽然是极端方便的，但却是完全人为的，这个区分显然促使我们在研究当前的主题时，离开了真正的方向。当讨论到“物法”(Jus Rerum)时，就把讨论“人法”(Jus Personarum)中所得的教训忘记了，当考虑到“财产”、“契约”以及“侵权行为”(Delict)等等时，好像从关于“人”的原始状态所确定的事实中，不能获得有关它们原始性质的暗示。如果一个纯粹古法律制度可以放在我们的面前，并适用罗马的分类来作为试验，这种方法的无用是显而易见的。不久就可以看到，把“人法”从“物法”中分离出来，在法律的初生时代是毫无意义的，因为属于这两个部门的规定是难解地错杂在一起的，而后期法律家的区分只可能适用于后期法律学。本文开始时已经说过，可以推断，如果把我们的注意力限于个人的所有权，则就先天地极少可能对早期的财产史获得任何线索。真正古代的制度很可能是共同所有权而不是各别的所有权，我们能得到指示的财产形式，则是些和家族权利及亲族团体权利有联系的形式。在这里，罗马法律学不能对我们有所启发，因为正是被自然法理论所改变后的罗马法律学把下述的印象遗留给我们现代人，即个人所有权是正常状态的所有权，而人的集团所共有的所有权只是通则的一个例外。可是，凡是要探究原始社会任何已经消灭的制度的人，有一个共产体始终应该仔细地加以研究。对长期居留在印度的一支印度-欧罗巴系，这类原始制度即使曾经发生过重大变化，但我们发现它绝少完全抛弃它原来在其中长大的外面轮廓。在印度人中间，我们确实发现有

一种所有权形式应立刻引起我们的注意，因为它完全符合我们研究“人法”中有关财产原始状态时要使我们接受的各种观念。印度“村落共产体”一方面是一个有组织的宗法社会，另一方面又是共同所有人的一个集合。组成它的人们相互之间的个人关系是和他们的财产所有权不能辨别地混淆在一起的，英国官吏曾企图要把两者加以分开，这种企图被认为是英印统治中最惊人的失策。印度的“村落共产体”是被公认为非常古老的。不论从哪一个方面来深入研究印度历史，印度的一般历史或者地方史，在其历史发展的最早时期常常可以发现有这种“共产体”的存在。许多有才智的和善于观察的著者，其中大部分的人对于这种“共产体”的性质和来源，都没有任何理论的支持，但他们却一致同意认为它是一种最不容易摧毁的社会制度，它从来不愿意把任何一个惯例加以革新。征服和革命不断地横扫而过，但是并没有扰乱它或除掉它，在印度，凡是最好的政府制度似乎始终是把它承认为行政基础的那些政府制度。

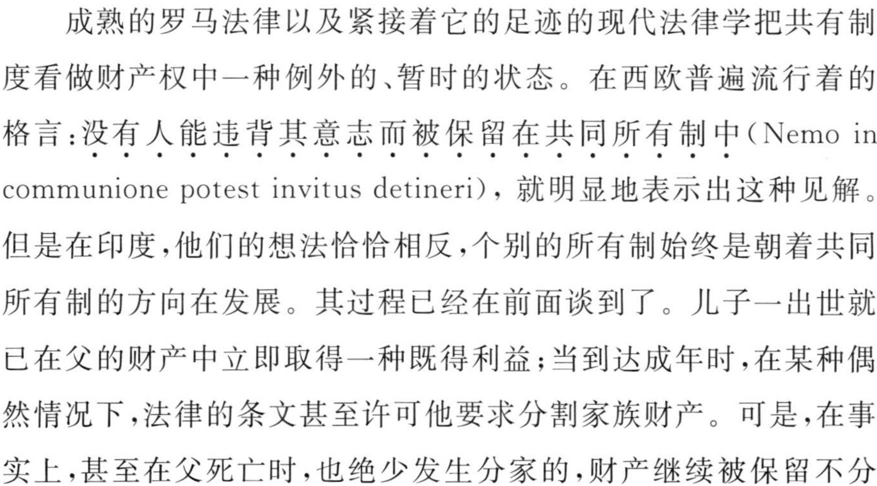

成熟的罗马法律以及紧接着它的足迹的现代法律学把共有制度看做财产权中一种例外的、暂时的状态。在西欧普遍流行着的格言：**没有人能违背其意志而被保留在共同所有制中**（Nemo in communione potest invitus detineri），就明显地表示出这种见解。但是在印度，他们的想法恰恰相反，个别的所有制始终是朝着共同所有制的方向在发展。其过程已经在前面谈到了。儿子一出世就已在父的财产中立即取得一种既得利益；当到达成年时，在某种偶然情况下，法律的条文甚至许可他要求分割家族财产。可是，在事实上，甚至在父死亡时，也绝少发生分家的，财产继续被保留不分割有几代之久，虽然每一代的每一个成员对于财产中没有经过分割的一个份额都各有一种合法权利。这样共有的领地有时由一个选任的管理人加以管理，但在一般情况下，在某些省份中，始终是由年事较高的宗亲，也就是由血族中最长一支系的最年长的代表来管理。这样一种共同财产所有人的集合，一个持有一个共有领地的亲族的集团，是最简单形式的印度“村落共产体”。但是这个“共产体”不仅仅是一个因亲族的同胞之谊而结合起来的，也不仅仅是一种合伙的联合。它是一个有组织的社会，它不但管理着共有基金，并且通过一整套的官吏来管理着内政、警务、司法以及税赋和公共义务的分配。

我在上面叙述的一个“村落共产体”的形成过程，可以视为典型的。但我们不能就因此而假定，在印度每一个“村落共产体”都是在这样一种简单方式里面结合起来的。虽然据我所知，在印度北部，在保存下来的记录中，几乎一成不变地表明“共产体”是由一种简单的血亲集合而成的，但记录中也提供我们这种情况，即血亲外的人也始终随时可以参加进来，并且在某种条件下，只要是一个份额财产的买受人，一般地就可以被准许加入族内。在印度半岛的南部，常常有一些“共产体”似乎不是由一个而是由两个或更多的家族发展而成的；也有些“共产体”的构成部分经公认是完全出于人为的；真的，有时在同一社会中聚合着属于不同族籍的人们，这种情况对于一个共同祖先的假设是一个致命的打击。但是在所有这些同族中，或者保留着一个共同祖先的传统，或者有着这样一个共同祖先的假定。蒙特斯图亚特·爱芬斯吞（Mountstuart Elphinstone）曾经特别详细描述过“南方村落共产体”（在其“印度史”第71页中）。他这样说：“一般人的看法是：村落的土地所有人都是开拓这个村落的一个或几个个人的后裔；向原有族员购买或通过其他方法从原有家族成员取得权利的人，则是仅有的例外。这一个推定由下述事实加以证实，即直到现在，在小村落中，往往只有一个唯一的家族的土地所有人，大村落中的土地所有人往往也只有少数几个家族；但每一个家族都有许多成员，以致全部农业劳动普通都是由土地所有人自己担任的，不需要佃农或工人的帮助。土地所有人的权利是他们集体所有的，虽然他们几乎始终可以取得其中或多或少一个完整的部分，但他们从来没有发生过一次全部的分割。例如，一个土地所有人可以出卖或抵押其权利；但他必须首先取得‘村落’的同意，而买受人就恰恰抵充他的位置并负担他的所有义务。如果一家没有后裔，它的份额便应归入共有财产中。”

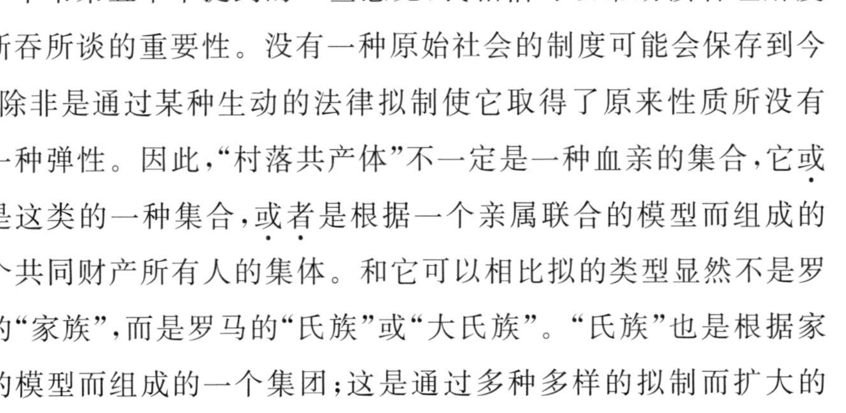

本书第五章中提到的一些意见，我相信可以帮助读者理解爱芬斯吞所谈的重要性。没有一种原始社会的制度可能会保存到今天，除非是通过某种生动的法律拟制使它取得了原来性质所没有的一种弹性。因此，“村落共产体”不一定是一种血亲的集合，它或者是这类的一种集合，或者是根据一个亲属联合的模型而组成的一个共同财产所有人的集体。和它可以相比拟的类型显然不是罗马的“家族”，而是罗马的“氏族”或“大氏族”。“氏族”也是根据家族的模型而组成的一个集团；这是通过多种多样的拟制而扩大的家族，这些拟制的确切性质已经淹没不可考了。在历史时期内，其主要的特点正就是爱芬斯吞在“村落共产体”中所谈到的两点。过去始终有一个共同祖先的假定，这个假定有时和事实显然是有出入的;我们再重复一次历史学家的话,“如果一家没有后裔,它的份额便应归入共有财产中”。在旧罗马法中,无人主张的继承权归属于“同族人”。凡是研究它们历史的人们都这样怀疑,认为“共产体”和“氏族”一样,一般都由于准许族外人的加入而混杂,但“共产体”吸收族外人的确实方式,现在已无法确定。在现在,据爱芬斯吞告诉我们,“共产体”在取得族人同意后用接纳买受人的方法而补充成员。然而,这个被收养成员的取得是属于一种概括继承的性质;随着他所买受的份额,他同时继承了卖主对集合体所负的全部责任。他是一个“家产买主”,他开始抵充某人的地位,也就继承了他的法律身份。要接纳他必须取得全族人的同意,这使我们回忆到“贵族民会”那些自命为亲属的较多族人所组成的“议会”,也就是古代罗马共和政体所竭力坚持的同意,他们坚执地认为这种同意是使一个“收养”合法化和使一个“遗嘱”获得确认所必要的条件。

在印度“村落共产体”的每一个方面几乎都可以发现一种极端古老的象征。我们有极多的充足的理由来猜疑:法律初生时代的特点是,由于人格权和财产权的混杂不清以及公法义务和私法义务的混淆在一起而流行着共同所有制,因此,即使在世界的任何其他部分都不能发现类似地混合的社会,我们应有正当理由从我们对于这些财产所有同族团体的考察中推论出许多重要的结论来。在欧洲有一些部分其财产权很少受到封建变化的影响,在许多其他重要方面它和东方世界的关系也像和西方世界一样密切,在这些部分中,恰巧有一套类似的现象在最近引起了许多热切的兴趣。哈克索孙(M. de Haxthausen)、顿戈波斯基(M. Tengoborski)以及其他人的科学研究告诉我们，俄罗斯的村落并不是人们的偶然集合，也不是根据契约而组成的联合体；它们是和印度那些村落一样天然组织起来的共产体。诚然，这些村落在理论上始终是某些贵族所有人的世袭财产，农民从历史时期起就已变成领主的附属于土地的农奴，在很多情况下，并成为领主个人的农奴。但这高贵的所有制的压力从来没有把古代的村落组织加以破坏，而且很可能，这个假定为把农奴制介绍来的俄罗斯沙皇，他在制定法律时的真正意图是在防止农民舍弃那种合作，因为没有这种合作，旧的社会秩序是不可能长期维持的。在俄罗斯"村落"中，村民之间是假定有一种宗亲的关系的，人格权和所有权是混杂在一起的，在内政方面亦有多种多样的自发规定，这一切就使它几乎完全和印度"共产体"重复；但是有一个重要的不同之点，是我们极感兴趣的。一个印度村落的共同所有人，虽然其财产是混在一起的，但他们有其各别的权利，而且这种权利的分割是完全和无限制地继续着的。在一个俄罗斯村落中，权利的分割在理论上也是完全的，但只是暂时的。在一定的，但并不是在所有情况中都是同样的时期终了后，各别的所有权即告消灭，村落的土地就集中在一起，然后在组成共产体的家族中按照人数重行分配。这种再分配实行后，家族的和个人的权利又被分成为各个支系，作为再一次分配时期到来之前继续遵循的根据。还有一种所有权更奇特的变形发生在某些国家中，这些国家长期成为土耳其帝国和奥地利皇室领土之间的一块争执的土地。在塞尔维亚(Servia)、在克罗西亚(Croatia)以及在奥地利的斯拉窝尼亚，各种村落也都是由既是共同所有人又是亲属的人们集合而成的；但在那里，共产体的内部安排和以上两个例

子中所提到的有所不同。在这一例子中,共有财产的内容不但在事实上不分割,并且在理论上也认为是不能分割的,全部土地由所有村民的联合劳动耕种着,农产物每年在各家村民中分配一次,有时按照各家假定的需要,有时按照规定而以一定份额的用益权给予各别的人。东欧的法学家都认为所有这些实践都可追溯到一个据说在最古的斯拉夫法律中可以找到的原则,就是家族财产不能永久分割的原则。

在以上研究中发现的这些现象所以会引起人们的极大兴趣,主要是它使我们得以了解原来持有财产的团体内部的各别所有权的发展情况。我们有强有力的理由,认定在某一个时期中,财产不属于个人甚至也不属于各别的家族,而是属于按照宗法模型组成的较大的社会所有;从古代所有权转变到现代所有权的方式,虽然还是十分模糊的,但是如果有几种显著的"村落共产体"形式没有被发现并加以研究的话,则可能还要更加模糊。在印度-欧罗巴血统的民族中间,过去可以看到,或者至今还可以看到一些宗法团体,其中各式各样的内部安排是有加以注意的价值的。据说,未开化的苏格兰高原部族领袖经常每隔一个短时期,有时甚至是逐日把食物分配给其管辖下各家庭的家长。奥地利和土耳其省的斯拉夫村人也由他们团体的长辈作定期分配,但在这里,是把全年全部农产物一次分配的。可是在俄罗斯村落中,财产的实体已不再被视为不可分割的,各别的对于财产的要求准许自由提出,但在这里,分割的进程在继续一定的时期以后即断然停止。在印度,不但没有共有财产的不可分性,并且共有财产的各个部分所具有的各别的财产所有权得无限制地延长,并分为任何数量的派生所有权,

但是公有财产的“事实上”的分割则为根深蒂固的习惯所阻止，也为反对在未经族人同意时接纳族外人的规定所阻止。当然，我们并不想坚持这些不同形式的“村落共产体”可以代表到处都以同样方式完成的一种变化过程中的各个阶段。虽然证据并不允许我们前进过远，但是我们如果认为，就我们所看到的那种形式的私有财产权，主要是由一个共产体的混合权利中逐步分离出来的各别的个人权利所组成的，这种猜度，并不能说是完全毫无根据的臆测。我们在研究“人法”时，似乎可以看到“家族”扩张而成为亲属的“宗亲”集团，然后，“宗亲”团体分解而成为各个的家；最后，家又为个人所代替；现在可以提出这样的意见，即在这个变化中每一个步骤相当于“所有权”性质中一次类似的改变。如果在这个意见中有任何真理的话，可以看到，它在实质上影响了有关“财产”起源的理论家一般都向他们自己提出的问题。他们最急切需要解决的问题——也许是一个无法解决的问题——是：最初引起人们相互尊重他人的所有物，其动机究竟是什么？这个问题也可以用这种形式来表现，虽然也很少希望能为它找到一个答案，即研究一下使得一个混合团体和其他混合团体的领地离开的原因。但是，私有“财产”史中最最重要的一章如果真是它的逐渐从亲属共同所有权中解除出来，那么，需要研究的主要之点，就和在所有历史法律学门口所要遇到的问题完全相同——即原来促使人们团结在家族联合体中的动机究竟是什么？对于这样一个问题，如果没有其他科学的帮助，单靠法律学是不能提出一个答案的。这个事实不得不加以注意。

古代社会的财产是不分割的，但这种状态是和当任何单独的

一部分完全从集团遗产中分离出来时就立刻表现的一种特殊鲜明的分割，是不相矛盾的。这种现象的产生，无疑地是由于财产经分割后，就成为一个新的团体的所有物，因此，在已经分离的状态下，如果要和它发生往来，就成为两个高度复杂团体之间的一种交易了。我已经就各集合体的大小和复杂程度等方面，把古代法和现代国际法加以比较，这些集合体的权利和义务古代法里都有规定。古代法中的契约和让与既然不是以单独的个人而是以有组织的人的团体为当事人，这些契约和让与就有高等的仪式；它们需要多种多样象征性的行为或言辞，其目的是使整个交易能深深地印在参与仪式的每一个人的记忆中；它们并且要求一个很大数目的证人到场。从这些特点以及类似的其他特点产生了古代财产形式上普遍存在着的顽强性。有时，家族的遗产是绝对不可让与的，像斯拉夫人的情形，更通常的是，虽然让与不一定完全非法，但像在大部分的日耳曼部落中那样，让与在实际上几乎是不能实行的，因为要移转就必须取得多数人的同意。在这些障碍并不存在或是能够克服的地方，让与行为的本身一般都为一大套不能有丝毫疏忽的仪式所重累着。古代法一致拒绝废除一个单独动作，不论它是如何地荒诞；一个单独的音节，不论其意义可能是早已被忘却了；一个单独的证人，不论他的证词是如何地多余。全部的仪式应该由法律上所规定的必须参加的人们毫不苟且地加以完成，否则让与便归无效，而出卖人亦恢复其权利，因为他移转的企图并未生效。

对使用物件和享有物件的自由流通所加的种种障碍，只要社会获得极为细微的活动时，就会立刻被感觉到，前进中的社会就竭力用种种权宜手段来克服这些障碍，这就形成了“财产”史中的材料。在这些手段中，有一个更重要，因为它更古老和普遍。把财产分为许多类别的想法，似乎是大多数早期社会中自发地产生的。有一种或一类的财产放在比较不贵重的地位上，但在同时却免除了古代加在它们上面的种种拘束。后来，适用于低级财产移转与继承的规定，其高度的便利逐渐被一般人所承认，在经过了一个渐进的改革过程后，比较不贵重一类的有价物的可塑性就传染给传统上地位较高一级的各类物件。罗马"财产法"的历史就是"要式交易物"和"非要式交易物"同化的历史。在欧洲大陆上的"财产"史是罗马化的动产法消灭封建化的土地法的历史，虽然在英国所有权的历史还没有接近完成，但已可以看出，动产法是在威胁着要并吞和毁灭不动产法。

享有物件的唯一自然分类，即能符合物体中实质区别的唯一分类，是把它们分成为"动产"和"不动产"。这种分类虽是法律学中所熟悉的，但它是罗马法慢慢地发展而得来的，并且直到罗马法的最后阶段才被采用。我们现在的分类就是从罗马法得来的。"古代法"的分类有时在表面上和这个分类很相类似。古代法分类偶然地把财产分为各个范畴，并把不动产作为其中的一项；但是后来发现它们或者把许多和不动产毫无关系的物件归在不动产之内，或者把它们从和它们有极密切关系的各种权利中强行分出来。这样，在罗马法中，"要式交易物"不但包括土地，并且也包括奴隶和牛马。苏格兰法律把某种抵押物和土地列在一起，印度法则把土地和奴隶联系起来。在另一方面，英国法律把多年的土地租赁和土地上的其他利益分列，并把前者用动产物(chattels real)的名义并入动产之内。更有进者，"古代法"的分类是含有贵重和低贱之意的分类；动产和不动产之间的区分，至少以罗马法律学而论，实在并不具有尊鄙的意思。“要式交易物”最初的确要比“非要式交易物”优越些，正像苏格兰的可继承财产和英格兰的不动产优越于和它们相对的动产一样。研究一切制度的法律家都不辞劳苦，力求以某种易解的原则来说明这些分类；但在法律哲学中去寻求划分的理由，结果必然是徒劳无功；它们不属于法律哲学而属法律历史。可以用来概括绝大多数事例的解释是，比其余享用物贵重的享用物，一般都是每一个特定社会最初和最早知道的，因此也就着重地用“财产”的名称来尊重它们的那些形式的财产。在另一方面，所有不列入爱好的物件中的物品都被列在较次的地位，因为关于它们价值的知识是肯定在贵重财产目录已经确定之后。它们在最初是不为人们所知道的，稀少，用途有限，再不然就被认为是特权物件的附属物。这样，罗马“要式交易物”虽然包括了许多极有价值的动产，但价值最高的宝石仍旧是从来没有被列入“要式交易物”项内，因为它们是古罗马人所不知道的。同样地，在英国，动产物据说已下降到动产的地位，因为在封建土地法下，这类地产是不常见的，并且是毫无价值的。但最饶有兴趣的是，这些商品继续降格，正当其重要性已有增加、其数量已有增多时。为什么它们没有继续被包括在爱好的享有物件中呢？理由之一，是由于“古代法”固执地墨守着它的分类。凡是没有受过教育的人和早期社会都有这样一个特点，他们除了在实际上所熟悉的特定应用之外，一般都不能想出一条通用的规则。他们不能从日常经验中遇到的特殊事件中分析出一个通用的名词或通用的格言；这样，包括为我们所熟知的各种形式财产的名称，就被拒绝适用于和它们完全类似的其他享有物件和权利主体上。对像法律那样稳定的一个主题发生了特别的力量，后来又添加了其他更适合于文明进步以及一般适宜概念的影响。法院和法律家终于对爱好商品的移转、回复或遗传中所需要的各种令人困惑的手续程序，感到不便，于是便也不愿把作为法律幼年时代特点的专门束缚加于新的各类财产之上。因此就产生了一种倾向，把这些最后发现的物件在法律学安排中列在最低的地位，只通过较简单的程序就可以移转，比较古代的让与简便了许多，不再用来作为善意的绊脚石和诈欺的进身阶了。我们也许有低估古代移转方式的不便的危险。我们的让与证书是书面的，其中的文字既经职业起草者审慎推敲过，在正确性上就绝少存在着缺点。但是一个古代让与不是用书面的，而是用行动的。动作和口语代替了书面专门语法，任何公式被误读了或是象征的行为被遗漏了，就可能使程序归于无效，正如二百年前在叙述使用权或发表残余财产权中发生一个重大错误时，就使一个英国契据归于无效一样。真的，古代仪式的害处，上面所说的仅及其半。假使只在土地的移转中需要有书面的或行为的精密让与，由于这类财产绝少在极匆忙之中予以处分，在移转时发生错误的机会是不会多的。但是古代世界中所谓高级财产不但包括土地，并且也包括几种最最普通和几种最最有价值的动产。当社会一经开始很快地运动时，如果对于一匹马或一头牛，或对于古代世界最有价值的可移动之物——"奴隶"——都需要高度地错综复杂形式的移转，必将感到很大的不便。这类商品一定常常是，并且甚至于原来是用不完全的形式来让与的，因此也就在不完全的名义下持有它们。

古罗马法中的"要式交易物"是土地——在有史时期，指意大

利疆土内的土地，——奴隶以及负重的牲畜，如牛和马。毫无疑问，构成这一类别的物件都是农业劳动的工具，对于一个原始民族很重要的商品。我猜想，这类商品最初称为"物件"或"财产"，而它们移转的让与方式称作"曼企帕因"或"曼企帕地荷"；但可能要直到很后的时期，它们才接受了"要式交易物"的特别名称，所谓"要式交易物"，就是"需要一次'曼企帕地荷'的物件"。可能除此以外，存在着或产生了有一类的物件，这些物件是不值得坚持采用全部的"曼企帕地荷"仪式的。当这些物件由所有人移转给所有人时，只需进行通常手续程序的一部分，这一部分就是实际送达、实物移转或交付，这是一种财产所有权变更的最明显的标志。这类商品是古代法律学中的"非要式交易物"，即"不需要一次'曼企帕地荷'的物件"，这些物件在起初可能很少被重视，并且也不常从一个团体的所有人移转给另一团体的所有人的。可是，"要式交易物"的目录虽是不可改变地定下来了，但"非要式交易物"的目录却在无限制地扩大；从此，人类对物质自然每一次新的征服就在"非要式交易物"上添加了一个新的项目，或在那些已经公认的项目中实行一次修改。因此，它们就不知不觉地提高到和"要式交易物"处于平等的地位，一种固有的低级的印象就这样逐渐消失，人们也就看到了在他们移转时，如果用简单的手续，比较采用复杂和严肃的仪式有更多的利益。法律改良中的两个媒介即"拟制"和"衡平"就被罗马法律学专心一致地运用着，使得"交付"能具有"曼企帕地荷"的实际效果。同时，虽然罗马立法者长期不敢制定法律，规定"要式交易物"中的财产权可通过简单的物件送达而立即移转，但甚至这样一个步骤，最后也为查斯丁尼安大胆地做了，在他的法律学中，“要式交易物”和“非要式交易物”之间的区别已完全消失，“交付”或“送达”成为法律所承认的最大让与。罗马法律家很早就对“交付”有显著的偏爱，这种偏爱使他们在理论中分配给“交付”一个特殊地位，使现代学生们无法看到其真正的历史。“交付”被归类在“自然的”取得方式中，一方面因为它在意大利各部落中普遍地应用着，另一方面因为它是能通过最简单机构来达到其目的的一种过程。如果把法学专家的言语简要地加以重述，无疑地包含着：属于“自然法”的“交付”比“曼企帕地荷”还要古老，因为“曼企帕地荷”是一个“市民社会”的制度；我认为不消说得，这一点是恰恰和事实相反地。

“要式交易物”和“非要式交易物”之间的区分是一种有功于人类文明的区分，这种区分涉及全部商品，它把商品中的一小部分归入一类，而把其余的列入较低级的一类。各种低级的财产，由于蔑视和忽视，首先从原始法律所喜爱的复杂仪式中释放出来，此后，在另一种智力进步的状态下，简单的移转和恢复方法便被采用，作为一个模型，以它的便利和简单来非难从古代传下来的繁重仪式。但是，在有些社会中，财产所受到的束缚是过分地复杂和严密，不能轻易地得到放松。当印度人生出男性的子嗣时，像我已经说过的印度的法律便使他们都在父的财产中取得一种利益，并使他们的同意成为财产让与的一个必要条件。古日耳曼民族的一种通例具有同样地精神——值得注意的是，盎格鲁-撒克逊的习惯似乎是一个例外——，它规定在未经取得男性子嗣同意前禁止让与财产；斯拉夫人的原始法律甚至完全禁止让与。很明显，这一类的障碍是不能用在各种财产之间加以区分的方法来克服的，因为困难涉及所有各类商品；因此，当“古代法”一度开始向改进的道路发展时，就用另外一种性质的区分来克服这种障碍，这种区分不是按照财产的性质而是按照其渊源来分类。在印度，就有两种分类制度的遗迹，我们现在考虑的一种可以用印度法在“继承财产”和“取得物”之间建立的区分来例证。父的继承财产在其子出生时即为他们所分有；但按照大多数省份的习惯，他本人在世时取得的则完全为他个人所有，并可以由他任意移转。罗马法中有一种类似的区分，这是对“父权”最早的一种改革，它允许子把他在军役中所获得的物件归他自己所有。但这种分类方法，在日耳曼人中得到最广泛的应用。我曾反复地说过，自主地虽然并非不可让与，但一般必须经过很大的困难才可以移转；而且，自主地只可以遗传给宗亲属。于是，非常多种多样的区分便被承认了，都企图消灭和自主土地分不开的各种不便。例如，杀害亲属和解费（wehrgeld）在日耳曼法律学中占有很大的地位，却并不成为家族领地的一部分，并且根据完全不同的继承规则而遗传。同样地，寡妇再醮时所课的罚金（reipus）也不并入它所给付的人的自主地之内，在移转时，并且也可以不理会宗亲的特权。日耳曼的法律也像印度人的法律一样，把家长的“取得物”和“继承”财产区分开来，准许他在十分自由的条件下处理其“取得物”。其他种类的分类也是被承认的，常见的是土地与动产的区分；但是在动产项下还被分成几个附属的类别，每一类都适用一种不同的规则。像征服罗马帝国的日耳曼人那样未开化的民族竟会有这样丰富的分类，我们在初看起来似乎是很奇怪的，但这无疑地是由于他们的制度中有相当数量的罗马法成分，这些都是他们长期寄居于罗马领土边境的时期内吸收的。

对于自主地以外各种商品的移转和遗传的规定，我们可以毫无困难地发现其中许多来自罗马法律学，这些都可能是他们在非常长的时间内零零星星地从罗马法律学中借用来的。究竟阻碍财产自由流通的障碍通过了这类手段能克服到何种程度，我们无法加以猜度，因为这些区分已在现代历史上消失了。我在前面已解释过，自主地形式的财产在封建时期已完全消灭了，并且当封建制度一经巩固后，西方世界所有各种区分在实际上只有一种还留存着——就是土地和物件、不动产和动产之间的区分。在外表上，这个区分和罗马法在最后采用的那种区分相同，但中世纪的法律和罗马法律在有一点上是显然不同的，这就是中世纪的法律认为不动产比动产更加高贵。这一个例子，就足以证明它所属的一类方法的重要性。在以法兰西法典为其制度的基础的一切国家中，也就是在欧洲大陆的绝大部分国家中，始终是来自罗马法律的动产法代替了和废弃了封建的土地法。英国是唯一的重要国家，在那里这种变化虽然已有进展，但并没有接近完成。应该进一步说明，我国也是唯一重要的欧洲国家，在其中，动产和不动产的分开受到了在过去曾促使古代分类乖离了唯一合乎自然分类的同一种影响的扰乱。英国的分类在大体上是分为土地和物件；但某种物件被作为继承动产（heir-loom）和土地列在一起，某种土地上的利益则由于历史上的原因又和动产平列。英国法律学站在法律变化的主流之外，重复着古代法律的现象，这里所说的并不是唯一的事例。

因为本文的范围只许可提到那些极古的方法，我要再谈一两个方法，通过了这些方法，古代人对于财产所有权所加的种种束缚多少放松了一些。特别是其中的一种必须加以详细讨论，因为凡

是不熟悉早期法律史的人都不会很容易地相信：现代法律学非常迟缓并且经过了极大困难才获得承认的一条原则，却在法律科学很幼年时代就非常熟悉了。在一切法律中，现代人最不愿采用并不愿使它产生合法后果的原则，就是罗马人所知的"时效取得"和在"时效"的名义下一直传到现代法律学的原则，虽然这个原则是有它有利的性质的。最古罗马法上有一条明定的规则，比"十二铜表法"更古老，它规定：凡是曾被不间断地持有一定时期的商品即成为占有人的财产。占有的期间是极短促的——一年或两年，根据商品的性质而定——，在有史时期内，"时效取得"只在用一种特殊方式开始占有时才能准许有效；但我以为在一个较不进步的时代，比我们在权威著作中所读到的更不严格的条件下，占有也很可能变成所有权。我在前面已经说过，我绝不主张人类对于事实上占有的尊重是法律学本身所能说明的一种现象，但有必要说明的是，原始社会在采用"时效取得"原则时，并没有被曾经阻碍现代人接受这原则的那些纯理论的疑虑和踌躇所困惑。现代法律家对于"时效"的看法，起先是嫌恶，后来则是勉强赞成。在有几个国家中，包括我们自己的国家在内，立法长期不愿越过这样一个旧的方法而前进一步，根据这个旧的方法，凡是在过去一个指定的时期以前、一般是前一个朝代的第一年以前遭受损害而提出的诉讼，一概不予受理；直到中世纪最后结束、詹姆士一世(James the First)继承英格兰王位，我们才获得了一种很不完全的真正的时限条例。现代世界对罗马法中这最著名的一章，而且无疑是欧洲大多数法律家经常谈到的一章竟会这样慢才加以采用，主要是由于受到"寺院法"的影响。"寺院法"是从宗教习惯产生出来的，这些宗教习惯既然关心着神圣或准神圣的利益，就很自然地认为它们所赋予的特权不能因长期不用而丧失；按照这个见解，宗教法律学在后来巩固时，就以明显地反对“时效”著称。“寺院法”被教会法律家用作世俗立法的范本，对基本原理就发生了特殊影响。“寺院法”给予全欧洲形成的各式各样习惯的明确规定，其数量远不及罗马法所给予的多，但它在许多基本问题上似乎已经给了职业意见以一种偏向，而这样产生的倾向又随着每个制度的发展而不断地增加力量。它所产生的倾向之一就是对于“时效”的嫌恶；但是，如果不是和实在派经院法学家的学理相同，我以为这种偏见是绝不会像它现在那样有力的。这些经院法学家认为：不论实际立法如何变动，凡是一种权利，纵使经过长期的忽视，在实际上是不可毁灭的。这种想法的残余，到现在依旧存在。凡是热诚讨论法律哲学的任何地方，对于“时效”的理论基础问题，总是热烈地进行争辩的。在法国和德国，如果一个人已经有许多年丧失了占有，究竟应作为其怠忽的处罚而剥夺其所有权呢，还是由于法律希望结束诉讼（finis litium）而通过简单仲裁使其丧失所有权，仍旧是一个极有兴趣的问题。但是在古代罗马社会中，人们就没有受到这种犹豫不决的困扰。罗马的古代惯例对于在某种情况下丧失占有达一两年的任何人，就直接剥夺其所有权。“时效取得”的这个规定，在它最古代形式下，其确切性质究竟是怎样的，很不容易说明；但是，就我们从书本中所看到和它附着在一起的种种限制，可知“时效取得”实在是一种最有用的保障，用以防止过于繁杂的一种让与制度所有的各种害处。为了得到“时效取得”的好处，他主占有在开始时必须是善意的，换言之，即占有人必须认为他是合法地取得财产；其次，

商品移转给他时所采用的形式虽然在这特定情况中不一定要等于是一个完全的权利的赋予，但至少是应该为法律所承认的。因此，在一个“曼企帕地荷”的情形中，不问履行是如何的草率，但只要在履行中已经包括了一种“交付”或“送达”，则权利上的缺点就可以因至多两年的“时效取得”而矫正。在罗马人的实践中，我认为他们对于“时效取得”的利用，最有力地证明他们的法律天才。他们所感到苦恼的困难，几乎正是英国法律家过去曾经和现在仍旧感到窘迫的困难。由于他们的制度的复杂性，这是他们一直没有勇气也没有力量加以改造的，实际上的权利常常和理论上的权利相脱离，衡平上的所有权则和法律上的所有权相脱离。但是法学专家制定的这个“时效取得”提供了一个自动的机械，通过了这个自动机械，权利的缺陷就不断得到矫正，而暂时脱离的所有权又可以在可能极短的阻碍之后重新迅速地结合起来。直到查斯丁尼安改革之前，“时效取得”一直没有失掉其好处。但法律和衡平一经完全混合、罗马人不再用“曼企帕地荷”作为让与时，这古代的方法已失去必要，而“时效取得”在相当地延长的时期后，就成为“时效”，它最后几乎为所有现代法律制度所普遍采用。

我将简单地提一提另外一种方法，它和上面所提到的一种方法具有同一的目的，它虽然没有立即在英国法律史中出现，但在罗马法中却是历史非常悠久的。有些日耳曼民法学家对英国法律中类比这个问题所提供的线索没有足够地注意，竟认为它甚至早于“曼企帕地荷”，这足证它的明显年代。我要谈到的是“拟诉弃权”(Cessio in Jure)，即在一个法院中，对于要求让与财产的一种串通回复。原告用一种普通形式的诉讼请求诉讼标的；被告缺席；商品就当然地被判给原告。我毋庸提醒英国法律家，这个方法也曾为我们的祖先所想到，并产生了著名的“罚金”和“回复”，大大地解除了封建土地法最严酷的束缚。这种罗马人的和英国人的方法有很多相同之点，并且最有启发地相互例证。但在这两者之间还是有区别的，英国法律家的目的是解除存在权利中的各种纠葛，而罗马法学专家则是在用一种必然地无可非议的移转方式来代替常常失误的移转方式，用它来防止纠葛。实际上，这种办法是“法院”正常地进行工作时自行发现的办法，但无论如何仍旧逃不出原始观念的支配。当法律观点在前进状态中时，法院认为串通的诉讼是诉讼程序的一种滥用；但始终存在这样一个时期，当法院的形式被谨慎地遵守着时，法院就绝不会梦想再有所求了。

法院及其诉讼手续对“财产”的影响是很广泛的，但这个问题已超过了本文的范围，并将使我们深入到后期的法律史，这也和本文的计划是不相一致的。但有必要提一下，“财产”和“占有”间区分之所以重要，就是由于这种影响——并不是区分的本身，这(用一个著名英国民法学家的话)和对物所有的法律权利和对物所有的实际权力间的区分，是完全相同的——而是它在法律哲学中所获得的非常重要性。凡是受过教育的人绝不会没有从法律著作中听到过罗马法学专家在“占有”这个问题上长时期以来发生的一些极端混乱的意见，而萨维尼天才的得到证明，主要就在于他发现了这个谜语的解答。事实上，罗马法律家所用的“占有”似乎含有一种不容易说明的意义。这个名词从其字源上看，原来一定含有实体接触或可以任意恢复的实体接触之意；但在实际应用上如不加任何形容词，它的含义不仅仅包括实体强留，而是实体强留加上了要把物件保留为自己所有的意向。萨维尼跟随着尼布尔，认为这个变例只可能有一个历史渊源。他指出，罗马的“贵族”市民在付出名义租金而成为绝大部分公共领地的佃农时，在古罗马法的见解中，他们只是占有人，但他们当时是一些意图保持他们的土地而抗拒一切外来者的占有人。其实，他们所提出的请求，几乎和最近在英国由“教会”土地的承租人所提出的请求，完全相同。他们承认在理论上他们是国家的任意佃农(tenants-at-will)，但又认为时间和安全的享有使他们的持有成熟而成为一种所有权，如果为了要重行分配领地而排斥他们，那是不公正的。这种请求和“贵族”租地的联想永远影响着“占有”的意义。同时，佃农如果被排斥了或受到了扰乱的威胁时，他们所能利用的唯一法律救济，是“占有禁令”(Possessory Interdicts)，这是罗马法中的简易诉讼程序，是“裁判官”为了要保护他们而明白制定的，或者，根据另外一种理论，是在较早时代用以临时保持占有以待法律权利问题的最后解决。因此，不难了解，凡是作为自己所有而占有财产的人，就有权要求“禁令”，并且通过一种高度人为的辩诉制度，使“禁令”程序能用以处理一个争执占有的冲突请求。接着就开始了一种运动，而这种运动正像约翰·奥斯丁先生所指出的，在英国法律中恰恰重复地发生。财产所有人(domini)宁愿采用形式比较简单方法比较迅速的“禁令”，以代替手续程序迟滞而复杂的“物权诉讼”(Real Action)，并且为了能利用这种占有救济，财产所有人竟借助于假定是包括在其所有权之中的占有。容许不是真正的“占有人”而是“所有人”的人们能自由利用占有救济以证实其权利，在起初虽可能是一种恩赐，但最后使英国和罗马法律学发生了严重退化的效果。罗马法，在"占有"问题上发生了各种复杂难解之处，使它为人们所不信任，而英国法，在适用于回复不动产的诉讼陷入了最无希望的混乱状态后，终于不得不用一种果断的救济办法来把全部混乱一扫而光。近三十年来英国在实质上已把物权诉讼加以废除，没有人怀疑，这是一件公认的好事，但是对于法律学的调和有敏感的人们仍将慨叹地认为，这样我们不但没有澄清、改进和简化真正的所有权诉讼，反而牺牲了这些所有权诉讼而让位于占有的勒迁之诉(possessory action of ejectment)，这样使我们的全部土地回复制度完全建筑在一个法律拟制上。

法院也用区分"法律"和"衡平"的方法来有力地帮助形成和改变有关财产所有权的各种概念，法律和衡平间的区分在最初出现时通常表现为管辖权上的区分。在英国，可以衡平的财产只是受"衡平法院"管辖的财产。在罗马，"裁判官告令"采用新的原则时在外表上往往是用允许在某种情况下可以提出一种特殊诉讼或一种特殊抗辩的形式；因此，罗马法上的可衡平财产(property in bonis)是以"告令"为根据的完全由救济方法保护的财产。保全衡平权利、使不因法律所有人的请求而废止的机构，在两种制度中似乎略有不同。在我们的制度中，它们的独立性靠"衡平法院"的"禁状"而保全。在罗马制度中，既然"法律"和"衡平"还没有巩固，并且由同一法院执行，就不需要"禁状"，只需"高级官吏"简单地拒绝把"市民法所有人"能凭而获得在衡平法上属于别人的财产的那些诉讼和抗辩给予他们即可。但两个制度在实际的执行上，是几乎相同的。它们都用了不同的手续程序，以一种暂时成立来保存新的财产形式，直到这种新的财产形式为全部法律所承认。用了这

种方法，罗马“裁判官”以一种即时的财产权给予因仅仅送达而取得“要式交易物”的人，不必等待“取得时效”的成熟。同样，他及时承认最初仅作为一个“受托人”或受寄人的抵押权人，以及“永佃人”(Emphyteuta)或偿付一定永久佃租的佃农，有所有权。和这个发展过程相平行，英国衡平法院为“抵押人”、为“信托受益人”(Cestui queTrust)为享有特种授产的已婚妇女，以及为还没有获得一种完全法律所有权的“买受人”，创设一种特殊的所有权。在这一切事例中，显然是新的所有权形式被承认了并保存了。但是，在英国和罗马，“财产”间接地受到衡平影响的，真不下千百种之多。衡平的著者利用他们手中掌握的有力工具，向法律学的各个角落里推进，他们必然地要遇到、触及并且多少在实质上改变财产法律。在前面我谈到某些古代法律特点和方法曾有力地影响着所有权的历史时，我的意见应被理解为，它们的最大影响是在把改进的暗示和提示注入到衡平制度制造者所呼吸的精神空气中。

但是要描述“衡平法”对“所有权”发生的全部影响，就必须把它的历史一直写到我们现在为止。我所以提到它，主要因为有几位可尊敬的当代著者曾以为：从罗马人把“衡平”财产从“法律”财产中分离开来这件事情中，我们获得了使中世纪法律对于“所有权”持有的概念显然有别于罗马帝国法律所持有概念的线索。封建时代概念的主要特点，是它承认一个双重所有权，即封建地主所有的高级所有权以及同时存在的佃农的低级财产权或地权。有人认为这种双重所有权非常像罗马人把财产权概括地区分为公民的或法律的，以及(用一个后来的名词)有使用权的(Bonitarian)或可衡平的。该雅士也把完全所有权分裂为两个部分作为罗马法律的一个特点，与其他民族所熟悉的完全或自主财产所有权成为明白的对比。诚然，查斯丁尼安把完全所有权重新合而为一，但蛮族在这样许多世纪中所接触到的是西罗马帝国经过部分改革的制度而不是查斯丁尼安的法律学。当蛮族居留在帝国的边缘上时，很可能他们学到了这种划分，后来便产生了显著的后果。我们虽然同意这种理论，但无论如何必须承认，在各种蛮族习惯中所含有的罗马法因素到现在为止，还研究得很不完全。所有解释封建制度的各种错误的或不充分的理论，在它们相互之间有一点类似的倾向，就是忽略了包含在封建制度结构中的这种特殊要素。在这个国家中为一般人所追随的前辈研究者，都特别着重封建制度逐渐从长成到成熟这个混乱期间内的各种情况；后来，在已经存在的那些错误中又加添了一个新的错误的来源，这就是民族骄傲，它使日耳曼的著者过分夸大其祖先早在他们来到罗马世界之前就已建立起了的社会组织的完整性。有一两位英国研究者虽能从正确的方向来寻求封建制度的基础，但他们的考察仍旧没有得到任何可以令人满意的结果，这或者是由于他们过于专心地从查斯丁尼安的编纂中寻求类比，或者由于他们把注意力局限于现在被发现附在现存的蛮族法典上的罗马法纲要上。但是，如果罗马法律学的确对蛮族社会有任何影响，则绝大部分影响的产生应该在查斯丁尼安立法以前，也就是这些纲要着手编辑之前。我认为，在蛮族惯例这个瘦削的骨骼上被以肌肉的，不是经过改革的和经过提炼的查斯丁尼安法律学，而是流行在西罗马帝国的以及东罗马帝国民法大全所没有能代替的未经整理的体系。变更的发生，应该假定在日耳曼部落作为征服者而占有罗马领土的任何部分之前，因此，也就是

远在日耳曼君主为供罗马臣民之用下令起草罗马法辑要之前。凡是能体会到古代法律和发达的法律之间的差别的每一个人都会感觉到有这类假定的必要。遗存的蛮族法律虽然是粗糙的，但从它们纯粹源自蛮族的理论来看，还不是太粗糙的；我们也没有理由认为我们在文字记录中所看到的已超过了当时在胜利部落的成员自己中间所实行的各种规定。如果我们能有办法使我们相信在蛮族制度中已经存在着已贬低了价值的罗马法的大量成分，则我们就有可能解除一个严重的困难。征服者的日耳曼法律和其臣民的罗马法律恐不可能合并起来，如果在这两种法律相互之间不具有比精练法律学和蛮族习惯中间通常有的更多的亲和力的话。很可能，蛮族的法典在表面上虽然很古，却只是真正原始的惯例和半省略的罗马规定的一种混合物，正是这种外国元素使它们和罗马法律学能合并起来，而当时的罗马法律学其精致程度也已稍逊于西罗马帝国诸皇帝治下所获得的了。

虽然这一切都应该承认，但是却有几种理由使封建形式的所有权不像是罗马的双重所有权所直接提示的。法律上的财产权和衡平的财产权之间的区别，看起来很微妙，极少可能为蛮族所理解；更有进者，除非“法院”已经正常进行工作，这是很难被人懂得的。但反对这理论的最强有力的理由是，在罗马法中存在一种形式的财产权——这的确是“衡平”的一种产物——可以用来非常简单地说明从一套思想转变到另一套思想的过渡。这种财产权就是“永佃权”（Emphyteusis），虽然关于它把封建所有权介绍到世界上来时所做出的确切助力，我们知道得很少，但中世纪的“封地”就常常是建筑在这上面的。“永佃权”虽在当时也许还没有以它的这个希腊名称为人所知道，但却的确标志着最后引导到封建主义的一种思潮中的一个阶段。在罗马史中，第一次提到大地产，是在我们研究到罗马的贵族财产时，其规模之大绝非一个“家父”连同其子嗣和奴隶全家所能耕种的。这些大财产所有人似乎完全不知道有自由佃农耕种的制度。他们的大地产(latifundia)一般都是由奴隶队在监工之下进行工作，监工本身可能是奴隶或自由人；当时试行的唯一组织，就是把低级奴隶分成为许多小团体，使他们成为较好的和较可信任的那些奴隶的特有产，因而也就使那些较好的和较可信任的奴隶关心他们的工作效率。可是，这类制度对于有一种土地所有人即“市政当局”特别不利。意大利的官吏从事于罗马行政的往往调动迅速频繁；因此由一个意大利法人来管理广大土地必定是非常不够好的。因此，市政当局开始把纳税地(agri vectigules)出租，换言之，即把土地以一定的租金、在某种条件下、永久租与一个自由佃农。这个办法后来为个人所有者广泛模仿，而佃农和所有人的关系原来是由契约决定的，后来为“裁判官”所承认，认为佃农也具有一种有限的所有权，这在后来就成为“永佃权”。从这时起，租地的历史分为两大支流。在我们对于罗马帝国记录最不完全的一段长时期内，那时罗马大家族的奴隶队逐渐转化成为土著农夫，他们的来源和地位构成了全部历史中最暧昧问题之一。我们不妨这样来猜测，即他们中一部分来自奴隶的上升，一部分来自自由农民的降格；同时他们也证明了罗马帝国的富人阶级逐渐注意到耕种者对于土地的出产物有一种利益时就可以使土地财产的价值增多。我们知道，他们的服役是属于土地的；这种服役性质并不完全具有绝对奴隶状态的许多特征；并且他们只要

在每年收获量中以一定的部分付给地主就可以免除服役。我们也知道,他们经历了古代世界和现代世界中一切社会的变化而被保存下来,他们虽然包括在封建结构的较低级的地位,但他们在许多国家中继续以他们曾付给罗马土地所有人(dominus)的完全同样数量的贡税交与地主,而从土著农夫之中的一个特殊阶层,即为其所有人保留一半农产物的分益土著农夫(coloni medietarii),传下来了分益佃农(metayer tenantry),几乎所有欧洲南部的土地到现在为止仍旧由这些人耕种着。在另一方面,如果我们可以这样来理解"民法大全中"关于它的暗示的话,那么"永佃权"可以成为财产权的一种人人欢迎和有益的变更;并且可以设想,凡有自由农民存在的地方,支配着他们在土地上的利益的,就是这种租地制。前面已经说过,"裁判官"把永佃人认为一个真正的所有人。在被驱逐时,他可以用"物权诉讼"来争取恢复,这是所有权的明显的标志,并且只要他准期清偿租金(canon)就可以受到保护,不受租借人的干扰。但在同时,我们不能以为租借人的所有权已经消灭或是停止了。他的所有权仍旧存在,因为他在不付租金时就有权收回租地,在出卖时有先买权,并且对于耕种的方式有一定的控制权。因此,我们可以把"永佃权"作为一个显著的双重所有权的例子,这种双重所有权是封建财产权的特点,同时,这种例子也比法律的和衡平的权利并列要简单得多,并且容易模仿得多。可是,罗马租地史并不到此为止。我们有明显的证据,证明在沿莱茵河和多瑙河一带长期保卫着帝国边疆以反抗蛮族的各大堡垒之间,有连绵不断的狭长的田地,称为边界地(agri limitrophi)的,向由罗马军队中的久戍的兵士根据"永佃权"的条件占有着。这里也有一种双重所有权。罗马国家是土地的地主，士兵们只要随时准备着在边境危急时应征入伍服役，即能耕种土地而不受侵扰。事实上，一种非常类似奥地利-土耳其边境军队屯垦制度的卫戍职守代替了普通“永佃权”人应尽的清偿租金的义务。我们不可能怀疑：这就是建立封建主义的蛮族君主所抄袭的先例。他们目睹这种制度有百余年，并且我们必须记着，有许多守卫着边境的老兵本身就是蛮族的后裔，他们说的也许是日耳曼语言。他们接近着这样容易模仿的一个模型，这不但使佛兰克和伦巴德的君主们从此获得了把公有领地划出一部分赐予其从者以换取军役的想法；同时或许也说明了这种趋势，即这种“采地”很快就成为世袭的，因为一个“永佃权”虽然可能是根据原来契约的条件创造出来的，但按诸常理它却是传给受让人的继承人的。诚然，采地的持有人，以及较近时期由采地变成的那种封地的封建主，似乎都负有某种为屯军所不致有的和“永佃权人”所必然不会有的劳役。例如对于高一级的封建主有尊敬和感恩的义务，有帮助他置备女儿嫁奁和为他儿子准备武装的责任，在未成年时受他监护的义务，以及许多其他类似的租地条件，一定都是从罗马法中“庇护人”和“自由民”亦即是“前主人”(quondam-master)和“前奴隶”(quondam-slave)的相互关系依照字面直接借用来的。然而，我们知道，最早的采地受益人都是君主的个人随从，这个地位在表面上是很光荣的，但在初时一定夹杂着某种身份低贱的意味，这是无可争辩的。在宫廷中侍奉君主的人放弃了某种属于绝对个人自由的东西，即自主财产所有人最足以骄傲的特权。

第九章　契约的早期史

关于我们所处的时代，能一见而立即同意接受的一般命题是这样一个说法，即我们今日的社会和以前历代社会之间所存在的主要不同之点，乃在于契约在社会中所占范围的大小。这个说法所根据的现象，有些都是常常被提出来受到注意、批评和颂扬的。我们绝不会毫不经心地不理会到：在无数的事例中，旧的法律是在人出生时就不可改变地确定了一个人的社会地位，现代法律则允许他用协议的方法来为其自己创设社会地位；真的，对于这个规定有几个例外，不断地在热烈愤慨下遭到废弃。例如，黑奴问题，到现在仍被剧烈争论着，其真正争执之点是：奴隶的身份究竟是不是属于过去的制度，又如雇主和工人之间能合乎现代道德的唯一关系，究竟是不是完全由契约决定的一种关系。承认过去和现在之间存在这种差别，是最著名的现代思想的实质。可以断言，"政治经济学"是今日有相当进步的唯一伦理研究部门，它将会和生活的事实不相符合，如果"强行法"对它一度占据的领域的绝大部分不肯加以放弃，并且人们不能具有直到最近才允许他们有的决定其自己行为规律的一种自由。受到政治经济学训练的大多数人都有这样一种偏见，认为他们的科学所根据的一般真理是有可能变为普遍性的真理的，并且，当他们把它作为一种艺术而运用时，他们一般都着重于扩大“契约”的领域，缩小“强行法”的领域，只有在必须依靠法律以强制“契约”的履行时，才是例外。一些思想家在这种思潮影响下做出的鼓动，开始在西方世界中很强烈地感觉到。立法几乎已经自己承认它和人类在发现、发明以及大量积累财富各方面的活动无法并驾齐驱；即使在最不进步的社会中，法律亦逐渐倾向于成为一种仅仅的表层，在它下面，有一种不断在变更着的契约规定的集合，除非为了要强迫遵从少数基本原理或者为了处罚违背信用必须诉求法律外，法律绝少干预这些契约的规定。

社会研究，因为它们必须依靠对法律现象的考究，是在一种非常落后的状态中，因此，我们发现这些真理不为今天流行着的有关社会进步的日常用语所承认，是不足为奇的。这些日常用语比较符合我们的偏见，而不符合我们的信念。当“契约”所根据的道德成为问题的时候，绝大多数的人都更强有力地不愿把道德认为是进步的，我们中有许多人几乎本能地不愿承认我们同胞所有的善意和信任，会比古时代更为广泛传布，也不愿承认我们当代的礼仪中有能和古代世界中的忠诚相比拟的东西。有的时候，这些先入之见的声势为诈欺行为所大大加强，这种诈欺行为是在它们被目睹之前所未曾听到过的，并且以其犯罪行为而使人震骇，更以其复杂而令人惊异。但这些欺诈行为的性质明白地显示出：在它们成为可能之前，它们所破坏的道德义务必定已超过了一定比例的发展。由于多数人笃守信义，就给了少数人不顾信义的方便，因此，当巨大的不诚实的事件发生时，必然的结论是，在一般的交易中都显现出审慎的正直，只在特殊情形中才予犯法者以可乘之机。如果我们坚持要从法律学上的反映来看道德史，并且把我们的眼光

向着“犯罪”法而不是向着“契约”法，则我们必须细心谨慎，才不致错误。最古罗马法所处理的唯一形式的不诚实，是“盗窃罪”。在我写本书的时候，英国刑法中最新的一章，是企图为“受托人”的欺诈行为做出处罚的规定。从这对比中所可能得到的正当推论，并不是原始罗马人比我们有更高的道德观念。我们应该说，在他们和我们相隔开的时代中间，道德已经从一个很粗浅的概念进步到一种高度精练的概念——从把财产权视为绝对神圣，发展到把仅仅由于片面信用而产生的权利视为有权受到刑事法律的保护。

法学家的各种明确理论，在这一点上，并不比普通人的意见更接近真理。试从罗马法律家的见解开始，我们发现他们的见解和道德及法律进步的真正历史并不符合。在有一类的契约中，以缔约两造的善意担保为唯一要件，这种契约他们特别称之为“万民法契约”(Contracts juris gentium)。并且，虽然这些契约无疑地是罗马制度中最迟产生的，但其所用的用语，如果我们可以从中吸取其含义的话，实包含着：这些契约比在罗马法中处理的某种其他形式的约定还要古远，在罗马法中忽视一个专门手续程序，就要像误会或欺骗一样损害到责任。然而所谓它们是古远的说法，是模糊的、暧昧的，是只能通过“现在”方能理解的；所谓“国际法契约”被明白地看做人类在“自然状态”下所知道的一种“契约”，也要到罗马法律家的用语变成了对罗马法律家的思想方式已不再能理解的一个时代的用语之后才能理解。卢梭兼有了法律上的和通俗的错误。在“论艺术和科学对道德的影响”(Dissertation on the Effects of Art and Science upon Morals)——这是他作品中引人注意的第一部，并且是他最无保留地申述他的意见使他成为一个学派首创人的一篇作品——中，他一再指出古波斯人的诚实和善意，认为这些是原始人天真的特征，已经逐渐为文明所消灭了的；到一个较后的时期，他把他所有理论完全放在一个原始"社会契约"学理的基础上。所谓"社会契约"，是我们正在讨论的错误所形成的最有系统的一种形式。这个理论虽然为政治热情所抚育而趋于重要，但所有它的营养则完全来自法律学的纯理论。首先受它吸引的著名英国人士所以重视它，主要是由于可以在政治上利用它，但是，正像我现在解释的，如果政治家不是长期地用法律用语来进行争辩，则他们将绝不可能达到它。同时这个理论的英国著者也不是对于这理论的深远影响茫然不见的，因为法国人就是经过这种推荐而承继到它的。法国人的著作显示出：他们认为这个理论可以用来说明一切政治现象，同时也可以说明一切社会现象。他们看到在他们时代中已经非常触目的事实，即人类所遵守的现实法规中，比较大的部分都是由"契约"设定的，只有少数是由"强行法"设定的。但是，他们对于法律学中这两个要素的历史关系，或者是一无所知，或者是漠不关心。因此，他们提出一切"法律"源自"契约"的理论，其目的是在满足他们的尝试，要把所有法律学归因于一个一致渊源的纯理论，同时也在规避主张"强行法"来自神授的各种学理。在另一个思想阶段中，他们可能满足于把他们的理论停留在一个巧妙假设或一个便利的口头公式的情况中。但这个时代，是在法律迷信的统治之下。"自然状态"已不再是似是而非的东西了，因此，在坚持"社会契约"是一种历史事实时，就很容易使"法律"起源于契约的理论获得一种虚伪的真实性和明确性。

我们自己的一代已经摒弃了这些错误的法律理论，部分由于

我们已经超过了他们所处的智力状态,部分由于我们已经几乎完全停止再在这类主题上进行推理。喜爱研究的人们在目前所乐于从事的工作,以及答复我们祖先对社会状态起源所持纯理论的工作,是对现在存在和在我们眼前活动的社会进行分析;但是,由于缺少历史的帮助,这种分析就时常退化而成为一种徒然是好奇心的活动,并且特别容易使研究者不能理解和他所习见的有很大不同的社会状态。用我们自己时代的道德观念来评价其他时代的人们,其错误正如假定现代社会机器中的每一个轮子、每一只螺钉在较原始的社会中都有其相对物的那样错误。在用现代风格写成的历史著作中,这类印象繁衍很广,并且都很巧妙地掩盖着它们自己;但是我在法律学的领域中也发现了它们的痕迹,如一般对孟德斯鸠穿插在其"波斯人信札"(Lettres Persanes)中有关"穴居人"(Troglodytes)的小寓言所作的颂扬中。据说"穴居人"是一种人,由于他们系统地破坏其"契约",因而全部遭受灭亡。如果这个故事表示着著者意中的道德观念,并且是用以暴露这一世纪和上一个世纪曾受到其威胁的一种反社会异端,这诚然是无可指摘的;但如果由它而得到的推论是:一个社会在允约和合意上如果没有给予一种神圣性,而这种神圣性与一个成熟文明所给予的尊敬相类似,这个社会就不可能结合在一起,则它所含有的错误将是非常严重的,它将使我们对于法律史不能做出正确的理解。事实是,"穴居人"完全没有注意到"契约"责任,却曾兴旺起来,建立过强有力的国家。在原始社会组织中,必须首先了解的一点是,个人并不为其自己设定任何权利,也不为其自己设定任何义务。他所应遵守的规则,首先来自他所出生的场所,其次来自他作为其中成员的户主所给他的强行命令。在这样制度下，就很少有“契约”活动的余地。同一家族的成员之间（我们得这样来解释证据）是完全不能相互缔结契约的，对于其从属成员中任何一人企图拘束家族而做出的合意，家族有权置之不理。诚然，家族得与其他家族缔结契约，族长得与族长缔结契约，但这种交易在性质上和财产的让与相同，并同样地有许多繁文缛节，只要在履行时忽略其中一个细节就足以使义务归于无效。由于一个人对另外一个人的话加以信赖而产生积极义务，是进步文明最迟缓的胜利品之一。

无论是“古代法”或是任何其他证据，都没有告诉我们有一种毫无“契约”概念的社会。这种概念在最初出现时，显然是极原始的。在可靠的原始记录中，我们都可以注意到，使我们实践一个允约的习性还没有完全发展，种种罪恶昭彰不信不义的行为常被提到，竟毫无非难，有时反加以赞许。例如，在荷马文学中，优烈锡士的欺诈狡猾，好像是和纳斯佗（Nestor）的智虑明达、海克佗（Hector）的坚毅不拔以及亚济里斯（Achilles）的英雄豪侠处于同等的一种美德。古代法特别使我看到粗糙形式的和成熟时期的“契约”间存在着一个很远的距离。在开始时，法律对于强迫履行一个允约，并不加以干预。使法律执有制裁武器的，不是一个允约，而是附着一种庄严仪式的允约。仪式不但和允约本身有同样地重要性，仪式并且还比允约更为重要；因为成熟的法律学着重于仔细分析提供一个特定的口头同意的心理条件，而在古代法中则着重于附着在仪式上的言语和动作。如果有一个形式被遗漏了或用错了，则誓约就不能强行，但是，在另一方面，如果所有形式经表明已完全正确进行，则纵使以允约是在威胁或欺骗之下做出为辩解，也

属徒然。从这样一种古代的看法，转变而成为一个“契约”的熟习观念，其转化过程在法律学史中是显然可见的。在起初，仪式中有一个或两个步骤省略了；后来其他的也简化了或者在某种条件下忽略了；最后，少数特殊的契约从其他契约中分离出来，准许不经任何仪式而缔结定约，这种选定的契约都是些社会交往活动和力量所依靠的。心头的约定从繁文缛节中迟缓地但是非常显著地分离出来，并且逐渐地成为法学专家兴趣集中的唯一要素。这种心头约定通过外界行为而表示，罗马人称之为一个“合约”(Pact)或“协议”(Convention)；当“协议”一度视为一个“契约”的核心时，在前进中的法律学不久就产生了一种倾向，使契约逐渐和其形式和仪式的外壳脱离。在这以后，形式只在为了要保证真实性和为了要保证谨慎和细心时才加保留。一个“契约”的观念是完全地发展了，或者，用罗马人的用语来说，“契约”是吸收在“合约”中了。

罗马法律中这个变更过程的历史，是非常有启发性的。在法律学的最初曙光期，用以表示一个“契约”的名词是历史“拉丁语法”学者很熟悉的一个名词。这就是“耐克逊”，契约的两造称为“耐克先”(nexi)，这两个用语必须特别注意，由于它们所依据的隐喻特别持久。在一个契约合意下的人们由一个强有力的约束或连锁联结在一起，这个观念一直继续着，直到最后影响着罗马的“契约”法律学；并且由这里顺流而下，它和各种现代观念混合起来。然则在这耐克逊或约束中，究竟包括些什么？从一个拉丁考古学家传下来的一个定义，认为耐克逊是每一种用铜片和衡具的交易(omne quod geritur per æs et libram)，这些文字曾引起了许多疑惑。铜片和衡具是“曼企帕地荷”的著名附属物，即在前章中描述过的古代仪式，通过这种仪式“罗马财产”最高形式中的所有权就由一个人移转到另外一个人。“曼企帕地荷”是一种让与，因此就发生了一个困难，因为这样的定义似乎把“契约”和“让与”混淆起来了，而在法律哲学上，它们不仅仅是个别的，而且在实际上是相互对立的。物权(jus in re)、对世权(right in rem)，即“对全世界有效的”权利或“财产所有权”，在成熟法律学的分析中是和人权(jus ad rem)、对人权(right in personam)，即“对一单独个人或团体有效的”权利或债权，有明显的区别的。“让与”转移“财产所有权”，“契约”创设“债权”——然则，这两者怎样会包括在同一的名称或同一的一般概念之下？这和许多相似的困难一样，是由于把显然属于智力发展进步阶段的一种能力，把在实践上混合在一起的各种纯理论观点加以区别的能力，错误地认为属于一个未成形社会的心理状态而产生的。我们有不可误解的有关社会事务状态的各种迹象，证明“让与”和“契约”在实际上是混淆不分的；同时，直到人们在缔约和让与中采用一种个别的实践前，这两个概念的差异从来没有为人们所领会到。

这里可以看到，我们对古罗马法已具有足够的知识，使我们可以提供一些在法律学萌芽时代各种法律概念和法律用语所遵循的转化方式的大概。它们所经历的变更似乎是从一般到特殊的一种变更；或者，换言之，古代的概念和古代的名词是处于逐渐专门化的过程中。一个古代的法律概念相当于不仅一个而是几个现代概念。一个古代的专门术语可以用来表示许多东西，这些东西在现代法律中分别具有各种不同的名称。如果我们研究下一阶段的法律学史，我们就可以看到次要的概念逐渐地被解脱出来，旧的一般的名称正为特别的名称所代替。旧的一般概念并没有被遗忘，但它已不再包括它起初包括的一种或几种观点。因此同样地，古代的专门术语依旧存在，但它只执行着它以前一度具有的许多职能中的一种。我们可以从许多方面来证明这种现象。例如，各式各样的“父权”在过去曾一度被认为是属于同一性质的，它也无疑地被归属于一个名称之下。祖先所行使的权力，不论它是对家族或是对物质财产——对牛、羊、奴隶、子女或妻——行使的统统是一样的。我们不能绝对地确定权力的旧的罗马名称，但我们有强有力的理由相信：曼奴斯(manus)能表示各种不同程度的权力，就可知道古代对于权力的一般名词是曼奴斯。但是，当罗马法稍稍进步了后，名称和观念都专门化了。“权力”按照着它所行使的对象而在文字上或在概念上明确地区分了。对物质商品或奴隶行使的权力，成为完全所有权——对儿女，称为家父权——，对那些已被他们的祖先把他们的劳役卖给了别人的自由人，称为曼企帕因——，对妻子，则仍然是曼奴斯。可以看到，旧的文字并没有完全废止，只是限制于它以前表示的权限的一种特定的行使上而已。这个例子可以使我们理解“契约”和“让与”在历史上所发生的关联的性质。一切要式行为在开始时可能只有一种庄严的仪式，在罗马，它的名称在过去似乎就是耐克逊。过去在让与财产时所用的同样形式，后来似乎就恰恰被用于缔结一个契约。但经过不多时候，我们到达了这样一个时期，当时一个“契约”的观念又被从一个“让与”的观念中分离了出来。这样，就发生了一个双重的变化。“用铜片和衡具”的交易，当它的目的是在移转财产时，采用了一个新的、特殊的名称，“曼企帕地荷”。而古代的“耐克逊”则仍旧用以

表示原来的仪式，但这样仪式只被用于使契约庄严化的特殊目的。

当我们说：在古代二种或三种法律概念往往混合为一，我们的意思并不是在暗示：在这些包括在一起的几个观念之中不可能有一种观念会比其他各种观念古老一些，或者，在几个观念形成时，也不可能有一种观念会较其他观念显著地占优势，并居于它们之上。为什么一个法律概念会继续长期包括几个概念，一个术语会代替几个术语，其理由无疑地是因为在原始社会中，往往在人们有机会注意或给予适当名称之前，法律在实践上很早已发生了变化。虽然我们已说过，"父权"在最初时并不是因它所行使的对象的不同而有所区分，然我确切地感到，"对子女的权力"(Power over Children)实即是古代"权力"概念的基础；我也深信在最早应用"耐克逊"时，也即是在原来应用它的人们的心目中，"耐克逊"的作用是在使财产的移转有适当的庄严仪式。大概"耐克逊"的略微歪曲其原来的职能，最初是为了使它适用于"契约"，而由于它改变的程度十分轻微，所以人们长期没有觉察或注意到。旧的名称仍旧保留着，因为人们没有感觉到他们需要一个新的名称。旧的观念盘踞在人们脑中，因为没有人发现有理由要费心来研究它。这种情况，在"遗嘱"史中已有了明白的例证。一个"遗嘱"在最初只是简单的财产移转。只在这种特殊让与和一切其他让与之间逐渐发生了巨大的实践上的差别，才使这种让与被分别对待，即使是这样，也还需要经过几个世纪以后，法律改良者才把这名义上的曼企帕地荷，作为无用的累赘而加以清除，并同意在"遗嘱"中除了"遗嘱人"的明白意思外，其他一切都非必要。不幸的是，我们无法以对"遗嘱"的早期史的绝对信心来追溯"契约"的早期史，但我们并

非完全没有暗示，说明契约在最初出现时是把耐克逊放在一种新的应用中，后来通过实际试验获得了重要效果，被承认为一种个别的交易。下述过程的描写虽然是出于臆测，但并非全无根据。我们试以一次现款买卖作为“耐克逊”的通常形式。出卖人携带他意欲处分的财产——例如一个奴隶——买受人带来了他用作金钱的粗铜块——还有一个不可缺少的助手，即司秤，他带来了一个天平秤。通过规定手续，奴隶被移交给买受人——铜块经司秤称过，然后移交给出卖人。在这交易继续进行的过程中，我们称之为耐克逊，买卖的双方是耐克先；但一当交易完成后，耐克逊就告中止，出卖人和买受人即不再具有他们因这暂时关系而产生的名称。在这里，我们试再根据商业史的发展向前跨进一步。假定奴隶是移转了，但没有付钱。在这种情况下，就出卖人说，耐克逊是完成了，并且当他已移交其财产后，他已不再是耐克苏斯(nexus)；但就买受人说，耐克逊仍在继续着。就他的部分而论，交易还未完成，他仍被认为是耐克苏斯。因此，可以看到，这同一名词在一方面是指财产凭以移转的“让与”，在另一方面又是指债务人对于还没有偿付的买价的个人债务。我们还可以更进一步，假设一种程序是完全属于形式，在这程序中并没有东西移转，也没有东西偿付；这就表明了一种更高级商业活动的交易，一种将来生效的买卖契约(executory Contract of Sale)。

如果在一般见解和职业见解中，真的都把一个契约长期地认为是一种不完全的让与，这个真理的重要性是有多种理由的。在上一世纪中，有关人类在自然状态中的各种纯理论被概括为这样一个学理，即“在原始社会中财产是不当什么的，被重视的只有债务”，这并非是完全不适当的；但现在可以看到，如果把这个命题颠倒过来，可能会更接近于实际。另一方面，从历史上考虑，“让与”和“契约”在原始时代的联系，说明了某些常被学者和法学家认为特别难以解释的东西，我的意思是指：极古法律制度中一般都对于债务人非常苛酷，并给予债权人以过分的权力。当我们一度懂得了耐克逊是被人为地延长了以使债务人有一定的时间，我们就可以更好地理解他在公众和法律之前的地位。他的负债无疑地被认为是一种变例，而中止付款一般被认为是一种诡计和对于严格的规定的一种歪曲。相反地，凡是在交易中正当地完成其任务的人，必为人所尊重；那就很自然的要使他掌握紧急的武器，以便强使程序完成，这个程序严格地讲，是绝不应该准许展期或迟延的。

因此，“耐克逊”的原意是一种财产让与，在不知不觉中也用来表示一个“契约”，并且，在最后，这个字和一个“契约”观念经常发生联系，不得不用一个特定名词即“曼企帕因”或“曼企帕地荷”来表明真正的“耐克逊”或交易，这样财产是真正的移转了。现在，“契约”便从“让与”中分离出来，它们的历史的第一阶段于是完成了。但它们发展到这样一个时期，即缔约者的允约要比附带进行的手续程序有更高神圣性的时期，则还有很大一段距离。为了说明这一时期中所发生的变化的性质，必须略为越出本文范围之外，研究一下罗马法学专家关于“合意”的分析。这种分析，是他们智慧最美丽的纪念碑，在这分析中，我只需约略提一下，它把“债”和“协议”或“合约”在理论上加以分开。边沁和奥斯丁先生宣称，“一个契约有两个要素：首先，要约者一造表示意向，要做他约定要做的行为或遵守他约定要遵守的不行为。其次，是受约者表示他预期要约者一造履行其提出的允约”。这在实际上是和罗马法律家的学理完全相同的，但在他们的见解中，这些“表示”的结果不是一个“契约”而是一个“协议”或“合约”。一个“合约”是个人相互间同意的极端产物，它显然还不够成为一个“契约”。它最后是否会成为一个“契约”，要看法律是否把一个“债”附加上去。一个“契约”是一个“合约”（或“协议”）加上一个“债”。在这个“合约”还没有附带着“债”的时候，它称为空虚（nude 或 naked）合约。

什么是一个“债”？罗马法律家的定义是：“应负担履行义务的法锁”（Juris vinculum, quo necessitate adstringimur alicujus solvendæ rei）。这个定义通过它们所根据的共同隐喻而把“债”和“耐克逊”联系起来，并明白告诉我们一个特殊概念的体系。“债”是法律用以把人或集体的人结合在一起的“束缚”或“锁链”，作为某种自愿行为的后果。凡引起“债”的效果的行为，主要是那些归类在“契约”和“侵权”、“合意”和“损害”等题目之下的行为；但是有许多其他行为能造成类似后果的，却不能包括在一种确切分类中。应予注意的是，行为并不是由于任何道德上的必要而使它自己负上“债”的；这是由法律根据其充沛的权力而附加上去的，这是非常有必要加以注意的一点，因为“市民法”的现代解释者有时提出了一个不同的学理，并以他们自己道德的或形而上学的理论来作为支持。法锁的意象沾染了和渗透了罗马“契约”和“侵权”法律的每一个部分。法律把各当事人拘束在一起，锁链只有通过称为清偿（solutio）的程序才能解除，清偿也是一个借喻的用语，英语中的“支付”只偶尔地和它的意义相同。这借喻的意象借以表现其自己的一致性，说明了罗马法律用语上另一个在其他情况下很难解释

的特性，即“债”既表示权利，也表示义务，例如使债务清偿之权以及清偿债务的义务。事实上罗马人把“法律上的锁链”的全貌放在他们的眼前，对其一端的重视不多也不少于其他一端。

在进步的罗马法中，“协议”在完成以后，几乎在所有情况下，都立即把“债”加上去，于是就成为一个“契约”；这是契约法必然要趋向的结果。但为了进一步研究，我们必须特别注意其中间阶段——即除了一个完全的合意之外，还需要某种东西来吸引“债”的阶段。这个时期正是把契约分成四类——即“口头契约”、“文书契约”、“要物契约”和“诺成契约”（the Verbal，the Literal，the Real，and the Consensual）——的著名的罗马分类法开始应用的时期，在这个时期内，这四类“契约”也是法律所要强制执行的仅有的四类契约。这个分类的意义，在我们理解了把“债”从“协议”中分离出来的理论后，立即可以理会。每一类的契约实际上都是根据某种手续而命名的，这些手续是除了缔约两造仅仅的合意以外所必需的。在“口头契约”中，一待“协议”完成以后，必需要经过一种言辞的形式才能使法锁附着在它上面。在“文书契约”中，登入总账簿或记事簿能使“协议”具有“债”的效力，在“要物契约”的情况下，送达作为预约主体的“物”时，才产生同样地结果。总之，在每一种情况下，缔约的两造必须达到一种谅解；但是，如果他们不再前进，他们在相互之间即不负义务，不能强迫履行或在违背信约时要求救济。但如果他们遵守了某种规定的手续，“契约”就立即完成，并以所采取的特殊方式作为它的名称。至于这种实践的例外，将在下文中加以详述。

在前面，我是根据历史顺序而列举四类“契约”的，但罗马教科

书的著者并不都是一成不变地按照这个顺序的。“口头契约”是四类契约中最古的一类，并且是原始“耐克逊”最早的已知的后裔，这是毫无疑义的。古代采用的“口头契约”有好几种，但其中最重要的，并为我们的权威学者讨论到的唯一的一种是用约定的方法来达成的，所谓约定，就是一“问”一“答”；即由要求允约的人提出问题，并由做出允约的人给予回答。这个问题和回答，像我刚才解释过的，构成了原始观念中除了有关系的人们的单纯的合意之外所必需的额外要素。它们成为“债”借以附加上去的媒介。古代的“耐克逊”现在已经传给较成熟的法律学的，第一件就是锁链的概念，它把缔约两造结合起来，而这就成为“债”。其次传下来的是仪式的观念，它伴随着同时尊崇着定约，这个仪式已变化而成为“约定”。原来“耐克逊”的主要特点是庄严让与，这种庄严让与转变为单纯的问题和回答，如果我们没有罗马“遗嘱”史来启发我们，将始终是一个秘密。读了那些历史，我们可以懂得正式的“让与”怎样先从和手中交易有直接关系的手续程序中分离开来，后来又完全都省略了。在当时，“约定”的问和答既然无疑地是一种最简单形式的“耐克逊”，我们可以认为这种问和答实早已带有一种专门形式的性质。如果认为它们所以为早期的罗马法律家所欢迎，完全是由于它们能使协议合意的人们有机会来考虑和回想，这是错误的。无可否认，它们有这样一种的价值，这是逐渐被承认的；但根据我们权威著作的陈述，有证据证明它们有关“契约”的职能在起先是形式的和仪式的，并不是每一个问题和回答都是自古以来就足以构成一个“约定”的，只有用特别适宜于特定情况的专门术语表白的一个问题和回答，才能构成一个“约定”。

为了正确理解契约法史，虽然必须把“约定”理解为：在它被承认为一种有用的担保之前，它只是一种庄严的形式，但是，在另一方面，如果对它的真正用度视若无睹，也将是错误的。“口头契约”虽然已不像古代那样重要，但它一直被保存到罗马法律学的最后时期；我们可以视作当然的，在罗马法上没有一种制度如此长期的保存着，除非它在实践上确有些用处。我在一个英国著者的文章中看到他对罗马人甚至在最早时期也满足于这种对匆忙和缺乏深思熟虑之处，如此疏于防范的情况，表示十分惊奇。但是如果把约定详细研究一下，并且记着在我们所涉及的社会状态里面，书面证据是很不容易得到的，那么我以为，我们必须承认这种专门用以满足它所要求达到的目的的这种问题和回答，可以公允地认为是一种高度巧妙的办法。允约人以约定人的资格把契约中所有的条款用一个问题的形式提出，要约人给予回答。“你是否同意在某某地点某某日期送达给我某某一个奴隶？”“我同意。”现在，我们试想一想，我们可以看到，这个“债”把允约用问句的形式提出来，就把两造的自然地位给颠倒过来了，并且由于有效地破坏了会话的行程，使人注意不到滑过一个危险的质权。对于我们，一般说来，一个口头允约是完全从要约人的话中得来的。在古罗马法中，另一个步骤是绝对需要的，即允约人在达到合意后必须把所有条件综合在一个庄严的问句中；并且，在审判时，必须提出的证据，就是这个问句以及对这问句的同意——而不是允约，允约本身是没有拘束力的。这个看上去无足轻重的特点，在契约法的用语中竟有这样大的关系，这是罗马法律学的初学者迅速感觉到的，他们最初碰到的绊脚石之一几乎普遍地是由它产生的。当我们在英文中提到一个

契约时，为便利起见，偶然把它和契约两造的一方联系起来时——例如，如果我们想一般地提到一个缔约人——，我们的话所指的总是要约人。但罗马人的一般用语则转向不同的一面；它总是从允约人的地位来看契约的，如果我们可以这样说的话。在谈到一个契约的一造时，主要谈到的总是“约定人”，即提出问题的人。至于约定的用处，其最生动的实例可参见拉丁喜剧家的集子。如果有这些段落的全部场面经通读一过〔例如，普罗塔斯(Plautus)的“说谎者”(Pseudolus)幕一景一；幕四景六；“三个铜钱”(Trinummus)幕五景二〕，就可以看到思考允约的人的注意力是如何有效地为问题所吸引，以及从一个没有预先考虑好的应承中撤退的机会是如何的充足。

在“文书”或“书面契约”中，一个“债”通过了它而加于“协议”上的正式行为是把可以明白确定的欠款数目登入一本总账的借方。为了要说明这种“契约”，必须了解罗马的家庭状态，古代簿记的有条不紊性质和非常的有规律性。古罗马法中有几个小困难，例如，像“奴隶特有产”的性质，只有在我们回想起：在一个罗马家庭中，所有成员都严格地对其户主负责，以及家庭中每笔收支在登入草账后，在一定期间内必须转入家庭总账，只有明了了这些，才能解释清楚。可是，就我们所看到的“文书契约”的描写中，是有些不易明了之处的，原因是登账的习惯在后来已不普遍了，而“文书契约”的用语成了表示和原来所理解的完全不同的一种定约的形式。因此，我们无法说明，关于原始“文书契约”，“债”的设定究竟是由债权人一方简单的登入簿据，还是必须获得债务人的同意或在其自己的簿据中同样登记，才能发生法律效力。但是有一个主要之点是可以确定的，即在这种“契约”中，只要条件遵守了，所有的手续都可以省却。这是契约法历史中向前推进的另一步。

根据历史顺序，其次一种“契约”是“要物契约”，表示在伦理概念上向前跨进一大步。凡是在任何合意中，以送达一种特殊物件为其目的的——绝大部分的简单合意都属此类——，一待送达确实发生后，“债”即产生。其结果必定是对最古的有关“契约”观念的一个重大革新；因为在原始时代，毫无疑义，当缔约的一造由于疏忽而没有把他的合意通过约定的手续，则按照合意而做的一切，将不为法律所承认。借钱的人除非经过正式的约定，是不能诉请偿还的。但在“要物契约”中，一方的履行就允许使他方负担法律责任——则显然是基于伦理的根据。第一次把道德上的考虑认为“契约”法中的一个要素，这就是“要物契约”和前两种不同之处，并不是由于专门形式或由于遵从罗马家庭习惯而有所不同。

我们现在要讨论第四类或“诺成契约”，这是各种契约中最有趣和最重要的一种。在这名称下有四种特殊“契约”：委任（Mandatum）即“受托”（Commission）或“代理”（Agency）；“合伙”（Societas）；“买卖”（Emtio Venditio）；以及“租赁”（Locatio Conductio）。在前面几页说明了一个“契约”是附加着一个“债”的一个“合约”或“协议”后，我曾提起通过一些行为或手续法律允许“债”吸收入“合约”内。我这样说，只是为了作一般的说明，但除非我们把这理解为不但包括正面的，而且也包括反面的，则这个说明不是严格地正确的。因为，实质上，这些“诺成契约”的特点是：从“合约”中产生这些契约，是无需任何手续的。关于“诺成契约”，很多是难以辩解的，更多是含糊不清的，甚至曾有这样的说法，即在这些契约中，缔约两造的同意比在其他任何种类的合意中更为着重。但“诺成”的这个名词不过表示:在这里,“债”是立即附着于诺成(Consensus)的。“诺成”或两造的相互同意是“协议”中最后的和最主要的要素,而属于“买卖”、“合伙”、“委任”和“租赁”四类之一的合意,它的特点是:一经两造同意提供了这个要素时,一个“契约”立即成立。“诺成”带来了“债”,在特种交易中,执行着在其他契约中由要物(Res)或口头约定(Verba stipulations)以及由文书(Literæ)或书面登入总账而履行的同样职能。“诺成”因此是一个名词,并无细微的变例,而正是和“要物”、“口头”及“文书”完全相类似的。

在生活的接触中,最普通和最重要的一种契约无疑是那称为“诺成”的第四种。每一个社会的集体生存,其较大部分是消耗在买卖、租赁、为了商业目的而进行的人与人之间的联合、一个人对另一个人的商业委托等等交易中;这无疑是使罗马人像大多数社会一样,考虑到把这些交易从专门手续的累赘中解脱出来,并尽可能使社会运动最有效的泉源不至阻塞。这类动机当然不以罗马人为限,而罗马人和其邻国人通商贸易,必然使他们有丰富的机会看到在我们面前的各种契约到处都有变成诺成的倾向,即一经表示相互同意立即具有拘束力。于是,依靠他们通常的实践,他们就把这些契约称为万民法契约。但我们并不以为它们在很早时期就有这个名称。一个“万民法”的最早观念也许在委任一个“外事裁判官”之前早就存在罗马法律家的心中,但只有通过广泛的和正常的贸易,罗马法律家才能熟悉其他意大利社会的契约制度,而这类贸易在意大利获得彻底平靖和罗马的最高权力断然确立之前,是很难达到相当的规模的。虽然,极端可能,“诺成契约”是罗马制度中最后出生的，并且虽然很可能万民法这个称呼证明它渊源并不太古，但把这些契约归属于“国际法”的这个用语，却在现代产生了它们来自非常古远的年代的看法。因为，当“国际法”变为“自然法”时，似乎就含有了这样的意思，即“诺成契约”是最适合于自然状态的一种合意；于是，产生了这独特的信念，即文明愈年轻，它的契约形式一定愈简单。

“诺成契约”在数量上是极端有限的。但是，毫无疑义它在“契约”法史上开创一个新的阶段，所有现代契约概念都是从这个阶段发轫的。意志的运动构成合意，它现在完全孤立了，成为另外一种考虑的主题；在契约的观点上，形式全部被消除了，外部行为只是看做内部意志行为的象征。“诺成契约”被归类在“万民法”中，并且这种分类在不久以后即得出了这样一个推理，认为它们是代表定约的一种合意，为“自然”所认可并包括在自然法典中的。当到达这一点时，我们就可以看到在罗马法律家中有几个著名的学理和区分。其中之一是“自然债”和“民事债”(Natural and Civil Obligations)之间的区分。当一个智力完全成熟的人有意使其自己受到一个合意的约束，即使他并没有履行某种必要的手续以及由于某种技术上的障碍，他缺少了制定一个有效契约的正式能力，他仍被称为在一个自然债之下。法律(而这就是区分所暗示的)不强制执行债，但它也不绝对拒绝承认它；自然债在许多方面和纯粹是无效的债又有不同，尤其是在这样的情况下，即如果缔结契约的能力在后来取得时，自然债就可以在民事上得到批准。法学专家另外一种很奇怪的学理，其渊源不可能早于“协议”从“契约”的专门要素中分离出来的时期。根据这些法学专家的意见，虽然只有“契

约”能作为一个诉讼的基础，但一个单纯的“合约”或“协议”可以作为一个抗辩的根据。由此推论，虽然一个人由于在事前没有注意遵照正当形式使一个合意成熟为一个“契约”的话，不能就根据这个合意而提起诉讼，但根据一个有效契约而提出的请求，只要经证明有一个还没有超过一个简单协议状态的反合意，就可以辩驳了。例如回复债务之诉可以提供一个仅仅放弃或延期付款的非正式合意作为抗辩。

上面所说的学理，表示出“裁判官”在向其最伟大的革新前进时所发生的迟疑。他们关于“自然法”的理论必定曾经引导他们特别偏爱“诺成契约”以及“诺成契约”仅仅是其中的特殊例子之一的那些“合约”或“协议”；但是他们不敢立即把“诺成契约”的自由推及一切“协议”。他们利用了从罗马法开始时就托付给他们的对于诉讼程序的那种特殊监督权，并且，虽然他们不准提出不是根据正式契约的一个诉讼，但在导演诉讼程序的秘密舞台中，他们使其新的合意理论有充分活动的余地。但当他们进展到这样的程度后，不可避免地他们一定要向前再进一步。当有一年的“裁判官”在“告令”中宣称：他将对还没有成熟为“契约”的“合约”赋予可衡平的诉讼，只要争执中的“合约”是根据一个要因(Causa)的话，在这时候，古代“契约”法的革命就完成了。这类的“合约”在进步的罗马法律学中始终是被强行的。其原则是把“诺成契约”达到其适当后果的原则；事实上，如果罗马人的专门用语具有像他们的法律理论所具有的那样的可塑性，这些由“裁判官”强行的“合约”就可能称为新的“契约”，新的“诺成契约”。但，法律语法是最后变更的法律的一部分，而可衡平地强行的“合约”继续被简单地称为“裁判官

合约”。必须注意，除非在“合约”中有要因，这“合约”就新的法律学而论，将继续是空虚的；要使它能具有效力，就必须用一个约定来使它变为一个“口头契约”。

我所以这样详细的讨论它，主要由于我认为这“契约”史有非常的重要性，它可以用来防止无可数计的误会。在这讨论中，详细说明了从一个伟大的法律学里程碑到另一个里程碑中各种观念的进程。我们由“耐克逊”开始，其中“契约”和“让与”是混杂在一起的，其中伴随着合意的手续形式甚至比合意本身还要重要。从“耐克逊”，我们转到“约定”，这是较古仪式的一个简单形式。其次发现的是“文书契约”，在这里，一切的手续都被放弃了，如果合意的证据能从一个罗马家庭的严格遵守的习惯中提出来。在“要物契约”中，第一次承认了一个道德责任，凡是参加或同意一个定约的部分履行的人们，就不许由于形式上的缺陷而否认它。最后，出现了“诺成契约”，其中唯一被重视的是缔约人的心理状态，至于外界情况除非作为内在企图的证据外是不予注意的。罗马人的思想从一个粗糙的观念到一个精练的观念的这种进步，究竟是否能例证人类思想在“契约”这主题上有了必要的进步，这当然是无法断定的。除了罗马人之外，所有其他古代社会的“契约”法或者太少了，没有充足的资料，或者是已经完全失传了；至于现代法律学则是如此透彻地为罗马观点所影响，以致我们无法获得对比和类似，并从中吸取教训。但是，从我所描写的演变中既缺乏任何剧烈的、惊奇的以及不易理解的东西，我们就可以合理地相信，在某种程度上，古罗马“契约”史是其他古代社会中这类法律概念的历史的典型。但也只是在某种程度上，罗马法的进步可以被用来代表其他法律

学制度的进步。“自然”法的理论是专属于罗马人的。法锁的观念，就我所知，也是专属于罗马人的。成熟的罗马的“契约和侵权”法中有许多特点，都来自上述的两种观念，或则来自其一，或则两者兼而有之，因此，这许多特点也是属于一特定社会的专门产物。这些后期法律概念是重要的，不是因为这些概念代表了在一切条件下思想发展的必然结果，而是因为它们对现代世界的智力素质起了十分巨大的影响。

罗马法尤其是罗马“契约法”以各种思想方式、推理方法和一种专门用语贡献给各种各样的科学，这确是最令人惊奇的事。在曾经促进现代人的智力欲的各种主题中，除了“物理学”外，没有一门科学没有经过罗马法律学滤过的。纯粹的“形而上学”诚然是来自希腊而不是来自罗马的，但是“政治学”、“道德哲学”甚至“神学”不但在罗马法中找到了表意的工具，并且以罗马法为其最深奥的研究养育成长的一个卵巢。为了要说明这种现象，并没有绝对必要讨论文字和观念之间的神秘关系，或是说明人类的心神如何从来没有能抓住任何思想主题，除非它在事前就具有适当丰富的用语或能掌握一种适当的逻辑方法的工具。只需说明，当东方和西方世界的哲学兴趣分离时，西方思想的始创者都属于讲拉丁语和用拉丁语著作的一个社会。但是在西方各省中，能够很精确地用来研究哲学的唯一语言是罗马法的语言，它由于独特的机会，几乎保留了奥古斯多时代所有的纯洁性，而地方拉丁则正在退化为怪异的不纯正的一种方言。如果罗马法律学提供了语言上唯一的正确的媒介，更重要的，是它同时提供了思想上唯一的正确、精密深邃的媒介。因为哲学和科学在西方不能立足，至少有三个世纪之

久;并且虽然大多数罗马人的精力都集中在形而上学和形而上学的神学上面,但这些热情的研究中所用的语法完全是希腊的,而它们的活动场所是帝国的东半部。有时,东方争论者所获得的结论非常重要,以致不论是同意或是不同意这些结论的人都必须把它们记录下来,后来东方争论的结果就被介绍到西方来,对于这些结果,西方一般都予以默认,不赞许亦不拒绝。在这时候,有一个研究部门,虽是最勤劳的人也感到困难,最精细的人也感到深奥,最精巧的人也感到细致的,但对于西方各省受过教育的阶级却从来没有失掉过它的吸引力。对阿非利加、西班牙、高卢和北意大利的有教养的公民,正是法律学,并且也只有法律学,代替了诗歌和历史、哲学和科学。西方思想在其最早的对于明显的法律面貌的努力中不但毫无一些神秘之处,并且,如果我们以为它会有其他任何色彩,也将是令人惊奇的。我所认为可怪的是,由于一种新要素的出现而在西方和东方观念之间、西方和东方神学之间引起的区别,竟然很少人注意。正是由于法律学的影响开始变得非常有力,才使君士坦丁堡的建立和后来的西罗马帝国从东罗马帝国分离,成为哲学史中的两个新纪元。但是,由于来自"罗马法律"的各种观念已和日常的观念非常密切地混杂在一起,大陆思想家无疑地不容易体会到这个重要关头的重要性。另一方面,英国人对这一点也是视若无睹的,这是由于他们对于他们自己承认的现代知识潮流的最丰富渊源和罗马文明的一个智慧的成果,极端无知。在同时,一个费尽心力熟悉古典罗马法的英国人,由于其本国人对这主题向来极少兴趣,对于我胆敢提出的主张,他比起法国人或德国人来也许是一个更好的鉴定家。任何一个知道罗马法律学是怎样一

219

回事的人，知道确实由罗马人实践的罗马法律学的人，并且要观察最古的西方神学及哲学在那些特点上不同于它们之前的思想状态的人，对于这已经开始透入和支配着纯理论的新要素究竟是什么，都可以有资格加以说明。

罗马法中对其他研究主题有最广泛影响的部分是“债”法，或是接近于“债”法的部分，即“契约和侵权”法。罗马制度中这一部分丰富的术语，它所能用以履行的职能，罗马人本身并不是不知道的，这从他们把这个特别形容词准字用在“准契约”和“准侵权”等名词中，就可以得到证明。“准”在这样的用法中，完全是一个分类的名词。英国评论家常认为“准契约”就是默约，但这是错误的，因为默约是真的契约而准契约则不是契约。在默约中，行为和情况是用作为某些要素的象征，这些要素在明约中是用文字来象征的；就合意的理论而论，一个人所用的究竟是这一套象征还是另一套象征，是毫无关系的。但是一个“准契约”完全不是一个契约。这类准契约中最普通的例子，像一个人误以金钱给付另一个人因而在这两人之间存在的关系。法律为了顾全道德上的利益，使受领人负有偿还的责任，但根据这交易的性质，表示出这并不是一个契约，因为，在这中间，缺乏作为“契约”最重要要素的“协议”。“准”这个字放在罗马法的一个名词之前，含有这样一种意思，即用它作为标志的概念和其原来的概念之间，在比较上有着一种强有力的表面类比或相似。它的意思并不是说，这两种概念是同样地，或是属于同一种类的。相反地，它否定了在它们之间存在着同一性的观念；但是它指出它们有充分的相似之处，可以把其中之一归类为另一个的连续，以及从法律的一个部门中取来的用语可以移用到

法律的另外一个部门，并加以应用，而不致对规定的说明有强烈的歪曲，而这些规定在另一种情况下是很难完善地加以说明的。

有人这样乖巧地提出，“默约”是真正的契约，“准契约”完全不是契约，在这两者之间所存在的混淆不清，和把政治上的权利和义务归因于被统治者和统治者之间的一个“原始契约”（Original Compact）的这个著名错误，有很多共同之点。早在这理论获得定形之前，罗马契约法的用语大部分用来描写人类所常常设想的存在于君主和臣民之间的权利和义务上的相互关系。当世界上充满了各式各样的格言，极端断然地提出国王的主张应该绝对服从，——这些格言佯称来自“新约全书”，而实际上却是来自恺撒暴政的难忘回忆——如果罗马“债”法没有提供一种言语，能隐约表示当时还没有完全发展的一种观念，则被统治者应该享有相关权利的思想，将完全没有表达的可能。我认为国王的特权和国王对其臣民的义务两者之间的互不相容，自从西方历史开始以来是从来没有忘却过的，但在封建制度继续盛行之际，除了纯理论著作家外，这是绝少为人所注意的，因为封建制度通过明白的习惯有效地控制着欧洲多数君主，使不能有过分的理论上的权利。但是当封建制度衰亡、中世纪的组织脱离工作常规，以及宗教改革使教皇的权威不复为人所信任时，国王有神权的学理就显著地立即提高到它以前从来没有达到过的重要地位。它所获得的声价必须常常求助于罗马法的用语，而原来带有神学面貌的一种争论逐渐一天天地取得了一种法律争辩的色彩。于是出现了一种曾在意见史中不断重复出现的现象。正当君主权主张逐渐发展而成为菲尔美的学理时，从“契约法”中借用来的原来作为保护臣民权利的用语竟成

为国王和人民间一个现实的原始契约的学说，这一个学说首先在英国人手中，后来，特别是在法国人手中发展成为社会和法律一切现象的一种广博的解释。但是政治学和法律学之间仅有的真正的联系，是在后者把其独特地有可塑性的术语的好处给予了前者。罗马“契约”法律学对君主和臣民关系上所做出的贡献，正和在一个比较狭小范围内、它对于为一个“准契约”责任拘束在一起的人们的关系上所做出的贡献完全相同。罗马“契约”法律学提供了一套文字和成语，充分正确地接近当时对于政治责任问题所具有的各种观念。一个“原始契约”学理所处的地位，从未能高过怀威尔博士(Dr. Whewell)所提出的，他的意见是：这个学理虽然是不够健全的，但“它可能是表示道德真理的一种方便的形式”。

在“原始契约”发明之前把法律用语广泛应用于政治主题上以及“原始契约”这个假定在后来所发生的有力影响，充分说明了在政治学中有着大量的为罗马法律学所独特创造的文字和概念。它们也大量地存在“道德哲学”中，这可能有不同的解释，这是由于罗马法比政治理论受到伦理著作更直接的贡献，而这些伦理著作的著者也更加自觉到他们责任的范围。在谈到道德哲学特别应该归功于罗马法律家时，我所指的应该是未经康德(Kant)中断其历史以前的道德哲学，即研究人类行为规则的一种科学，适当地解释这些规则的科学，以及这些规则应受的限制的科学。在“批判哲学”(Critical Philosophy)兴起后，道德学的旧有意义几乎完全丧失，除了由罗马天主教神学者仍旧研究的诡辩学中用一种降格的形式保留着之外，道德学似乎已普遍被认为只是本体论研究(ontological inquiry)的一个部门了。除怀威尔博士一人外，我在当时的英国著者中找不到一个人，他把道德哲学理解为在它被形而上学所吸收之前以及在它的规定的基础变成为比其规定本身更为重要的问题之前，为人们所理解的那样。可是，只要伦理科学涉及行为的实际统治时，它就多少受到罗马法的浸润。像现代思想中一切巨大主题一样，它是原来合并在神学中的。最初曾经被称为，以及现在仍为罗马天主教神学者称为“道德神学”的科学，无疑地是在著者明知之下采用了教会制度中的行为原则而构成的，并且是用了法律学中的用语和方法为其表现和扩张的。在这个过程继续进行的中间，法律学虽然只是准备成为发表思想的工具，但它不可避免地会把它的特色传给思想本身。由于和法律概念相接触而感染到的特点，在现代世界最早的伦理文献中完全可以看到，我以为这是很明显的，以权利和义务完全的相互关系和不可分解的关系为基础的“契约法”曾被用为矫正著者们某种倾向的东西，因为这些著者如果听其自然，就有可能把一个道德责任完全看做“神国”(Civitas Dei)中一个公民的公共义务。但是当伟大的西班牙道德学家们研究道德神学时，罗马法在道德神学中的分量已显著减少。用博士评论博士的法学方法发展起来的道德神学有它自己的一套用语，而亚里士多德的推理和表现的特征，由于大部分无疑地是吸收自学院派的“道德论”(Disputations on Morals)的，便代替了凡是精通罗马法的人绝不会误会的那种特殊的思想方式和言语形式。如果道德神学家的西班牙学派的势力继续着，则伦理学中的法律要素就有可能成为完全不重要，但是下一代研究这些主题的罗马天主教著者在应用他们的结论时，几乎把他们的影响完全加以毁灭。道德神学降格成为诡辩学，不再为欧洲纯理论的领袖们

感到兴趣;完全操在基督新教徒手中的新的道德哲学,大大超出了过去道德神学家的成就。其结果是使罗马法对伦理研究的影响为之大大增加。

在"宗教改革"之后不久,我们发现有两大思想学派在这一个主题上划分开来。这两大学派中最有势力的一派最初我们称之为诡辩学派,他们都是些和罗马天主教会有神交的人,并且他们几乎都是分属于这一个或另一个宗教教团的。在另一方面,则有另外一批著者,他们是以在学识上共同来自"战争与和平法规论"的伟大著者嚣俄·格罗修斯而相互结合在一起的。几乎所有的后一派人都是"宗教改革"的信徒,虽然不能说他们是正式地、公开地和诡辩学派发生冲突,但他们体系的起源和目的显然是和诡辩学派有着本质上的不同的。这个区别有必要加以重视,因为它涉及罗马法和对这两个体系都有关系的那个思想部门的影响问题。格罗修斯的著作虽然在每一页中都接触到纯粹"伦理学"的各个问题,并且虽然它是无数有关形式道德学的书籍的近的或远的根源,但众所周知,它不是"道德哲学"的一本专著:它是决定"自然法"的一个尝试。现在,无须研究这个问题,即一个"自然法"的概念是否罗马法学专家的一种独有创造,我们可以断言,甚至格罗修斯本人也承认罗马法律学的格言说,有些已知的现实法应该认为是"自然法"的一部分,这个格言纵使不是毫无错误,仍应该受到极端的尊敬而加以接受的。因此,格罗修斯体系在其基础上就是和罗马法牵涉在一起的,而这种关系就不可避免地使他——这是著者所受法律训练的必然结果——在每一章节中自由地应用着罗马法中专门术语,以及各种推理、定义和例证的方式,而这些辩论的意义,特别是

辩论的说服力，有时是被隐藏着的，是不熟悉于它们来源的读者所不知道的。在另一方面，诡辩学很少借用罗马法，而其所主张的道德观念和格罗修斯所断言的全不相同。在诡辩学的名称下成为著名的或是不名誉的有关是和非的哲学，它的渊源来自“不可赦之罪”和“可赦之罪”(Mortal and Venial Sin)间的区分。迫使诡辩哲学的著者发明一套精密的规范体系，以便在尽量把不道德行为从不可赦犯罪的范畴中移出来，并把它们定为可赦之罪，其动机之一是出于一种自然的渴望，想要避免把一种特定行为定为不可赦罪的可怕后果，另一种动机是出于一种同样地可以体会的愿望，就是为天主教会解除一种不便的理论，来帮助罗马天主教会在和基督新教进行的冲突中取得胜利。这种试验的命运，应属于普通史的范围。我们知道，诡辩学派使僧侣辈有权对各色人等的性格加以精神上的约束，这样也就使它对诸侯、政治家和将军们有着“宗教改革”时代以前所从未听到过的一种影响，并且也真的对基督新教初步成就发生遏制和缩小作用的那个巨大反动做出了重大贡献。但在其开始的企图中，它不是在建立而是在规避，——不是在发现一条原则而是在逃避一个假定——不是在确定是和非的性质而是在行为的决定在一个特殊性质中哪些是不错的，——诡辩学就是这样用了它的巧妙的高论继续发展下去，直到它最后过分地削弱行为的道德特征，过分地诽谤了我们人类的道德本能，以致最后人类的良心突然起来反抗它，并把这体系和其博士们埋葬在一个共同的废墟中。在长期不断的打击中，最后的一击来自巴斯噶(Pascal)的“书翰集”(Provincial Letters)，在这些可纪念的“文件”出现后，就没有一个即使影响最小、声望最微的道德学家敢于公开踏着

诡辩学家的足迹前进。这样一来,全部伦理学的领域便完全留归追随格罗修斯的著者们控制了;它在很大程度上仍表现出和罗马法纠缠在一起的迹象,这有时被认为是对格罗修斯理论的一种过失,但有时则被认为是对它的最高贡献。自从格罗修斯时代以来,许多研究者已变更了他的原则,并且在"批判哲学"兴起以后,当然有许多人已完全抛弃了他的原则;但即使是那些远离其基本假设的人们,也继承了很多他的陈述方法、他的思想路线以及他的例证方式;而对于不懂罗马法律学的人,这些是绝少意义并且也是绝无妙处的。[①]

我已经说过,在自然科学之外,没有一门知识会像形而上学那样受罗马法的影响如此之少的。因为,有关形而上学主题的讨论始终是用希腊文进行的,最初是用纯粹希腊文,后来是用特意用来表现希腊概念的拉丁方言。现代语言只有在采用拉丁方言或在模仿了原来在其结构上所用的程序之后,才能适合于形而上学的研究。现代形而上学论文中所常用的用语,其来源是亚里士多德的拉丁译文,其中,不论是否来自阿拉伯译文,翻译者的计划并不是要从任何部分的拉丁文献中找寻类似的言语,而是要从拉丁字根上重新创造一套相当于希腊哲学观念辞句的成语。在这样一个过程中,罗马法的用语可能仅仅发生绝少的影响;至多,也只有少数变形的拉丁法律名词进入形而上学的言语中。同时,必须注意,当有些形而上学的问题成为西欧最激烈的问题时,在其思想中,如果

① 自 224 页起至此处至,所引用的这一段是作者在 1856 年投寄"剑桥论丛"的一篇论文,转录时曾略加修改。

不是在言语中，一定泄露出来一种法律的本源。在纯理论史中，很少事物有比下列事实给人以更深的印象，即凡是用希腊语言的人民从来没有严重地感觉到为“自由意志”和“必然性”的大问题所困扰过。我不想对这一点做出任何概括的解释，但这样说明似乎并不是离题太远的，即不论是希腊人或是用希腊语讲话和思想的任何一个社会，都没有显示出来有产生一种法律哲学的最小的能力。法律科学是罗马人的一种创造，“自由意志”的问题是当我们在一个法律观点下研究一个形而上学的概念时发生的。为什么会发生这样的问题：不变的顺序是否和必要的联系相一致？我只能说，罗马法随着它的发展而日益增强的趋势，是认为法律后果是通过一种坚决的必然性而和法律原因相结合着的，这一种趋势在我反复引用过的如下的“债”的定义中得到最明显的证明：“应负担履行的义务的法锁”。

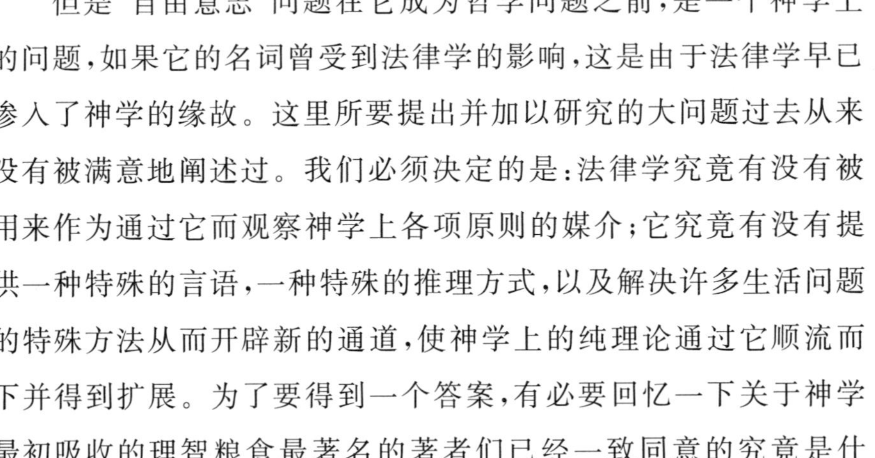

但是“自由意志”问题在它成为哲学问题之前，是一个神学上的问题，如果它的名词曾受到法律学的影响，这是由于法律学早已渗入了神学的缘故。这里所要提出并加以研究的大问题过去从来没有被满意地阐述过。我们必须决定的是：法律学究竟有没有被用来作为通过它而观察神学上各项原则的媒介；它究竟有没有提供一种特殊的言语，一种特殊的推理方式，以及解决许多生活问题的特殊方法从而开辟新的通道，使神学上的纯理论通过它顺流而下并得到扩展。为了要得到一个答案，有必要回忆一下关于神学最初吸收的理智粮食最著名的著者们已经一致同意的究竟是什么。各方面都一致同意，基督教会最古的语言是希腊语，而它最初所从事的各种问题是那些希腊哲学在其后期形式中为它们开辟了道路的问题。人类从中获得从事于深奥争论，如有关“神人”、“神质”和“神性”(the Divine Persons，the Divine Substance，and the Divine Natures)等等问题的手段的唯一的文字和观念的宝库，是希腊形而上学文献。拉丁语以及贫乏的拉丁哲学是不足以胜任的，因此，帝国中西方或操拉丁语的各省对于东方的结论，就毫无争议或不加审查而采用了。弥尔曼教长(Dean Milman)说：“拉丁基督教接受了拉丁的狭隘肤浅的语汇所无法用适当名词加以表示的信条。但是，自始至终，罗马和西方之间的紧密黏固，是对于东方神学者较深奥的神学所精制出来的教条制度的一种被动的默从，并不是它自己对那些神秘事物加以有力的和有创造性的研究的结果。拉丁教会是阿塔纳细阿(Athanasius)的弟子，同时也是他的忠实信徒”。但是，当东方和西方的分离一天天地扩大，操拉丁语的西罗马帝国开始生活在其自己的精神生活中时，它对东方的谦逊突然为东方理论所完全不熟悉的许多问题的议论所代替。“当希腊神学〔弥尔曼：‘拉丁基督教’(Latin Christianity)序，第5页〕用更精致的技巧来为‘神格’(Godhead)和基督的性质下定义时”——“当无休止的争辩仍旧不断地延续，并从这陷于衰弱的社会中一个宗派跟着一个宗派传布出来时”——西方教会以非常的热诚投身于一类新的辩论中，这种辩论，从那时候起一直到现在，是包括在拉丁教会中的任何时候的任何人类所从来没有失去过兴趣的。“罪过”(Sin)的性质和它的可以由继承而转让——人所欠的债务以及其代替的偿还——“赎罪”(Atonement)的必要和能力——最重要的是“自由意志”和“神意”(Divine Providence)之间的显然互不相容——，这些是西方开始进行辩论的问题，并且辩论

时像东方在讨论其比较特殊的信条的条款时同样地热烈。然则，在这个把希腊语各省从拉丁语各省分离开来的分界线的两边，为什么竟会存在这样显著不同的两类神学上问题？教会历史家说过，新的问题比曾把东方基督教扯得粉碎的那些问题更多“实际”，更少绝对理论，他们的这种解释，虽已接近答案，但就我所注意到的，他们中实在没有一个人完全达到了全部答案。我敢毫不踌躇地断言，这两个神学体系间的不同，主要是由于这样一个事实，就是神学理论由东方传到西方时，它是由希腊的形而上学的气氛移转到罗马法的气氛中。在这些争辩成为有压倒重要性以前的几个世纪中，西方罗马人的一切智力活动都完全花费在法律学上。他们都忙于把一套特殊的原则适用于生活情况可被安排的一切结合中。没有任何外来的工作或风尚曾把他们的注意力从这全神贯注的事情上转移开来，并且为了继续这样做，他们有一个丰富而精确的词汇，一个严格的推理方法，一批多少已为经验所证实的有关行动的通则，和一个严正的道德哲学。因此他们也就不可能不从基督教记录的各项问题中选择那些接近于他们习惯的纯理论制度的问题，他们处理这些问题的态度也就不可能不来自他们的法庭的习惯。几乎每一个对罗马法有足够知识的人，能够理解罗马刑法制度，罗马人由“契约或侵权”创设的债的理论，罗马人对于“债务”以及对于“债务”产生、消灭和移转的方式的见解，罗马人对于通过“概括继承”而个人继续生存的观念的人，都可以说明：西方神学问题经证明对它非常意气相投的心境是来自什么地方的，用以说明这些问题的用语是来自什么地方的，以及应用于其解决中的推理方法又是来自什么地方的。必须回忆一下，这逐渐渗入西方思想

中的罗马法既不是古城市的古制度，也不是“拜占庭皇帝”的经过删改的法律学；当然，更不是几乎埋没于以“现代民法”名义通行于世的现代纯理论学理的像寄生物那样的过度发展中的大量规则。我所谈的，只是指由安托宁时代伟大法律思想家所研究出来的、部分地由查斯丁尼安的“法学汇纂”加以转载的法律哲学，这个体系很少缺点，除了它所要达到的高度的优雅、明确和精审，已超过了人类事务所许可以及人类法律所能限制的范围。

许多英国著名的和有信誉的著者，由于对罗马法的无知（这是英国人不得不立即承认，但有时不以为耻，反以自夸的），对罗马帝国时期内人类智力状态提出了最不足取的奇论。他们常常这样主张，并且是毫不踌躇地、好像在提出这命题时毫不鲁莽似的，认为从奥古斯多时代终了的时候起一直到一般对于基督信仰开始发生兴味时，文明世界的心力遭受到瘫痪症的猛烈侵染。这时有两个思想主题，——也许是除了自然科学之外仅有的两个——可以供人们所具有的一切能力作专心致志的研究。其中之一是形而上学的研究，这只要人愿意继续钻研是没有限制的；另一个是法律，这是和人类的事务同样地广大的。恰巧在上述的时期中，操希腊语的各省专心从事于其一，而操拉丁语的各省又专心于另一种问题。我不想谈亚历山大城和东方在纯理论研究方面的成果，但我大胆地断言，在罗马和西方的手中有一件工作，足以补偿在其他智力上的欠缺，并且我要附带说明一句，他们所获得的结果，就我们所知而论，对于他们所花费的坚毅的专门的劳力，并不是不值得的。除了一个职业法律家外，也许没有人能完全了解“法律”能吸收个人的多少精力，但是一个普通人也不难理解为什么罗马集体智力的

一个不平常部分会被法律学所独占。“一个特定社会的精通法律学，它所依靠的条件，和它在任何其他种类研究中所依靠的条件终究是完全相同的；而条件中最主要的是全国智力花费的比例，以及时间的长短。当促使一种科学前进和完善的一切直接的和间接的原因结合在一起时，这种结合在从‘十二铜表法’到两个帝国分裂时候为止的这个长时期内继续对罗马的法律学发生作用，——并不是不规则的和间断的，而是力量继续不断地增长，数量继续不断地增加的。我们可以看到，一个年轻国家最早的智力活动是研究它的法律。当人们的智力第一次有意识地努力要做出概括时，首先包括在一般通则和包含丰富的公式中的是日常生活中的事务。年轻共和国集中一切精力专心从事法学研究的声势，在开始时是毫无限制的；但不久就终止了。智力不再为法律所垄断。早晨集合在伟大罗马法学专家那里的听众减少了。英国‘法学院’的学生数从几千人减少到了几百人。艺术、文学、科学和政治在全国的知识界取得了它们的份额；而法律学的实践则限制于一个职业界的范围之内，虽然并不是有限的或是无关重要的，但它所以能有吸引力，一方面是由于这一门科学的固有的引人之处，另一方面亦是由于因此而可能获得的酬报。这一系列的变化在罗马甚至比在英国表现得更为显著。到共和国时代的末期，法律是除了有将军的特殊天才的人以外一切有才干的人的唯一天地。但是到了奥古斯多时代，一个新的智力发展的阶段开始了，正像我们的伊利萨伯时代开始一样。我们都知道它在诗歌和散文上的成就；但必须说明，有些迹象表明在其装饰文学的光辉灿烂以外，它已到了在自然科学中做出新征服的前夕。但是到这个时候，罗马国家中智力的历史

已不再和智力进步到这时为止所追求的道路平行前进。罗马文学严格讲起来只能说是昙花一现，它在各式各样的影响下突然终止，这些影响虽然有一部分是可以探索的，但在这里加以分析是不适当的。古代的知识界有力地被推回到其老路上去，而法律又成为专属于天才的正常范围，正和罗马人把哲学和诗歌蔑视为一种幼稚民族的玩具的时代一样。在帝政时代，使一个有天才的人从事于法学专家的事业的外因，其性质究竟是怎样的，要理解这一点，最好的方法是考虑他在选择职业时所面对的抉择。他可能成为一个修辞学教师，一个边境哨地的司令官，或是一个颂词的职业著者。此外，能容纳他的仅有的现实生活中的其他职业是法律职业。通过了这些，可以到达财富、名誉、官职、君主的会议室——甚至可以达到王位的本身。"[1]

学习法律学的报酬是巨大的，所以在帝国境内到处都有法律学校，甚至在形而上学的领域内也是如此。虽然帝国首都迁到拜占庭显而易见地推动了它在东方的研究工作，但法律学从没有能推翻和它相竞争的各种学问。它所用的语言是拉丁，这是帝国东半部的一种外来方言。只是对西方我们可以说，法律不但是有野心的和有抱负的人的精神食粮，并且是一切智力活动的唯一滋养。对于罗马的知识界，希腊哲学只不过是一个短促的风尚，并且当新的东方首都建立，帝国分裂为二，西方各省就比以前更明白地和希腊纯理论相分离，更明白地专心于法律学。当他们这样不再听命于希腊人，并开始自行建立其神学时，这个神学经证明渗透了法律

① "剑桥论丛"，1856年。

的观念并在其措辞中用了法律的用语。当然，在西方神学中，这个法律的基体是十分深厚的。一套新的希腊理论，即亚里士多德哲学，后来流入西方，并且几乎完全淹没了土著的学理。但到"宗教改革"、它部分地摆脱了它们的影响时，它立即用"法律"来补足它们的地位。在喀尔文(Calvin)和阿明尼阿斯(Arminius)两种宗教体系中究竟哪一个有更显著的法律性质，这是很难说的。

罗马人的特殊的"契约"法律学对现代"法律"中相当部门所发生的巨大影响，似不属于本文范围，应属于成熟的法律学史。这种影响要直到波罗诺学派创立了现代欧洲法律学后才感觉到。但罗马人在帝国衰亡前曾把"契约"概念发展得非常完全的事实，在比上述时期更早的一个时期就具有重要性。我曾不止一次地说过，"封建制度"是古代蛮族习惯和罗马法的一种混合物；其他任何解释都是不足信的，甚至是不可领会的。封建时代最早的社会形式和原始人类到处结合在其中的一般社团很少区别。一个"封地"是一些财产权利和人身权利不可分解地混合在一起的一种有机的、完全的结合。它和一个印度"村落共产体"以及一个苏格兰高原部族社团有许多共同之处。但封建社会仍具有某种现象，是我们从文明初创者自发形成的社团中找不到的。真正的古代共产体不是由明白的规定而是依靠情绪，或者，我们应该说，依靠本能，结合在一起的；凡是新来者都虚假地装作有血统关系而就在这个本能的范围之内被纳入社团的。但是最早的封建社会既不是仅仅由情绪结合起来的，也不是靠一种拟制来补充其成员的。把他们结合在一起的纽带是"契约"，他们用和新伙伴缔结一个契约的方法来获得新伙伴。封建主和属臣的关系原来是用明白的定约来确定的，

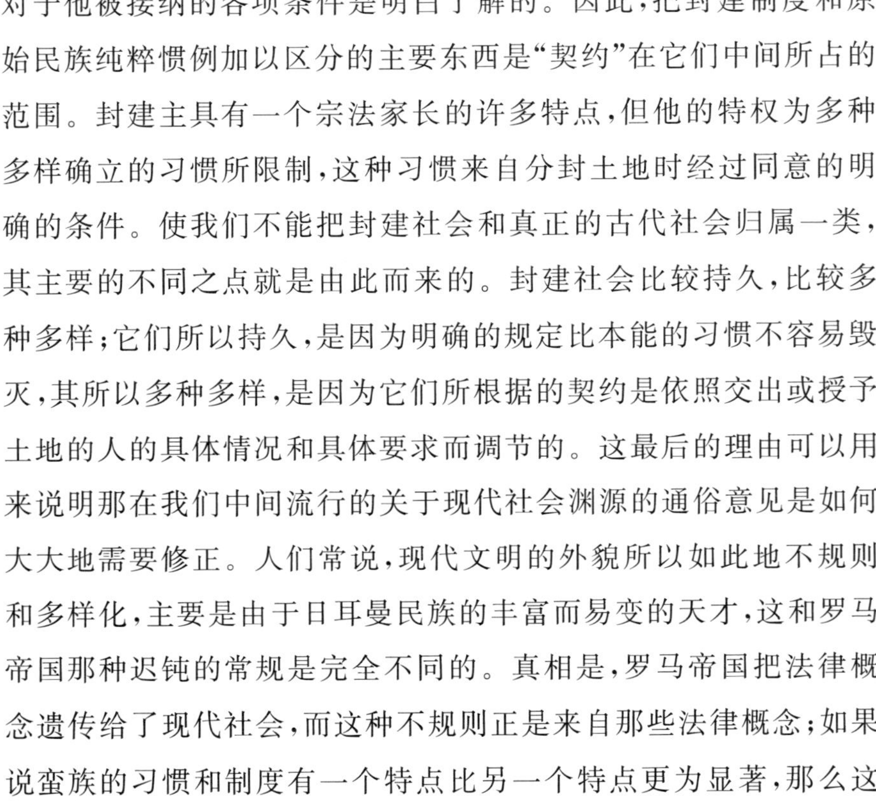

一个愿意把自己用推荐或分封土地的方法接纳在同族之内的人，对于他被接纳的各项条件是明白了解的。因此，把封建制度和原始民族纯粹惯例加以区分的主要东西是“契约”在它们中间所占的范围。封建主具有一个宗法家长的许多特点，但他的特权为多种多样确立的习惯所限制，这种习惯来自分封土地时经过同意的明确的条件。使我们不能把封建社会和真正的古代社会归属一类，其主要的不同之点就是由此而来的。封建社会比较持久，比较多种多样；它们所以持久，是因为明确的规定比本能的习惯不容易毁灭，其所以多种多样，是因为它们所根据的契约是依照交出或授予土地的人的具体情况和具体要求而调节的。这最后的理由可以用来说明那在我们中间流行的关于现代社会渊源的通俗意见是如何大大地需要修正。人们常说，现代文明的外貌所以如此地不规则和多样化，主要是由于日耳曼民族的丰富而易变的天才，这和罗马帝国那种迟钝的常规是完全不同的。真相是，罗马帝国把法律概念遗传给了现代社会，而这种不规则正是来自那些法律概念；如果说蛮族的习惯和制度有一个特点比另一个特点更为显著，那么这个特点就是它们的极端一致。

第十章　侵权和犯罪的早期史

“条顿法典”(Teutonic Codes)包括我们盎格鲁-撒克逊的法典在内，是流传到我们手里的唯一的古代世俗法律，关于它原来的规模我们可以形成一个明确的概念。虽然罗马和希腊法典的现存片段足以证明它们的一般性质，但残存的数量不多，还不够使我们十分确切地知道它们到底有多大的篇幅以及各个部分相互的比重。但大体而论，所有已知的古代法的搜集都有一个共同的特点使它们和成熟的法律学制度显然不同。最显著的差别在于刑法和民法所占的比重。在日耳曼法典中，民事部分的法律比刑事部分范围要狭小得多。德累科法典科处血刑的传统，似乎表明它也有同样的特点。只有在“十二铜表法”(这是一个具有伟大法律天才和一个温良风俗的社会的产物)中，它的民事法律才有些像其现代的先例；但是损害救济方式所占的地位，虽然不是异常巨大，但却是相当大的。我以为可以这样说，法典愈古老，它的刑事立法就愈详细、愈完备。这种现象常常可以看到，并且这样解释无疑地在很大程度上是正确的：由于法律初次用文字写成时，社会中经常发生强暴行为。据说，立法者按照野蛮生活中某一类事件发生次数的多少以分配其工作的比重。但我认为这个说法并不十分完全。应该回想一下，在古代的搜集中民事法律比较缺少是和本文中所讨论

的古代法律学的其他特征相一致的。文明社会所施行的法律的民事部分，有十分之九是由“人法”、“财产和继承法”以及“契约法”组成的。但是很显然，当我们越接近社会的萌芽时代，这一切法律学领域就愈缩小到更狭小的范围之内。既然一切身份形式都共同从属于“父权”之下，既然“妻”对其“夫”没有任何权利，子对其父也没有任何权利，以及婴儿“受监护人”对作为其“监护人”的“宗亲”，也没有任何权利，这个等于是“身份法”的“人法”即被限制在最狭小的限度内。同样地，有关“财产”和“继承”的规定是绝不会很多的，既然土地和财物是在家族内授受，并且，如果真要分配的话，也是在家族的范围内进行的。但是，古代民法中最大的缺口始终是由于缺少“契约”而造成的，在有些古代法典中完全不提到“契约”，而在另一些古代法典中则用一种精细的“宣誓”法律来代替“契约”，这足以证明“契约”所依据的道德观念还没有成熟。至于刑法，则并没有同样地使它贫乏的理由，因此，纵使我们不应冒昧地宣称在国家的幼年时代总是一个无法抑制的强暴时期，我们仍旧应该懂得为什么刑法和民法的现代关系竟在古代法典中颠倒过来。

我曾认为：原始法律学曾以近代所不知道的优先给予犯罪法。这种说法完全是为了方便起见，但事实上，对古代法典的仔细考察使我们知道，它们以非常的数量揭示的法律并非真正的犯罪法。所有文明制度都一致同意在对国家、对社会所犯的罪行和对个人所犯的罪行之间，应该有所区别，这样区别的两类损害，我称之为犯罪(climina)和不法行为(delicta)，虽然我并不认为这两个名词在法律学上是始终这样一致应用的。古代社会的刑法不是“犯罪”法；这是“不法行为”法，或用英国的术语，就是“侵权行为”法。被害人用一个普通民事诉讼对不法行为人提起诉讼，如果他胜诉，就可以取得金钱形式的损害补偿。我们试参考该雅士在“评释”中根据“十二铜表法”对刑事法律学所作的讨论，可以看到，在罗马法所承认的民事不法行为的开头有盗窃罪（Furtum）。我们在习惯上认为专属于犯罪的罪行被完全认为是不法行为，并且不仅是盗窃，甚至凌辱和强盗，也被法学专家把它们和扰害、文字诽谤及口头诽谤联系在一起。所有这一切都产生了“债”或是法锁，并都可以用金钱支付以为补偿。但这个特点，最有力地表现在日耳曼部落的统一法律（the consolidated Laws of Germanic tribes）中。它们对杀人罪也不例外有一个庞大的用金钱赔偿的制度，至于轻微损害，除少数例外，亦有一个同样庞大的金钱赔偿制度。昆布尔先生（Mr. Kembles）〔在“盎格鲁-撒克逊”（Anglo-Saxons）卷一，第177页中〕写道：“根据盎格鲁-撒克逊法律，对于每一个自由人的生命，都可以按照他的身份而以一定金钱为赔偿，对于其身受的每一个创伤，对于他的民权、荣誉或安宁所造成的几乎每一种损害，都可以用相当的金钱为赔偿；金额按照偶然情势而增加。”这些和解费明显地被认为是收入的一种有价值的来源；一套高度复杂的规则规定着申请它们的权利和负担它们的责任；并且像我在前面已经说过的那样，如果它们在所属的人死亡时还没有清偿，它们常根据一些特殊的规定而遗传下去。因此，如果一种侵权行为或不法行为的标准是：被认为受到损害的是被损害的个人而不是“国家”，则可断言，在法律学幼年时代，公民赖以保护使不受强暴或诈欺的，不是“犯罪法”而是“侵权行为法”。

于是，在原始法律学中“侵权行为”被大量地扩大了。必须说

明，原始法律学也涉及“罪过”。对于条顿法典，我们几乎是毋庸作这样的说明的，因为我们所接受到的这些法典的形式，是经基督教立法者编纂或改写过的。但是，在非基督教的古代法律中，对于某类行为和不行为也往往因为违背了神的指示和命令而加以刑罚。雅典“阿勒乌柏果斯元老院”(Senate of Areopagus)所适用的法律也许是一个特殊的宗教法典，而在罗马，显然从很早的时期起，教长法律学就对通奸罪、渎神罪以及谋杀罪加以刑罚。因此，在雅典和在罗马各省中，法律处罚罪过。他们也有处罚侵权行为的法律。触犯“上帝”的罪行的概念产生了第一类的律令；触犯邻居的概念产生了第二类的律令；但触犯国家或集成社会的观念，并没有一开始就产生一个真正的犯罪法律学。

但是我们不能就因而假定，对国家做出不法行为这样一种简单而基本的概念，是在任何原始社会中都缺乏的。很可能在最初阻止犯罪法律发展的真正原因，正是由于这个概念被理解得很清楚明白。无论如何，当罗马社会认为它本身受到了损害时，它即绝对按照字面地类推适用当一个个人受到不法行为时所发生的后果，国家对不法行为的个人就用一个单一行为来报复。其结果是，在共和国的幼年时代，对于严重妨害国家安全或国家利益的每一种罪行，都由立法机关制定一个单独法令来加以处罚。这就是对于一个犯罪(crimen)的最古概念——犯罪是一种涉及重要结果的行为，对于这种行为，国家不交给民事法院或宗教法院审判，而专对犯罪者制定一个特别法律(privilegium)加以处理。因此，每一个起诉都用一种痛苦和刑罚状(a bill of pains and penalties)的形式，而审判一个犯人(criminal)所用的一种诉讼程序是完全非常的、完全非正规的、完全离既定的规则和固定条件而独立的。一方面由于执行正义的法院就是主权国家本身，另一方面由于不可能把规定的或禁止的行为加以分类，因此，在这个时代中，就没有任何的犯罪法律、任何的犯罪法律学。所用的程序和通过一条普通法令的形式完全相同；它是由同样的人物提议，并且用完全同样的仪式来进行的。可以注意的是，当一种犯罪法律连同执行它的一套"法院"和官员们在后来出现时，旧的程序可能是由于它符合于理论，仍旧严格地适用着；由于这一种方法不复为人所信任，罗马人民常对触犯国家尊严的人保留着用一种特别法律加以处罚的权力。凡是古典派的学者都能知道，雅典的痛苦和刑罚状（εισαγγελια）正是完全同样地，在正式法院成立后还继续存在。我们也知道，当条顿民族的自由人集会立法时，他们也主张有权刑罚特别凶残的罪行，或刑罚占有崇高地位的犯人所犯的罪行。具有这种性质的，是"盎格鲁-撒克逊国会"（Anglo-Saxon Witenagemot）的刑事管辖权。

也许有人以为，我所说的古代和现代关于刑法观念上所存在的不同，只是在口头上存在。可以这样说，社会除了用立法的方法来处罚犯罪外，从最早的时代起，它就用它的法院来进行干预，强迫不法行为人补偿其不法行为。如果它是这样做了，那就始终可以假定社会在某些方面由于他造成的罪行而受到了损害。但是，不论这个推论在今天的我们看来是如何严格，它是否真正由原始古代的人们所做出，依旧是一个疑问。国家在最早时代通过其法院而进行干涉，很少是由于国家受到了损害这个观念，这从下述的情况中可以看出，即在原来的司法行政中，它所采用的程序，主要是模仿私人生活中可能要做的一系列的行为，即人们在生活中发生了争执，但在后来不得不把他们的争执提交和解。高级官吏谨慎地仿效着临时被召唤来的一个私人公断者的态度。

为了要表明这个说法不仅仅是一种幻想，我将提出它所依据的证据。我们所知道的最古的司法程序是罗马人的“誓金法律诉讼”(Legis Actio Sacramenti)，所有后期的罗马“诉讼法”(Law of Actions)都是从它发展来的。该雅士曾详尽地描述它的仪式。初看起来，这好像是毫无意义甚至荒谬的，但稍加注意，就可使我们了解它的意义。

涉讼的标的一般认为是应该存缴到法院中的。如果是动产，就用原物。如果是不动产，就以碎片或样品为代替；例如土地用一块泥，房屋用一块砖作代表。在该雅士所选的例子中，诉讼是为了一个奴隶。当诉讼开始时，原告手持一竿前进，这一根竿子据该雅士的说明是象征着一支枪。他抓住了奴隶，并用下述语句主张他的权利，“我根据公民法的规定主张这个人是我所有的”(Hunc ego hominem ex Jure Quiritium meum esse dico secundum suam causam sicut dixi)；接着他用竿触他，说，“现在把枪放在他身上”(Ecce tibi Vindictam imposui)。被告进行着同样地一系列的行为和动作。这时裁判官进而干涉，他吩咐诉讼两造放手，“放开枪”(Mittite ambo hominem)。他们服从了，原告就要求被告提出其干涉的理由，“我请求这物件，你有什么理由主张权利”(Postulo anne dicas guâ ex causâ vindicaveris)，对这个问题所给予的回答是一个新的权利的主张，“我已主张这物件是我所有，所以把枪放在他身上”(Jus peregi sicut vindictam imposui)。到这时，第一个请求人提出一笔称为"誓金"的金钱,作为他提出案件正当的赌注,并说,"你的权利主张没有根据,我愿以誓金决胜负"(Quando tuinjuriâ provocasti,Dæris Sacramento te provoco),被告于是说"我也给"(Similiter ego te),接受赌注。这以后的程序已不再是一种正式需要的了,但须注意,裁判官从誓金中提取保证金,这些保证金常被解入国库。

这是每一个古罗马诉讼的必要的开端。有人认为这就是一个戏剧化的"公道的起源",我以为,这个意见是很难不予同意的。两个带武器的人为了某种引起纠纷的财产而争吵着。裁判官,一个因恭敬谨慎和功绩而受尊敬的人(vir pietate gravis),恰巧经过,居间要求停止争执。争吵的人就把情况告诉他,同意由他公断,他们一致同意失败的一方除了放弃争执的标的物外,并应以一定数量的金钱给付公断人,作为麻烦和时间上损失的酬报。如果不是由于一个意外的巧合,该雅士所描写的一个"法律诉讼"中必要的诉讼程序,实质上是和荷马所描写的给"火及金属工作之神"(God Hephæstus)铸造为亚济里斯盾牌的第一格(First Compartment of the Shiled of Achilles)的两个主题之一完全相同,则这个解释将不像它表面上那样地可信。在荷马所描写的审判剧内,似乎为了特意要表明原始社会的特征,争议不是为了财产,而是为了一个杀人罪的和解费。一个人说他已经付了,另一个人说他从来没有收到过。但是使这幅图画成为古罗马实践的复本的细节就是指定要交给法官的酬金。两个塔仑(talent)的黄金放在中间,这些黄金要付给那个能把判决的理由解释得使听众感到极为满意的人。这个数额,和"誓金"的细小相比,显得十分巨大,这在我看来,表示着

变动中的惯例和已经巩固为法律的惯例之间的差别。这被诗人认作是英雄时代城市生活中一个显著的、特有的,但仍旧只是偶然的特点而加以介绍的一幕,在民事诉讼的历史开始时,就被固定而成为一种正式的、通常的诉讼手续。因此,很自然,在一个“法律诉讼”中,“法官”的酬劳会减低到一个合理的数额,并且不再用公决的方法把它公断给许多公断人中的一个人,而视为当然地把它付给裁判官所代表的国家。但我毫不怀疑,荷马如此生动地加以描写并由该雅士用了比平常粗劣的术语精美得多的术语来描写的这些事件,在实质上它们的意义是完全一致的;为了肯定这个见解,应该附加说明,许多观察现代欧洲最早司法惯例的观察者都认为“法院”加于罪人的罚金原来就是**誓金**,“国家”并不因为被告对它做了任何不法行为而取得和解费,但从给予原告的赔偿中取得一分作为时间和麻烦的公平代价。垦布尔先生明白地认为盎格鲁-撒克逊的 bannum 或 fredum 具有这种性质。

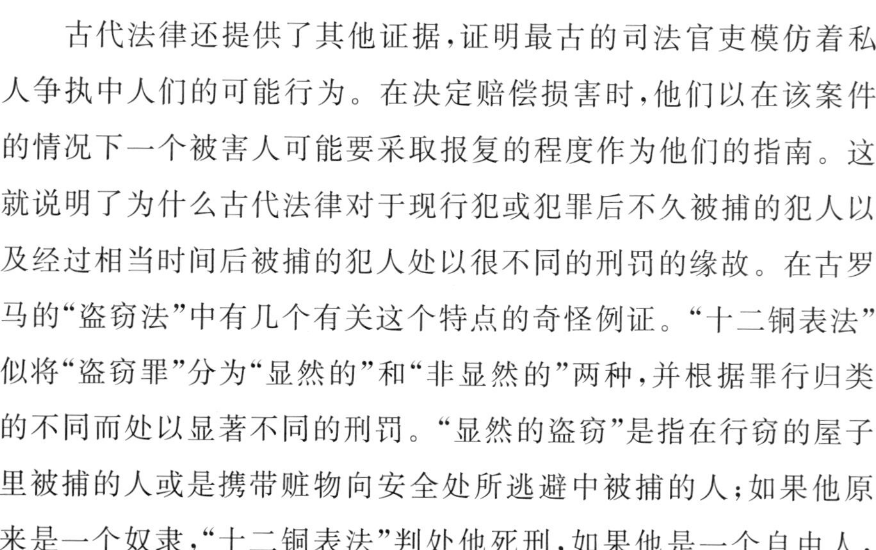

古代法律还提供了其他证据,证明最古的司法官吏模仿着私人争执中人们的可能行为。在决定赔偿损害时,他们以在该案件的情况下一个被害人可能要采取报复的程度作为他们的指南。这就说明了为什么古代法律对于现行犯或犯罪后不久被捕的犯人以及经过相当时间后被捕的犯人处以很不同的刑罚的缘故。在古罗马的“盗窃法”中有几个有关这个特点的奇怪例证。“十二铜表法”似将“盗窃罪”分为“显然的”和“非显然的”两种,并根据罪行归类的不同而处以显著不同的刑罚。“显然的盗窃”是指在行窃的屋子里被捕的人或是携带赃物向安全处所逃避中被捕的人;如果他原来是一个奴隶,“十二铜表法”判处他死刑,如果他是一个自由人,

"十二铜表法"判处他为财产所有人的奴隶。"非显然的盗窃"是指在上述以外其他任何情况下被发现的人；对这一类的罪人，旧法典只是简单地要求他双倍偿还他所偷窃的价值。在该雅士时代，"十二铜表法"对"显然的盗窃"的过度严酷，大大减轻了，但是法律仍维持旧的原则，处以四倍于偷窃价值的罚金。至于"非显然的盗窃"则仍旧继续给付双倍。古代立法者无疑地认为，如果让被害的财产所有人自己处理，则在他盛怒之下所拟加的刑罚必将和盗窃在一个相当时期后发觉时，他所能满意的刑罚，完全不同；法律刑罚的等级就是根据这个考虑而调整的。这里边的原则和盎格鲁-撒克逊及其他日耳曼法典所遵循的原则完全相同，这些法典规定人赃并获的盗窃应当场绞杀或斩首，但对于追捕已经中断而仍把他杀死的人，则规定要处以杀人罪的刑罚。古代法律中的这些区别有力地证明一个改进的和一个粗糙的法律学之间的距离。现代司法行政者公认为最感困难的，是对属于同一专门类型的各种罪行，把它们的犯罪程度加以区别。我们很容易说一个人犯了过失杀人罪、盗窃罪或重婚罪，但如果要确定他所犯道德罪过的程度，从而确定他所应受刑罚的轻重，则常常是最感困难的。如果我们企图正确地解决这个问题，我们在决疑上，或在动机的分析上，必将遇到困难；因此，我们今日的法律就开始了一种日益增长的倾向，尽可能对这问题不在现实法上加以规定。在法兰西，当陪审团认为有罪时，究竟这个罪是否有可以减轻的情况，听由陪审团加以决定；在英格兰，准许法官对于刑罚的选择有几乎无限的伸缩范围；所有的国家都对误用法律保留着叫做"赦免特权"的一种最后补救办法，这种权力一般都归"元首"(Chief Magistrate)掌握。很

奇怪，原始时代的人们很少受到这些踌躇的苦恼，他们完全确信被害人的冲动是他有权要求报复的正当标准，并且他们正确地模仿他情感的升降以确定他们的量刑标准。我希望能够这样说，他们的立法方法是已过时效的。但有些现代法律制度，在遇到严重不法行为时，承认不法行为者在当场被捕时其所受被害人过度的惩罚是有正当理由的——这一种宽纵，虽然在表面上看来似乎是可以理解的，但据我看来，在实际上是根据于一种很低微的道德观念。

我曾说过，最后引导古代社会形成一个真正犯罪法律学的理由，是非常简单的。国家自以为是受到损害了，"人民议会"就用伴随着立法行为的同一行动直接打击犯人。最古犯罪法院只是立法机关的一部分或委员会——虽然在现代并不完全是如此，我将有机会指出——在古代世界，确实是如此的。无论如何，这是最大的两个古国的法律史所指出的结论，在一个情况中是相当清楚的，而在另一个情况中是绝对明白的。雅典的原始刑法把犯罪的惩罚一部分委托给"执政官"(Archons)作为侵权行为而加以处罚，一部分委托给"阿勒乌柏果斯元老院"，作为罪过而加以处罚。这两个管辖权在最后都移转给"希黎亚"(Heliæa)即平民高等法院(the High Court of Popular Justice)，而"执政官"和"阿勒乌柏果斯"的职能便成为只是行政的或竟完全无意义的了。但"希黎亚"只是"议会"的一个古字；古典时代的"希黎亚"只是为了司法目的而召集的"人民议会"，著名的雅典"迪卡斯德黎"(Dikasteries)只是它的一部分或是陪审官。在罗马，也发生过相应的变更，这更容易加以解释，因为罗马人把他们的试验限于刑法，他们和雅典人不同，并不使普通法院既有民事的又有刑事的管辖权。罗马犯罪法律学的历史开始于古"平民法院"(Judicia Populi),据说是由国王主持的。这些全然是在立法形式下对大罪人的庄严审判。但似乎从一个很早的时期起,"民会"有时把它的犯罪管辖权委托一个"审问处"(Quæstio)或"委员会",它和"议会"的关系,正和"众议院"的一个"委员会"与"议院"本身的关系一样,只是罗马的"委员"或"审问官"(Quæstores)不仅对"民会"提送报告,并且也行使该团体本身习惯上行使的一切权力,甚至包括对"被告人"判刑。这样的一个"审问处"只被指定审判一种特殊犯人,但并没有规定不许可二个或三个"审问处"在同时进行审判;很可能,当有几件对社会的严重不法案件同时发生时,有几个"审问处"在同时受到委派。也有迹象表明,有时这些"审问处"非常近似我们"常设委员会"(Standing Committees)的性质,因为它们是定期委任的,不必等待某种严重犯罪行为的发生。在很古的时代的议事录中被提到过的,旧的"弑亲审问官"(Quæstores Parricidii)有权审判(或如有的人认为的那样,有权搜索和审判)一切弑亲和谋杀案件,他们似乎是正规地每年选派的;而审判对共和国有严重危害的二人委员会或"叛逆二人委员会"(Duumviri Perduellionis),大多数著者也相信是定期指派的。把这些权力委派给这些官吏,使我们又前进了一步。不再是在对国家犯罪发生时,才被委派,而是在有可能发生时,就已具有一般的、虽然是暂时的审判权。这时已很接近一种正规的犯罪法律学,这也可以从"弑亲"和"叛逆"这些一般用语上显示出来,这些用语标志着已临近仿佛是犯罪分类的那种东西。

但真正的犯罪法要到纪元前 149 年才开始产生,当时古尔潘

尼斯·披梭(L. Calpurnius Piso)实行了所谓"古尔潘尼亚贪污律"(Lex Calpurnia de Repetundis)的制定法。这个法律适用于有关盗用金钱(Repetundarum Pecuniarum)的案件,这就是,各"省民"(Provincials)对总督(Governor-General)不正当征收的金钱有偿还的请求权,但这个制定法的最大和永久重要性在于它建立了第一个"永久审问处"(Quæstio Perpetua)。一个"永久审问处"是一个永久的委员会,和那些临时的以及那些暂时的是有区别的。它是一个正规的刑事法院,它的存在从创设它的制定法通过时候起,一直继续到废弃它的另一个制定法通过时候为止。它的成员不是像较早的"审问处"的成员那样特别任命的,而是在组成它的法律中规定由特种法官中选任并按照明确的规定进行更换。它有权审理的罪行也是在条例中明白规定和明白下定义的,新的"审问处"有权在将来审判一切人,如果他的行为符合于法律所规定的犯罪的定义。因此,它是一个正规的犯罪司法机关,行使一种真正的刑事法律学。

因此,原始犯罪法史可分为四个阶段。我们可以了解犯罪的概念和不法行为或侵权行为以及罪过的概念是有区别的,在犯罪的概念中包括着对国家或社会集体所加损害的概念,我们首先发现的是,共和国按照这概念的字面意义由它自己直接干预或由它用单独行为对那些损害国家的人给予报复。这是我们的出发点;每一个公诉状就是一个痛苦和刑罚状,这是一个特别法律,指明犯人的姓名,并规定他的刑罚。当犯罪种类增加,使立法机关不得不把权力委托给特别"审问处"或"委员会",它们都有权对一个特定的控告进行调查,并在控告经证明属实后有权对特定犯人加以处罚。这时，第二步方告完成。当立法机关不再等待一个犯罪发生以后方才委托“审问处”，而在某种犯罪有发生的可能以及预防这些犯罪将要发生时，定期的任命像“弑亲审问处”和“叛逆二人委员会”那样的“委员”时，它又作了另一次运动。至最后阶段，“审问处”从定期的或临时的变为永久的法院——法官们不再由指派委员会的特定法律加以指定，而是规定在将来用一种特定方法和从一个特定阶级中选任——，并把某种行为用普通文字加以说明和宣布为有罪，如果触犯了，就将处以适合于每一种犯罪的刑罚。

如果“永久审问处”有一个较长的历史，它们将无疑地会被认为是一个各别的制度，它们和“民会”的关系将不会比我们自己的法院和君主之间的关系更为密切，君主在理论上是公道的泉源。但帝国暴政在它们的渊源被完全忘却前就把它们全部摧毁，并且，在它们存续的时期内，这些“永久委员会”被罗马人视为仅仅是一种委托权的受托人。犯罪的审判权被认为是立法机关的一种自然属性，而公民的心理总是要从“审问处”回复到“民会”，是民会把它不可分割的职能的一部分委托给“审问处”执行的。甚至在“审问处”成为永久机关时也认为它只是“平民议会”的“委员会”——只是为一个较高的权威服役的机关——，这个看法有重要的法律后果，其痕迹留在犯罪法中一直到最近的时期。它的直接结果之一是在“审问处”成立了很久之后，“民会”仍继续通过痛苦和刑罚状而行使刑事管辖权。虽然立法机关为了便利起见，同意把其权力委托于其自身以外的机关，我们并不能就认为它已经完全放弃了这些权力。“民会”和“审问处”继续平行地审判犯人；在平民发生任何不平常的大公愤时，直到共和国消灭时为止，必然地要在“部

落民会”(Assembly of the Tribe)前对其对象提起控诉。

共和国各种制度中最显著的特征之一也来自这“审问处”的依附于“民会”。罗马共和国刑法制度中“死”刑的消灭一向是上一世纪中著者们最喜爱的题目,他们经常利用它指出罗马人的性格和现代社会组织的学说。这种断然地提出的理由,认为它纯粹是出于偶然的。在罗马立法机关陆续采取的三种形式中,为众所习知的一种,即“兵员民会”(Comitia Centuriata),是专门在行军中代表国家的。因此“兵员民会”就具有一个军队指挥官所应有的一切权力,它有权使所有的犯过失的人,遭受一个士兵在违犯纪律时所应得的同样惩戒。因此,“兵员民会”可以科处死刑。但“贵族民会”或“部落民会”(Comitia Tributa)则不然。罗马城中的罗马公民是由宗教和法律赋予神圣性的,由于这一点,这两种民会就都受到了束缚,并且,就这后一种“部落民会”而论,我们确知:根据确定的原则,“部落民会”最多只能科处罚金,既然刑事审判权专属于立法机关,而“兵员民会”和“部落民会”却继续行使着平列的权力,于是很容易就会把比较严重的犯罪向科处较重刑罚的立法机关起诉;但在这时,比较民主的民会即“部落民会”几乎已完全代替了别的民会,成为后期共和国的普通立法机关。共和国的衰落,正当“永久审问处”设立的时候,因此设立它们的制定法都是由一个立法机关通过,而这个立法机关本身在通常开会时也不能对一个犯人判处死刑。所以,具有受委托权威的“永久司法委员会”(Permanent Judicial Commissions),在其权力和能力上,受到委派权力给它的团体所具有的权力限度的限制。它们不能做“部落民会”所不能做的事;既然“民会”不能判处死刑,“审问处”也就同样地无权

判处死刑。这样达到的变例在古代并不像现代一样用赞成的眼光来看它，并且，真的，罗马人的性格是否会因此而变好，是个疑问，但可以肯定的是，“罗马宪法”竟变得更坏。正如每一个跟随着人类历史一直流传到今日的制度一样，死刑在文明过程的某一些阶段中对社会是必需的。有一个时期，废弃死刑的企图挫败了作为一切刑法根源的两大本能。如果没有了死刑，社会将感觉到它对罪人没有获得充分的报复，同时也将以为刑罚的赦免将不足以阻止别人的仿效。罗马法院不能判处死刑，显然地、直接地引入一个恐怖的革命时期，即称为“公敌宣言”(Proscriptions)的，在这期间内，一切法律都正式停止执行，只因为党派暴行不能为它所渴望的报复找到其他的出路。这种法律的间歇的中止，是使罗马人民政治能力衰败的最有力的原因；并且，一旦到达这种境地，我们可以毫不迟疑地说，罗马自由的毁灭仅仅是一个时间问题，如果“法院”的工作能使人民的热情有一个适当的出口，司法诉讼的形式将无疑地被罪恶昭彰地滥用，像在我国后期斯图亚特(Stuarts)的各个朝代一样，但国民性格将不至于像它在实际上那样深受其害，罗马制度的稳定也不至于像它在实际上那样严重受到削弱。

我还要提一提罗马刑事制度中由这同一的司法权的理论产生的另外两个特点。这两个特点是：罗马刑事法院的非常众多以及犯罪分类的变化繁多和极不规则，这是罗马刑事法律学全部历史中一贯的特色。据说，每一个审问处，不论是否永久的，都以一个各别的制定法为其创始的来源。它从创设它的法律得到权力；它严格遵守其特许状所规定的范围，对于特许状所没有明白规定的各种犯罪是不能过问的。由于组成各种“审问处”的制定法都是为了适应特种紧急需要，事实上每一种制定法都是为了惩罚当时的情况特别令人憎恶和特别危险的一类行为，这些立法在相互之间丝毫没有关系，并且也没有共同原则把它们联系起来。同时存在的不同犯罪法共有二三十种，由数目完全相等的“审问处”来执行它们；在共和国时期内，并没有作过任何企图要把这些各别的司法机关合而为一，或是要把委任它们和规定它们责任的各种制定法中的规定加以匀称。这个时期罗马犯罪管辖权的情况在某些方面有些像英国的民事救济行政，当时英国普通法院还没有把那种拟制的证言引用到它们的令状，使它们得相互侵入彼此的特殊的领域中。正和“审问处”一样，后座法院(Court of Queen's Bench)、民事高等法院(Common Pleas)和理财法院(Exchequer)在理论上都是从一个较高的权威分出来的机关，并且每一个机关都分别主管一类特种案件，这类案件被假定是由其管辖权的泉源委托给它的；不过当时罗马“审问处”在数量上远不止三个，如要把分属于每一个“审问处”审判权的各种行为加以区别，远不及把韦斯敏斯德三种法院的范围加以划分那样便当。在各个不同的“审问处”的范围之间划一条正确分界线是有困难的，因此这样多的罗马法院有时造成了许多不便；我们很惊异地读到，当一个人所犯的罪行不能立即明了究竟应属哪一个类别时，他可同时或连续地在几个不同的“委员会”中被提出控诉，以至有一个“委员会”宣布它有权来认定他有罪；并且，虽然某一个“审问处”的定罪可以排斥其他“审问处”的审判权，但某一个“审问处”所作的无罪开释不能作为另一个“审问处”提出控告时的辩护。这和罗马民事法律的规定直接相反；我们并且可以确定，像罗马人那样对法律学中的变例(或者用他们的意义深长的成语粗野)十分敏感的人民，是不会长期容忍这种情况的，如果不是“审问处”的忧郁的历史使它们被认为是党派手中的暂时武器，而不是惩治犯罪的常设机构。皇帝不久就消除了这种审判权的重复和冲突的现象；但可以注意的是他们并没有消除犯罪法中的另一个特点，这是和“法院”的数量有密切关系的。甚至包括在查斯丁尼安“民法大全”中的犯罪分类也是非常反复多变的。事实上每一个“审问处”都把自己局限于由其特许状委托给它审判的各种罪行。但这些罪行在原来制定法中所以归类在一起，只是因为在这一项制定法通过时这些罪行恰巧同时需要法律加以惩罚。因此，在这些罪之间未必一定有任何共同之点；但是它们在一个特定“审问处”中构成一特定的审判题目，这一个事实很自然地会给群众以深刻的印象，同时在同一制定法中所提到的各种罪行之间的联系又是如此的根深蒂固，甚至在西拉和奥古斯多皇帝正式企图整理罗马犯罪法时，立法者还是保留着旧的分类方法。西拉和奥古斯多的制定法是帝国刑事法律学的基础，这些制定法所传给法律学的有些分类是非常特别的。我试举一个简单的例子，伪证是始终和割伤以及毒杀归类在一起，这无疑是由于一条西拉法律即“哥尼流暗杀和毒杀律”(Lex Cornelia de Sicariis et Veneficis)曾把这三种形式的罪行的审判权给予同一个“永久委员会”。同时可以看到，这种罪行的任意归类也影响到罗马人的方言。人民自然地养成这样一种习惯，即把列举在一条法律中的各种罪行用单子上的第一个名称来称呼它，而这个名称也就用来称呼授权审判这些罪行的法院。凡是由“通奸审问处”(Quæstio De Adulteriis)审判的罪行便都称为“通奸罪”(Adultery)。

我对罗马“审问处”的历史和特征所以不厌其详地加以说明，是因为一个刑事法律学的形成从没有在任何其他地方这样有启发地例证过。最后的一批“审问处”是由奥古斯多皇帝加设的，从这时候起，罗马人可以说已具有一个相当完全的犯罪法了。和它发展的同时，类推的过程继续进行着，我把这个过程称为把“不法行为”改变为“犯罪”，因为，虽然罗马法立机关对于比较凶暴的罪行并没有废止民事救济，它给被害人提供了他一定愿意选择的一种赔偿。但是，即在奥古斯多完成其立法以后，有几种罪行仍继续被视为“不法行为”，而这些罪行在现代社会看来，是应该作为犯罪的；直到后来，在一个不能确定的时期，当法律开始注意到一种在“法学汇纂”中称为非常犯罪（crimina extraordinaria）的新的罪行时，它们才成为刑事上可以处罚的罪行。无疑地，有一类行为，罗马法律学理论是单纯地把它们看做不法行为的；但是社会的尊严心日益提高，反对对这些行为的犯罪者在给付金钱赔偿损失以外不加其他较重的处罚，因此，如果被害人愿意时，准许把它们作为非常（extra ordinem）犯罪而起诉，即通过一种在某些方面和普通程序不同的救济方式而起诉。从这些非常犯罪第一次被承认的时期起，罗马国家的犯罪表一定和现代世界任何社会中所有的同样地长。

我们没有必要详细描写罗马帝国执行犯罪司法的方式，但须注意，它的理论和实践都对现代社会发生有力的影响。皇帝们并不直接废弃“审问处”，在开始时，他们把一种广泛的刑事审判权交给“元老院”（Senate），虽然事实上它其中可能显得很卑贱，但在这个“元老院”中皇帝在名义上也和其余的人一样只是一个“议员”

(Senator)。皇帝在开始时就主张要有某几种并行的犯罪审判权；这种审判权跟着对自由共和国的记忆日益衰退而坚定地扩大着，它占取了古法院的权力。逐渐地，对犯罪的惩罚权移转给直接由皇帝委派的高级官吏，"元老院"的特权移转到"帝国枢密院"(Lmperial Privy Council)，"帝国枢密院"也就成了一个最后刑事上诉法院。在这些影响下，现代人所熟悉的学理在不知不觉中形成了，即君主是一切"公道"的泉源，是一切"美德"的受托人。帝国在这时候已达到完善的地步，这不是不断增长阿谀和卑贱的结果，而是帝国集权的结果。事实上，刑事公道的理论已几乎回到了它开始的出发点。它开始时相信应该由集合体用其自己的手来报复其自己的不法行为；它最后所采的学理则以为犯罪的惩罚在一种特殊方式中属于君主，他是人民的代表和受托人。这种新的见解和旧的见解不同，主要在于公道监护所给予君主个人的敬畏和庄严气概。

罗马人对于君主和公道关系的一个较近的见解，当然有助于使现代社会可以无须经过这一系列的变化，像我在"审问处"的历史中已经例证过了的。在居住于西欧的几乎所有民族的原始法律中，都有这样一个古代概念的迹象，即犯罪的处罚属于自由人的议会，在有些国家中——据说苏格兰是其中之一——现存司法机关的渊源可以追溯到立法机关的一个"委员会"。但犯罪法普遍由于两种原因而得到更快的发展，这两种原因，即罗马帝国的回忆和教会的影响。一方面，恺撒的威严传统由于查理曼王朝的暂时得势而被保全，使君主具有一个蛮族酋长所绝不能获得的一种威望，并使最小的封建主也有了社会保护人和国家代表人的资格。另一方面,教会急于控制凶暴残忍的行为,对比较严重的恶行树立惩罚的权威,在“圣经”的有些章节中,有些语句同意以刑罚之权授予民事高级官吏。“新约全书”认为世俗统治者的存在是为了使作恶之人有所恐惧;“旧约全书”认为“流人血者,人亦流其血”。我以为,毫无疑问,对于犯罪问题的各种现代观念都根据“黑暗时代”教会所主张的两种假定——第一,每一个封建统治者在他的地位上得比拟于圣·保罗(Saint Paul)所谈到的罗马高级官吏;其次,他所要惩罚的罪行是“摩西十诫”(Mosaic Commandments)中规定要禁止的,或是教会并不保留在其自己审判权之内的。“异端”(Heresy)(被假定为包括在“第一诫”和“第二诫”中的)、“通奸”和“伪证”是宗教罪行,教会只允许世俗权力在发生非常严重案件时才予以合作以便课以较重的刑罚。同时,它教导我们,各式各样的谋杀和强盗案件之所以都属于民事统治者的管辖,这不是由于他们地位的偶然结果,而是由于上帝的明白命令。

在关于阿尔弗烈德国王(King Alfred)(垦布尔,卷二,第209页)的著作中,有这样一段,特别明显地说明在他的时代关于刑事审判权的起源流行着的各种观念的争论。可以看到,阿尔弗烈德认为它半属于教会权威,半属于“国会议员”(Witan),他明白主张反叛地主罪可以不受普通规定的管辖,正和罗马“大法”(Law of Majestas)规定反叛恺撒罪应不受普通规定管辖相同。“在这以后”,他说,“有许多国家接受了对基督的信仰(有许多宗教会议遍及地球各处,在英国人中当他们接受了基督信仰,不论对神圣主教的,或是对崇高的‘国会议员’的)之后,也是如此。他们于是规定,由于基督的慈悲之心,世俗的君主们在取得他们的许可后,得不犯罪过而对每一恶行取得他们所规定的以金钱表现的博脱(bot);除了反叛君主外,对于这种情形,他们是不敢给予任何慈悲的,因为'全能的上帝'对于藐视'他'的,不为定罪,基督对于把'他'出卖致死的,也不为定罪,'他'命令一个君主应该受人爱戴,像'他自己'受人爱戴一样。"

图书在版编目(CIP)数据

古代法/(英)梅因著;沈景一译. —北京:商务印书馆,2017
(汉译世界学术名著丛书:120年纪念版:珍藏本)
ISBN 978-7-100-14548-0

Ⅰ. ①古… Ⅱ. ①梅… ②沈… Ⅲ. ①法制史—研究—世界—古代 Ⅳ. ①D909.9

中国版本图书馆CIP数据核字(2017)第152404号

权利保留,侵权必究。

汉译世界学术名著丛书
(120年纪念版·珍藏本)
古 代 法
〔英〕梅因 著
沈景一 译

商 务 印 书 馆 出 版
(北京王府井大街36号 邮政编码100710)
商 务 印 书 馆 发 行
北京新华印刷有限公司印刷
ISBN 978-7-100-14548-0

2017年12月第1版 开本710×1000 1/16
2017年12月北京第1次印刷 印张17½

定价:88.00元